# Brasil em Mudança

Fórum Nacional

# Brasil em Mudança

*João Paulo dos Reis Velloso*
Organizador

Rubens Ricúpero
Winston Fritsch
Eduardo Modiano
João Geraldo Piquet Carneiro
Amaury Porto de Oliveira
Antonio Dias Leite
Luiz Chrysostomo de Oliveira Filho
Antonio Barros de Castro
Mauro Fernando Maria Arruda
Cláudio Z. Fristchak
Luciano Coutinho
Plínio Arruda Sampaio Jr.
José Tavares de Araújo Jr.
Eugênio Staub
Piero Sierra
André Franco Montoro Filho
Henrique Rattner
Guilherme Dias
Francisco Graziano Neto
Gustavo Maia Gomes
Henrique Brandão Cavalcanti
Paulo Dante Coelho
Octávio Mello Alvarenga

1991

Nobel

**Livraria Nobel S.A.**

**Departamento Editorial**
Rua Maria Antônia, 108 — 01222 — São Paulo, SP
Fone: (011) 257-2744

**Administração/Vendas**
Rua da Balsa, 559 — 02910 — São Paulo, SP
Fone: (011) 876-2822
Telex: 1181092 LNOB BR

**Assistente editorial:** Ana Lúcia Sesso Carneiro
**Produção gráfica:** Mirian Cunha
**Coordenação de revisão:** Maria Vieira de Freitas
**Revisão:** Wagner Gomes dos Santos
**Capa:** Evana Clicia Lisbôa Sutilo
**Composição:** Diagrama Fotocomposição
**Impressão:** Lis Gráfica e Editora Ltda.

**Dados Internacionais de Catalogação na Publicação (CIP)**
**(Câmara Brasileira do Livro, SP, Brasil)**

Brasil em mudança / João Paulo dos Reis Velloso-organizador. — São Paulo : Nobel, 1991.

Vários autores.
ISBN 85-213-0687-3

1. Brasil — Condições econômicas — 1990 2. Brasil — Condições sociais 3. Brasil — Política econômica 4. Distribuição de renda — Brasil 5. Economia — Brasil I. Velloso, João Paulo dos Reis, 1931-

CDD-338.0981
-338.981
-339.20981
91-1245 -981.091

**Índices para catálogo sistemático:**

1. Brasil : Condições sociais, 1990- 981.091
2. Brasil : Desenlvolvimento econômico : Aspectos sociais 338.0981
3. Brasil : Distribuição de renda : Economia 339.20981
4. Brasil : Política econômica 338.981



Impresso no Brasil/Printed in Brazil

*A Helio Beltrão, pela sua contribuição*
*à modernização do Brasil:*
*desburocratização, desenvolvimento*
*científico e tecnológico e fortalecimento*
*da empresa privada nacional*

Em 1990, o Fórum Nacional contou com o apoio das seguintes instituições:

- Banco Nacional do Desenvolvimento Econômico e Social — BNDES
- Banco do Brasil
- Programa das Nações Unidas para o Desenvolvimento — PNUD
- Gradiente
- Rhodia
- Ripasa

# Sumário

# Introdução

## ONDE ESTÁ A CONSCIÊNCIA SOCIAL DO PAÍS?
(Idéias para a modernização)

*João Paulo dos Reis Velloso*

A evolução do Fórum Nacional, já com três anos de atividade, serviu para tornar mais claro que seu objetivo não é apenas permitir, anualmente, um debate de alto nível das grandes questões nacionais. É, em particular, constituir um instrumento das lideranças da sociedade civil — cientistas sociais e intelectuais em geral, líderes empresariais, líderes sindicais, a Universidade, a Igreja — para fortalecimento, no país, de sua consciência social.

O Brasil tem de repensar sua crise, em fórum pluralista, e aguçar a consciência de sua incúria para com os deserdados e para com o cidadão.

Desejamos três coisas, como sociedade, na forma de valores universais independentes: a democracia, para sermos livres; o desenvolvimento econômico, para não sermos carentes e atrasados materialmente, ou seja, para termos abundância; e a satisfatória distribuição de renda, para que a abundância sirva à maioria. Um objetivo não implica automaticamente os outros, e não podemos desejar tanto qualquer deles (por exemplo, o desenvolvimento econômico) que nos leve a abrir mão de algum dos outros (digamos, a distribuição de renda).

A fim de ordenar os temas, temos de partir do reconhecimento de ser terrível a situação social brasileira: a pobreza absoluta, nos descaminhos dos anos 80, voltou ao nível de quase 30% das famílias, e ainda temos graves problemas de nutrição, saúde e educação em nossos bolsões de pobreza urbanos (somos uma sociedade eminentemente urbana) e rurais (o semi-árido do Nordeste é um espetáculo de miséria comparável ao das primitivas populações asiáticas e africanas). Nossa indignação, diante desses escândalos, não pode ter limites.

O país descobriu, recentemente, acorbertar outra forma de injustiça social: as aberrações de nosso "pluralismo" econômico e político. Na área econômica, de um lado, são os "cartórios" de setores econômicos e feudos corporativos burocráticos, embutidos na "economia de transferências". Ou seja, os benefícios permanentes que, através de subsídios implícitos (os piores) e explícitos, para eles se transferem, todo ano, à custa do Tesouro Nacional, pelo orçamento ou por mecanismos extra-orçamentários. De outro lado, são as práticas monopolistas e cartelizantes — isto é, o poder sobre preços e níveis de produção — dos inúmeros oligopólios existentes nos principais setores industriais. O problema não são os oligopólios e a concorrência imperfeita, e sim as práticas que impedem a competição.

Estão aí, portanto, duas "mãos visíveis" de nosso capitalismo insuficientemente moderno e democrático. Somos uma espécie de dissidência em relação ao capitalismo das nações desenvolvidas. É isso o resultado da fraqueza, em nosso país, da revolução liberal que deveria ter ocorrido após a fase inicial de alto protecionismo, necessário a garantir o desenvolvimento da indústria então nascente, nos dois grandes surtos de substituição de importações: os anos 50 e o período Geisel. Os incentivos, que deveriam ter sido temporários e declinantes no tempo, se prolongaram demais. E não se criou o verdadeiro espírito de competição e competitividade que, pelo menos a partir do início da década de 80, deveria ter se tornado a preocupação principal da política industrial. Àquela altura, já se havia completado, com os investimentos do II PND, uma estrutura industrial integrada e diversificada, e cabia dar-lhe melhores condições de competir, interna e externamente. O colapso externo, em 1982, impediu essa reciclagem da política industrial. E começamos a ficar defasados em relação a outros países emergentes, como a Coréia.

Na área política, as aberrações maiores, a "mão visível" do sistema, residem nas práticas clientelistas e populistas, que tentam achar solução fácil para todos os problemas, por decreto, por intermédio dos cofres do Tesouro ou de crescentes encargos sociais para as empresas. Sem se dizer quem paga a conta. Ou seja, sem a imposição de tributos, preferencialmente diretos, que evite o agravamento da crise financeira estrutural do Estado. O poder político tem não só o direito de criar qualquer benefício social, mas também a obrigação de fazê-lo sem alimentar a fogueira da inflação bárbara, pois os ônus do imposto inflacionário recaem (nestes tempos em que a indexação defende bem o capital) principalmente sobre assalariados e desempregados.

Sem embargo, é preciso evitar simplismo e catastrofismo.

Simplismo seria pensar que por existirem aberrações econômicas e políticas, que devem ser eliminadas, o Brasil é uma nação de aberrações. Em particular, não somos uma economia esclerosada, como a soviética ou a dos países do Leste Europeu. As aberrações apontadas não têm caráter sistêmico e, portanto, não contaminam todo o organismo econômico. Temos extraordinária vitalidade empresarial, ainda não destruída pelas crises, e estamos longe de ser uma estrutura econômica decadente, como, infelizmente, é a da Argentina. Grande, e inequívoca, é a capacidade nacional de crescer, que vem sendo impedida de se manifestar pela inflação bárbara e pelo colapso do Estado.

Ao lado disso, é preciso procurar as raízes profundas principalmente das aberrações políticas, em vez de simplesmente atribuí-las a alguma patologia insanável de nossos partidos políticos.

Nesse sentido, a discussão sobre condições políticas para o desenvolvimento trouxe contribuições importantes. Mostrou-se estar o país carente de um "compromisso democrático moderno", como existe hoje, por exemplo, nas principais nações européias[1], ou, mais claramente, da solidariedade dos principais segmentos da sociedade — empresários, sindicatos trabalhistas, Governo, Congresso, partidos — para com o capitalismo democrático moderno. Cada segmento parece tomar do capitalismo o que lhe convém, mas não os compromissos com sua lógica econômica, social e política, na forma como é praticado, por exemplo, na mesma Europa. A ausência desse compromisso dificulta a negociação dos pactos sociais, pela posição corporativista que cada parte passa a assumir, preocupada apenas com a defesa de seus interesses.

Também se tornou claro que, na tradição política e administrativa brasileira, os partidos, o Congresso e os sindicatos costumam ficar mais ou menos à margem do processo de tomada de decisões, quanto às políticas econômicas e sociais. Vale dizer, a arena das decisões maiores, e mais gerais, fica na alçada quase exclusiva do Executivo.[2] Essa relativa marginalização contribui poderosamente, embora não seja o fator exclusivo, para a atitude daqueles agentes sociais de não se considerarem responsáveis, por exemplo, pelas políticas de estabilização. Daí a exacerbação de práticas predatórias, como o fisiologismo e os favores populistas, e a necessidade de construir, pela negociação política, um sistema de co-responsabilidade, seja no presidencialismo, seja, de preferência, no parlamentarismo, que ajude a superar as tendências demagógicas existentes.[3] É um risco, mas maior risco é manter o atual círculo vicioso.

Outra distorção que se apontou foi o fato de tender a Câmara dos Deputados, na análise de um de seus mais ilustres membros, a ser mais uma Assembléia dos Estados do que uma Assembléia Nacional.[4] Isto é, a prática política e o sistema eleitoral vigente não elegem o deputado federal com a preocupação de pensar globalmente o Brasil. Seu compromisso é com as reivindicações de seu Estado.

Um dos caminhos de saída para o problema seria a reforma do sistema eleitoral, para a adoção do sistema distrital misto, segundo a experiência alemã: metade das cadeiras em eleição por distrito e metade em voto de legenda, segundo lista previamente definida.

A existência das distorções apontadas coloca a necessidade de procurar soluções em profundidade para as duas principais manifestações daquele estado de coisas: o fato de o "pluralismo de interesses" se localizar mais no Estado do que na sociedade, sem passar pelos partidos políticos,[5] e a já denunciada "economia de transferências", que está na raiz do desequilíbrio financeiro estrutural do setor público, e tal desequilíbrio, na raiz do processo inflacionário. Tais soluções, sem se limitar aos sintomas externos de práticas predatórias (a serem coibidas), passam pela modernização do Estado e do mercado, como veremos.

Além do simplismo, cabe evitar o catastrofismo. Por isso, o Fórum Nacional tem se preocupado em mostrar que, se os problemas nacionais são graves, nem por isso eles deixam de ser solúveis.

Por exemplo, no tema da questão social, o estudo apresentado pela equipe do IPEA revelou grande contraste entre nosso desempenho social nos anos 70 e 80.[6]

Em síntese, como na década de 70 o Brasil cresceu rapidamente, foi possível proporcionar um aumento de 80% na renda per capita, sem que a distribuição piorasse, o que significa que todas as faixas da distribuição de renda tiveram aumentos reais aproximadamente daquela ordem. O "índice de desenvolvimento humano", que engloba a variação na expectativa de vida, na taxa de alfabetização e na renda familiar per capita, melhorou de 40%. Já o "índice de nível de vida", que compreende as variações no nível de educação, habitação e outros fatores sociais, melhorou de 77%. Além disso, o emprego cresceu extraordinariamente, e na faixa de melhores empregos: na indústria, a taxa de aumento do emprego foi de 8% ao ano. O Brasil continuou desigual, mas houve considerável progresso social.

Já nos anos 80, com a falta de crescimento, a renda per capita estagnou, os empregos pouco cresceram (houve até duas recessões), os indicadores sociais pouco melhoraram e a *pobreza absoluta aumentou*, passando de 20% das famílias em 1970 para 26% em 1980.

Tais resultados sugerem que, com um crescimento da ordem de 5 a 6% ao ano, o Brasil pode retomar a formação de seu mercado de consumo de massas, iniciada nos anos 70. Emprego e salários estariam crescendo satisfatoriamente, sem criação de pressões inflacionárias adicionais. Ademais, com o crescimento se pode também voltar a dispor de recursos para investimento maciço em capital humano (por exemplo, universalizando o ensino básico) e outras políticas sociais prioritárias.

Dessa forma, a prioridade para o social nos leva à preocupação com o crescimento, pois o Brasil é, ainda, um país relativamente pobre. A simples redistribuição nos tornaria eqüitativamente pobres. Só que desaprendemos a crescer nos anos 80. O pronunciamento da ministra Zélia Cardoso de Mello[7] mostrou estar o Governo atento à necessidade de realizar as reformas necessárias à retomada do crescimento: "Afastado o cenário de descontrole que prevalecia no Brasil e recuperada a capacidade do Governo de fazer política monetária, com as finanças públicas postas sob controle a partir de vigorosos ajustes fiscais e na máquina administrativa, passamos a enfrentar a dimensão estrutural do programa de estabilização, que compreende a liberalização, abertura, desregulamentação e modernização da economia brasileira".

Duas principais precondições para a retomada de crescimento devem ser consideradas, ao lado da negociação plurianual da dívida externa: o controle da inflação e a reforma do Estado.

No tocante à inflação, tomada acertadamente como a primeira prioridade do plano de governo, o debate sobre ajustamento de curto prazo[8] evidenciou a importância de que o Governo se concentre numa diretriz mestra, sem a qual dificilmente serão revertidas as atuais expectativas desestabilizantes. Tal diretriz consiste em superar o experimentalismo inovatório e a instabilidade das regras de mercado, trazidos pelos recentes planos de estabilização, com sua subversão das normas jurídicas de capitalismo e sua volatilidade legislativa. É preciso deixar de lado a excessiva imaginação, a mania da inovação, a despreocupação com direitos adquiridos e regras estáveis e se concentrar na boa gestão das políticas fiscal e monetária e na negociação de uma política de rendas. Tal orientação se faz necessária para que não se perca a década de 90, tal como foi perdida a de 80, sob o efeito da excessiva experimentação e da insuficiente gestão econômica.

O combate à inflação deve se fundar no ajuste fiscal *permanente* (que ainda não houve), a fim de eliminar a principal causa autônoma da inflação, e na política de rendas negociada, de modo a eliminar o descontrole da realimentação, tornando os reajustes de salários e preços, sincronizadamente, compatíveis com uma inflação declinante. Essas duas peças se apoiariam numa política monetária rigorosa. Nessa combinação reside, essencialmente, a fórmula de custo social menos elevado. Ter como âncora quase que apenas a política monetária (e esta mesmo instável) implica resultado menos rápido e custo social excessivamente elevado.

Quanto à reforma do Estado,[9] faz-se necessário partir de sua desmitificação. Ele não pode ser nem o "Estado maldito" dos neoliberais *light* nem o "Estado salvação" dos progressistas *heavy*. Tal desmitificação envolve a definição das novas funções de um Estado moderno e democrático que supere tanto o atual Estado em crise financeira, gerencial e existencial como o anterior modelo de Estado desenvolvimentista, que só foi funcional até o final dos anos 70.

Moderno, na concepção de um desenvolvimento *strategy-led*, ou seja, à base de uma estratégia global, formulada em conjunto com a iniciativa privada e dotada de uma política industrial e tecnológica ativa, à semelhança dos Estados japonês e coreano, mas reconhecendo que setores estratégicos, agora, são apenas o desenvolvimento científico e tecnológico e a política de investimento em capital humano. Dessa forma, o "Estado-empresário" pode ser revisto. No momento, isso significa admitir a atuação estatal apenas nas áreas de Petróleo, Energia Elétrica, Transportes e Comunicações, a saber, os setores de infra-estrutura. Neles, todavia, se abririam espaços crescentes para a iniciativa privada. A privatização, em vias de ser dinamizada, passa a ser a forma de delimitar o âmbito do "Estado-empresário". Tudo o que não estiver dentro da área para ele definida deve, em princípio, ser privatizado.

Estado democrático, por se colocar sob controle social, seja para exigir bom desempenho das empresas estatais, seja para torná-lo o *locus* do interesse público, evitando a invasão dos "interesses espaciais"; seja para eliminar as aberrações da "economia de transferências", que dá ao Estado um poder redistributivo fora do controle da sociedade e em geral com caráter regressivo; seja para reorientar sua ação social, em favor das classes realmente pobres. A "verdade no Estado", incluindo a completa transparência dos subsídios hoje implícitos, dos benefícios especiais a categorias de servidores e dos incentivos fiscais hoje excluídos do orçamento, é condição básica para tal processo de democratização e eliminação de distorções.

Revistas as funções do Estado, cabe redefinir-lhe o modelo estrutural, que deve assumir a forma de um ''Estado de ações estratégicas', e realizar a recuperação de sua capacidade de poupança, perdida há alguns anos. Mas isso só ocorrerá com a eliminação da brutal sonegação existente e com uma profunda reforma fiscal.

Evidentemente, não pode faltar uma palavra, de passagem, sobre a outra guerra, a do Golfo Pérsico. A esta altura, não se dispõe de elementos para tentar avaliar nem a duração nem a extensão do conflito e menos ainda suas implicações diretas para nosso programa de estabilização e a retomada do crescimento. Devemos, por isso, limitar-nos à reflexão de médio prazo de ser necessário rever nossa estratégia energética. A prioridade básica deve ser alcançar, em quatro a cinco anos, uma produção interna correspondente a algo como 80% do consumo. Ao lado disso, cabe diversificar tanto nossas fontes de importação, para reduzir a dependência em relação ao Oriente Médio, região instável por excelência, quanto, dentro da área, diversificar nossas fontes de suprimento, abandonando a idéia de ter um parceiro dominante.

Atacadas as duas precondições, podemos cuidar da política de crescimento em si. O primeiro ponto a ressaltar é que a nova política industrial e tecnológica tem de atender a duplo objetivo. De um lado, orientar o ingresso do país no novo paradigma industrial (à base das altas tecnologias e das novas formas de *management*) e na economia internacional de competição global, percepção que todo mundo parece já ter. Mas também, e essa percepção é menos clara, no novo tipo de sociedade, resultante daquelas duas transformações, cujas conseqüências alcançam, inclusive, a mudança nas relações capital-trabalho e o novo modelo de gestão das empresas.

De outro lado, deve a nova política industrial, como já está procurando fazer, deslocar sua tônica da ênfase na promoção industrial, como anteriormente, para a competitividade internacional e a ativa competição interna. Tal objetivo duplo acarreta, desde logo, certas prioridades. A primeira é a melhor explicitação de nossas novas vantagens, comparativas dinâmicas, mais "criadas", pela tecnologia e pelo capital humano qualificado, para substituir progressivamente as anteriores, baseadas em dotações naturais de mão-de-obra não-qualificada e recursos naturais.[10] Em seguimento, cabe definir as estratégias conjuntas do Governo e da iniciativa privada a serem utilizadas para garantir o acesso contínuo às tecnologias necessárias à realização dessas novas vantagens comparativas, num ambiente internacional de crescentes restrições a sua disseminação. E, também, para penetrar, com as novas linhas de produtos competitivos, os mercados de países desenvolvidos, crescentemente segmentados (não-padronizados) e sofisticados.

A segunda prioridade refere-se ao reconhecimento da complexidade das mudanças a serem realizadas.[11] Tal complexidade exige que a indústria nacional seja apoiada no processo de se adaptar à liberalização das importações (como no caso, analisado no Fórum, do complexo eletroeletrônico)[12] e de se reestruturar para a criação do espírito de competição interna e para a conquista de competitividade internacional. O BNDES, o BB Banco de Investimento, a FINEP e incentivos provisórios devem ser colocados a serviço da modernização tecnológica e de *management*, da política de competição e da reestruturação industrial necessária em vários setores. A política de apoio à empresa privada nacional deve ser preservada, inclusive pelo desenvolvimento do mercado de capitais, antes que ele acabe.

Nas duas situações citadas, é importante evitar a ruptura do parque industrial existente. Isso coloca o problema das estruturas de mercado, que nas indústrias modernas são, em geral, oligopolistas ou de concorrência imperfeita.[13] A competição objetiva é a competição dinâmica, schumpeteriana, com empresas fortes, inovadoras em tecnologia e *management* e capitalizadas, e não a concorrência fragmentada e frágil, como temos na área de computadores, incapaz de enfrentar o mundo da competição global. O que se deve coibir são as práticas anticompetitivas, qualquer que seja a estrutura de mercado, numa visão destinada a estruturar solidamente um mercado sob controle social, visão não-deformada por preocupações imediatistas com os resultados mensais do controle da inflação.

Essa breve reflexão sobre a crise nacional — reflexão pessoal, mas que considera as principais contribuições oferecidas pelos diferentes painéis — permite chegar a uma conclusão relevante. As discussões verificadas no III Fórum Nacional, em confirmação ao que já despontava nos anteriores, evidenciam ser possível, pela troca de idéias e a negociação, chegar, a curto prazo, a um razoável consenso em favor do crescimento sustentado em nível de estratégias e políticas, embora não em nível de concepções de sociedade.

Chegamos, com isso, ao principal desafio político do país: o Brasil não demonstrou, no período da Nova República, ser capaz de conciliar a democracia de massas com o crescimento sustentado. O resultado tem sido o descontrole inflacionário, hoje, como dito, um processo terrivelmente danoso às classes de baixa renda, e a incapacidade de engrenar, de forma sustentável, um novo ciclo de crescimento. Claro, essa causa política não é a única responsável por nossa crise econômica, pois já conhecemos o problema da gestão econômica dos últimos anos: os erros de estratégia e o experimentalismo desestabilizante e desestruturador da economia.

Ora, o que agora se oferece é a possibilidade concreta de poder negociar as base não apenas de uma política de estabilização, mas também de um programa de modernização para o país, modernização da sociedade. Desse modo, o novo ciclo de crescimento, destinado a retomar a formação do mercado de consumo de massa, deverá incluir, de um lado, um choque liberal, para modernizar o mercado e o Estado,[14] e, de outro, um choque social-democrata[15] (ou liberal progressista, ou simplesmente progressista, segundo a preferência), para realizar a modernização social, transformando em economia de mercado os bolsões de pobreza existentes, investindo pesadamente em capital humano e consolidando o *welfare state* viável, no presente estágio.

Será que o Governo e a sociedade saberão dar conseqüências a essa oportunidade, iniciando um processo de institucionalizar, no país, a negociação do conflito social, através do Estado não-patrimonialista, de partidos menos clientelistas e populistas, de sindicalismo menos radical, de lideranças empresariais mais representativas e menos imediatistas e de sociedade civil mais independente e ativa?

# Referências bibliográficas

Para entender o contexto da análise e das propostas apresentadas, convém consultar os três livros do III Fórum Nacional: *Condições para a retomada do desenvolvimento, Brasil em mudança*, este volume, e *A questão social no Brasil*, ambos pela Nobel. Estão citados aqui apenas os ensaios diretamente relacionados com o texto, mas a compreensão do enfoque geral se beneficiará da leitura dos volumes.


1. REIS, Fábio Wanderley. "Crise brasileira e construção institucional", in *Condições para a retomada do desenvolvimento*, p. 135.
2. A propósito, consultar, sobre fases anteriores, Bolívar Lamounier e Rachel Meneguello, *Partidos políticos e consolidação democrática — o caso brasileiro*, São Paulo, Brasiliense, 1986.
3. Convém ler, sobre esse tópico, o ensaio de Walder de Goés, "O Congresso, o federalismo, a inflação e o crescimento econômico sustentado", in *Condições para a retomada do desenvolvimento*, p. 159. A respeito dos sindicatos, considerar o ensaio de Leôncio Martins Rodrigues, "Novo cenário para o sindicalismo brasileiro", in *Condições para a retomada de desenvolvimento*, p. 183.
4. A análise é do deputado Nelson Jobim, no breve ensaio sobre "A Câmara dos Deputados como a Assembléia dos Estados", in *Condições para a retomada do desenvolvimento*, p. 153.
5. Essa idéia está claramente exposta no livro de Luciano Martins, *Estado capitalista e burocracia no Brasil pós-64*, São Paulo, Paz e Terra, 1985.
6. A análise é do ensaio de Roberto Cavalcanti de Albuquerque e Renato Villela, "A situação social no Brasil: um balanço de duas décadas", in *A questão social no Brasil*, Nobel (no prelo).

7. MELLO, Zélia Cardoso de. "O Governo Collor em face da crise brasileira", in *Condições para a retomada do desenvolvimento*, p. 19.
8. Ver, a respeito, o ensaio de Mario Henrique Simonsen, "A inflação e nove meses do Plano Collor" in *Condições para a retomada do desenvolvimento*, p. 55. É interessante, igualmente, consultar seu outro ensaio, "A inflação e o pensamento econômico brasileiro", in *Brasil: agenda para sair da crise — inflação e déficit público*, José Olympio, 1990.
9. Convém ler o ensaio de Eduardo Modiano, "A reforma do Estado", neste volume, Nobel.
10. Sobre o tema, consultar o ensaio de Cláudio Z. Fristchak, "A necessidade de acompanhar uma fronteira de produtividade em movimento rápido", neste volume, Nobel.
11. Consultar Antonio Barros de Castro, "Política industrial: razões e restrições", neste volume, Nobel.
12. A análise está no breve ensaio de José Tavares de Araújo Jr., "Abertura da economia, competitividade industrial e transparência da política econômica", neste volume, Nobel.
13. Ver ensaio de Mauro Arruda, "Um projeto para a indústria brasileira nos anos 90: tarefa para um Estado desenvolvimentista", neste volume, Nobel.
14. MAIA, César. *O tom desafinado*, Topbooks, 1990.
15. JAGUARIBE, Helio. "Brasil, 1991", in *Condições para a retomada do desenvolvimento*, p. 27, Nobel.

# Parte I

# O Brasil e o Cenário Internacional

# 1. O Brasil e o meio ambiente econômico internacional

*Rubens Ricúpero**

Não dispondo de tempo para a abordagem sistemática de um tema tão vasto, limitarei minha intervenção a comentar três aspectos do momento internacional, assim esquematizados:

- O tempo internacional: a virada da maré?
- O impacto no Brasil:
  O terceiro choque do petróleo
  O possível alívio pelas exportações
- A Rodada Uruguai: o agravamento das incertezas

## O TEMPO INTERNACIONAL: A VIRADA DA MARÉ?

Se tivesse ocorrido na Idade Média, 1989 teria sido chamado de *anno mirabilis*, ano miraculoso. A coincidência e o reforço mútuos de eventos inesperadamente auspiciosos, chegando a reverter problemas que pareciam se inscrever em ciclos seculares. O que caracteriza acontecimentos tão diversos como a *perestroika* soviética, o fim das economias de comando e a democratização na Europa Central e Oriental, a reunificação de Berlim e da Alemanha, o encerramento da Guerra Fria, a desmontagem dos conflitos regionais, do Afeganistão à Nicarágua, do Camboja à Namíbia, a continuação da expansão eco-

* À época, embaixador do Brasil junto ao GATT. Atualmente, embaixador em Washington.

nômica e comercial nos países industrializados, o que existe de comum entre esses eventos históricos é serem todos eles a expressão de mudanças na direção certa, câmbios para *resolver*, não para *criar* ou *agravar* problemas.

Tanta boa fortuna acabou gerando, como era de esperar, o triunfalismo visível na tese de Fukuyama sobre o "final da História", a definitiva vitória da combinação democracia liberal e economia de mercado. No plano do poder internacional, a autoconfiança renascida da retomada do crescimento com baixa inflação, a afirmativa postura neoliberal do discurso de Reagan e Thatcher vieram acentuar ainda mais o desequílibrio da correlação de forças em favor do Primeiro Mundo ocidental e industrializado, diante de um Segundo Mundo em vias de liquidação, e de um Terceiro Mundo fragilizado, desnorteado, sem esperança e sem rumo.

Esqueceu-se, no entusiasmo da vitória, da essencial inconstância da História, da lição de Camões, de que "não sabe o tempo ter firmeza em nada".

Bastaria, aliás, haver atentado para o que se passara exatamente dez anos antes, para descobrir em 1979 um ano de acumulação de desastres. O segundo choque do petróleo e a aceleração da inflação norte-americana até dois dígitos, prenunciando o ajuste recessivo, a explosão dos juros, a crise da dívida, a estagflação, os sentimentos de europessimismo e euroestagnação tão contrastantes com a euroeuforia de agora. No terreno político, 1979 é o ano da vitória da revolução sandinista na Nicarágua, da conquista do poder em Granada, por Maurice Bishop, da revolução iraniana, da ocupação da embaixada americana, da tomada de reféns, do agravamento da crise polonesa, que levaria à decretação da lei marcial e, finalmente, da invasão do Afeganistão por tropas soviéticas.

Essas duas balizas contraditórias, 1979 *vs* 1989, ajudam-nos a entender que a oscilação do pêndulo da conjuntura já começa talvez a se inclinar em direção a um novo período de perturbações.

Dentre os sinais perceptíveis de uma possível virada da maré estariam, no domínio econômico, o início de recessão nos Estados Unidos, no Canadá, na Grã-Bretanha, na Austrália e na Nova Zelândia e o terceiro choque do petróleo. Do ponto de vista estratégico-militar, o alívio com a duradoura distensão na Europa cede lugar à inquietação diante da crise do Golfo, seu eventual desfecho militar e a desestabilização que isso poderá acarretar no Oriente Médio e Próximo, inclusive na questão entre Israel e os árabes. No Leste Europeu, passada a euforia, tem início a ressaca, multiplicando-se as frustrações econômicas e os desenganos políticos, com riscos de desdobramentos ainda mais perigosos sobretudo na União Soviética, hoje cada vez menos unida, e na Iuguslávia. Por fim, no plano político e psicológico, a substituição de Reagan por um político de liderança tão diferente como Bush e a renúncia de Margaret Thatcher anunciam a inevitável saída de cena de toda uma geração de líderes com oito, nove ou dez anos de poder, homens como Mitterrand, Helmut Kohl, Felipe Gonzales, que, a despeito de sucessos momentâneos, provavelmente já viveram seu instante de apogeu e começam agora a declinar.

Se os sinais de mudança da maré são inequívocos, mais difícil será tentar discernir o perfil e a duração do período que se vai seguir. As variáveis são muito numerosas e importantes — profundidade e duração da recessão, tipo de solução para a crise do Golfo, desenlace do problema soviético — para que se possa fazer previsão segura. De certo mesmo só temos a evidência da mudança, seu sentido geral mais problemático e o aprofundamento das incertezas.

## O IMPACTO NO BRASIL

### O terceiro choque do petróleo

Tanto os cenários sobre o choque elaborados pelo Banco Mundial como o recente estudo da Cepal concordam em dois pontos: o impacto do aumento do preço do petróleo está longe de ser uniforme ou majoritariamente negativo na América Latina, e o Brasil será o mais pesadamente afetado dentre os países de certa significação econômica.

De fato, para o continente como um todo, a cada dólar de aumento no preço do barril corresponde uma elevação de US$ 106 milhões no valor das exportações e de US$ 38 milhões no das importações. Os ganhos maiores serão da Venezuela (+ US$ 55 milhões) e do México (+ US$ 38 milhões), e os grandes perdedores, o Brasil (- US$ 21 milhões) e o Chile (- US$ 4 milhões). Em termos líquidos e a preços de setembro, haveria um saldo líquido de US$ 600 milhões de expansão das vendas. Enquanto a elevação das importações representará um ônus de cerca de 1% de um PIB declinante no caso do Brasil (em contraste com 3% em 1979), países praticamente auto-suficientes como Argentina, Peru e Bolívia permanecem na mesma, com empate entre perdas e ganhos.

Dessa vez, ao contrário do ocorrido no primeiro e segundo choques, não haverá a possibilidade de recorrer ao financiamento internacional para compensar as perdas. Serão também consideráveis os efeitos sobre a inflação, cujo controle se complicará ainda mais.

## O possível alívio pelas exportações

Nesse difícil quadro esboçado acima, as exportações oferecem ainda uma das possibilidades de alívio insuficientemente exploradas entre nós.

Um exemplo nesse sentido nos é dado pela economia norte-americana, em que as exportações corresponderam a 36% do crescimento em 1989 e atingiram 80% na primeira metade de 1990. Um recente estudo da National Association of Manufacturers indicou que, no momento em que as vendas domésticas se retraem devido à recessão, a porcentagem das exportações no total das vendas poderá atingir 20% em 1993. Essa cifra equivale ao dobro da porcentagem das exportações no início da década de 80.

A expansão das exportações americanas, que chegaram em 1989 a um número próximo do PIB brasileiro (US$ 364 bilhões), deve-se, como é sabido, a dois fatores fundamentais: o primeiro foi a depreciação do dólar, que pode ser medida pelos seguintes dados:

- meados de 1985, US$ 1 = DM 3,3, Y270;
- fins de 1987, US$ 1 = DM 1,65, Y130;
- novembro de 1990, US$ 1 = DM 1,47, Y128.

O segundo fator foi evidentemente a aceleração mundial do crescimento da economia e do comércio nos três anos, de 1987 a 1990.

Embora as exportações não representem mais do que 12% do PIB americano, elas ''fornecem a única perspectiva significativa de recuperação econômica'', de acordo com Fred Bergsten, diretor do Institute for International Economics, de Washington.

Tais palavras poderiam igualmente se aplicar ao caso brasileiro, em que as turbulências da política cambial deixaram sem exploração suficiente o potencial das exportações para atenuar a queda das vendas internas. A recente mudança da orientação cambial permitirá aproveitar de novo o efeito estimulante da desvalorização do dólar, a cuja área de influência nossa moeda está atrelada. Por outro lado, apesar da influência de uma conjuntura internacional menos expansiva e da recessão num dos nossos maiores mercados, o comércio exterior pode ainda oferecer uma válvula de escape, já que, desta vez, as principais economias industrializadas não se encontram sincronizadas na mesma fase do ciclo, persistindo o crescimento no Japão, na Europa Ocidental e nos NICs asiáticos. Aliás, o último relatório do GATT, publicado em inícios de dezembro, prevê para o próximo ano uma expansão do comércio mundial e uma taxa bastante satisfatória, próxima de 6%.

## A RODADA URUGUAI: O AGRAVAMENTO DAS INCERTEZAS

Às vésperas da reunião de Bruxelas, que deverá em princípio concluir quatro anos de negociações, a Rodada Uruguai do GATT viu se acentuar a área de incertezas. A questão-chave é a incorporação do comércio de produtos agrícolas (e dos têxteis) às regras do sistema multilateral de comércio. A resistência principal vem da CEE, aferrada à sua política agrícola comum, e de outros países industrializados (Japão, Nórdicos, Suíça, Áustria, Coréia). Não tendo sido possível alcançar consenso em torno de uma base comum para a negociação agrícola, os participantes da Rodada optaram por uma estratégia de alto risco: manter a data-limite de Bruxelas, com a esperança de que uma "crise construtiva" acabe por catalisar uma solução até agora fugidia.

Caso o milagre não se materialize, é previsível um acirramento considerável das tensões e conflitos entre os Estados Unidos, Japão e CEE, assim como entre os grandes parceiros comerciais e os países em desenvolvimento. Numa conjuntura já passavelmente recessiva e complicada politicamente pelo perigo da guerra do Golfo, um fracasso ou impasse nas negociações da Rodada Uruguai será uma agravante de peso na incerteza considerável que o meio ambiente econômico internacional cria para o Brasil.

# 2. O Plano Bush e o interesse nacional

*Winston Fritsch*[1]*

Este artigo discute as implicações estratégicas para o Brasil das propostas relativas à política comercial e de investimento direto contidas na chamada *Iniciativa para as Américas*, apresentada pelo presidente George Bush, no Salão Leste da Casa Branca, em 27 de julho de 1990. O artigo é dividido em quatro seções: a primeira, muito breve, descreve essas propostas e analisa sua motivação; a segunda, mais substantiva, discute respostas alternativas em face da proposta central da *Iniciativa*, que se localiza na área de comércio, v.g., a criação de uma Zona de Livre Comércio (ZLC) hemisférica; a terceira analisa as propostas ligadas ao investimento direto e à redução da dívida externa; finalmente, na última seção são resumidas as principais conclusões e analisado o leque de alternativas de política aberto ao Brasil.

## A INICIATIVA BUSH: ESCOPO E MOTIVAÇÃO

O ponto central do pronunciamento do presidente norte-americano em relação a assuntos de natureza comercial é a proposta, como um objetivo de longo prazo, de criação de uma

1. O autor agradece aos comentários de Clodoaldo Hugueney Filho e Maria de Fátima Serro Pombal a uma versão preliminar deste trabalho.
* Professor de Economia da Pontifícia Universidade Católica (PUC) do Rio de Janeiro.

ZLC hemisférica "que se estenda do porto de Anchorage à Terra do Fogo".[2] Para implementar esse ambicioso objetivo, o governo norte-americano estaria disposto a celebrar acordos de livre comércio com outros países na América Latina e no Caribe, "particularmente com grupos de países que se uniram com finalidades de liberalização comercial".[3] Com aqueles países que ainda não estejam dispostos a entrar em acordos desse tipo, os Estados Unidos negociariam "acordos-quadro" bilaterais, a fim de abrirem mercados de forma seletiva e criarem laços comerciais mais estreitos.

É importante notar que, apesar de seu claro componente de discriminação comercial regional, a oferta — como em outras iniciativas norte-americanas desse tipo em passado recente[4] — não implica o abandono do multilateralismo como opção preferencial. Como diz o texto do discurso presidencial: "A conclusão bem-sucedida da Rodada Uruguai permanece como a forma mais eficaz de promover o crescimento do comércio da América Latina a longo prazo e a maior integração de suas economias no sistema mundial de comércio".[5]

A essa proposta de maior integração comercial em bases de reciprocidade, o pronunciamento revela a intenção de o governo norte-americano conceder ajuda financeira aos países da região, sob duas formas complementares. A primeira, voltada a incentivar o fluxo de investimento direto para a América Latina, seria concedida em duas modalidades: 1) um programa de empréstimos setoriais no BID, que proporcionaria apoio técnico e financeiro às "nações que adotarem medidas significativas no sentido de eliminar os obstáculos ao investimento internacional"; 2) a criação de um novo fundo multilateral de US$ 300 milhões — para a constituição do qual os Estados Unidos contribuiriam com US$ 100 milhões e exortariam a Europa e o Japão a completarem o total — administrado pelo BID para o mesmo fim. A segunda forma de ajuda seria vol-

2. Idem, p. 3.
3. Idem, ibidem.
4. Para uma discussão do papel recente de ZLCs na política comercial norte-americana, veja Schott, J. (ed.), 1989.
5. Pronunciamento do presidente Bush sobre a *Iniciativa para as Américas*, cit.

tada para reduzir o ônus da dívida externa, através de um programa, ainda não-definido em detalhe, de redução da dívida oficial contraída pelos países da região com os Estados Unidos. Embora esse componente da dívida externa latino-americana seja de magnitude globalmente insignificante de seu total, essa iniciativa na área da dívida representa um reconhecimento significativo, pelos Estados Unidos, da interdependência das questões de dívida, crescimento e comércio.

A motivação da *Iniciativa* tem múltiplas origens, envolvendo aspectos de natureza estratégica e tática. Como opção estratégica, a oferta norte-americana tem, pelo menos, dois objetivos: o primeiro é o de ressuscitar o pan-americanismo econômico como uma resposta defensiva em face das ameaças competitivas entrevistas na unificação dos mercados europeus e no acelerado processo de integração econômica da bacia do Pacífico em torno do Japão; o segundo, e talvez mais importante como motivação imediata, é conferir ímpeto adicional ao processo de liberalização econômica em curso em praticamente todos os países da região ao sul do Rio Grande. Isso teria a vantagem adicional de promover o *aggiornamento* das relações hemisféricas no mundo do pós-Guerra Fria, que requer a substituição do anticomunismo pela ajuda positiva, em termos de vantagens comerciais e maiores fluxos bilaterais de investimento à consolidação da democracia na América Latina.

Dentre os motivos conjunturais se destaca a intenção de usar as negociações bilaterais no âmbito da *Iniciativa* para induzir os países a levarem a liberalização além das barreiras comerciais tradicionais, visando englobar também suas políticas regulatórias nas áreas dos chamados "novos temas" do GATT, tão caros à diplomacia econômica norte-americana. Segundo a visão do governo dos Estados Unidos, os acordos de livre comércio envolveriam a negociação de acesso seguro ao mercado norte-americano aos países dispostos a abrirem suas economias contra a eliminação gradativa de barreiras comerciais e o estabelecimento de regras claras para a defesa de direitos de propriedade intelectual e relativas aos fluxos de investimento direto e comércio de serviços.[6]

---

6. *Iniciativa para as Américas*. Propostas econômicas do governo do presidente George Bush para a América Latina (Sumário Atualizado das Medidas). USIS, Brasília, s.d.

## A INICIATIVA BUSH NA ÁREA DO COMÉRCIO: UMA ANÁLISE DAS ESCOLHAS ESTRATÉGICAS

Há duas escolhas estratégicas imediatas a fazer. A primeira implica responder à questão: Queremos buscar uma integração comercial ampla em prazo relativamente curto, nos moldes de uma ZLC, ou simplesmente criar um *locus* privilegiado para o tratamento de questões bilaterais relativas ao comércio e ao investimento direto com vistas à maior integração? A segunda refere-se à escolha da estratégia de negociação com os Estados Unidos, entre um enfoque exclusivamente bilateral ou uma tentativa de negociação conjunta com outros países latino-americanos, em particular com aqueles em relação aos quais o Brasil avançou ou pretende avançar em termos de integração comercial.

A resposta à primeira questão requer avaliar-se os custos e benefícios, para o parceiro menor e mais protecionista, envolvidos na formação de uma ZLC entre países de tamanho e níveis de proteção muito diferentes. É intuitivo que para um país como o Brasil, que parte de níveis altos de proteção, os custos de ajuste estrutural (desemprego transicional, perdas de capital por imobilidade de recursos etc.) decorrentes de uma liberalização bilateral em relação a um parceiro do tamanho dos Estados Unidos são altas e de magnitude equivalente às de uma liberalização multilateral.[7] Entretanto, como os Estados Unidos não são os supridores mais eficientes de todos os produtos importáveis pelo Brasil (que realiza apenas cerca de um quarto de suas compras externas naquele país), os benefícios estáticos de realocação de recursos provocados pela liberalização bilateral são de magnitude inferior aos de liberalização equivalente em âmbito multilateral. Além disso, como o atual processo de liberalização brasileiro prevê tarifas relativamente altas sobre a grande maioria dos produtos até 1994, a liberalização total do comércio — como pressupõe o estabelecimento de uma ZLC — em âmbito bilateral certamente provocaria protestos fortíssimos de nossos outros grandes parceiros comer-

7. Para uma elaboração do argumento, veja Fritsch (1989).

ciais que competem com a produção norte-americana no mercado brasileiro.

Mas os benefícios líquidos para o Brasil também dependem do regime comercial norte-americano. Com efeito, os maiores benefícios potenciais para o Brasil residiriam na garantia de acesso livre, em regime preferencial em relação aos países que enfrentam a tarifa NMF norte-americana, concedido pela formação da ZLC. Para um dado produto, esses benefícios seriam tanto maiores quanto maior a altura da barreira comercial que o afeta, o volume das exportações brasileiras para os Estados Unidos e a elasticidade do preço da demanda por importações desse produto nesse país. Esse efeito positivo do acesso garantido também aumentaria a atratividade do Brasil como receptor de inversão direta estrangeira, especialmente a proveniente de firmas localizadas em países que já enfrentam o protecionismo norte-americano ou temem a ameaça de seu crescimento em bases discriminatórias no futuro. *A priori*, portanto, pode-se afirmar que um acordo de livre comércio com os Estados Unidos, que abolisse as restrições que atualmente penalizam produtos de grande interesse exportador brasileiro (como, por exemplo, os acordos de cotas sobre produtos de aço ou as tarifas altas sobre certos produtos como o etanol que impedem o crescimento de exportações de outros supridores que poderiam vir a ser feitas a partir do Brasil), traria benefícios certos para o país.

Em resumo, levando-se em conta os argumentos dos dois parágrafos acima, é razoável concluir-se que a opção por negociações imediatas visando um acordo amplo de livre comércio pode ser uma alternativa ótima para países como o México ou alguns caribenhos, para quem os Estados Unidos são um enorme parceiro comercial, ou para países como o Chile, que já liberalizou suas importações e vem tendo freqüentes problemas de acesso ao mercado norte-americano. Quanto ao Brasil, o quadro é radicalmente diferente: o país apenas começa um processo longo e cuidadoso de liberalização, não tem uma concentração maciça de comércio com os Estados Unidos e, *last but not least*, não tem intenção declarada de liberalizar extensivamente em novos temas, além dos eventuais compromissos que tiver que assumir no GATT. Além disso, os ganhos com a garantia de acesso ao vasto e dinâmico mercado norte-americano em áreas de interesse são incertos, por duas razões: em primeiro lugar, porque o processo negociador da Rodada Uruguai — que poderá definir importantes mudanças no nível e na estrutura de proteção norte-americana — ainda não se concluiu. Portanto, é impossível se avaliar os ganhos com o tratamento preferencial a ser concedido. Em segundo lugar, e mais importante, há a questão da credibilidade da oferta norte-americana de liberalização irrestrita. Negociadores brasileiros experientes em questões do contencioso comercial Brasil-Estados Unidos são unânimes em afirmar que não se deve esperar mudança radical da atitude protecionista de nosso parceiro em áreas onde residam nossos maiores interesses comerciais. Portanto, porque hoje os custos da liberalização são altos e os benefícios incertos, nos pareceria mais prudente responder com uma proposta de "acordo-quadro", em que se criariam a instância formal de consulta e a negociação sobre o contencioso comercial bilateral e que, com a redução das incertezas e a experiência de outros países, poderia vir a servir de foro para a discussão sobre a formação de uma ZLC.

Resta discutir a escolha da estratégia de negociação, se solitária ou em conjunto com nossos parceiros do Cone Sul. O argumento clássico a favor da negociação em bloco sustentaria que, como a capacidade de barganha em uma negociação bilateral depende do tamanho do mercado, seria interessante que as negociações com os Estados Unidos fossem feitas por grupos de países, ainda que no âmbito de um acordo-quadro. Uma iniciativa conjunta como essa exigiria, entretanto, esforços paralelos no sentido da homogeneização das estruturas de proteção nos países interessados, ou seja, a transformação da atual ZLC do Cone Sul em União Aduaneira. Do ponto de vista do Brasil, esses esforços conjuntos serviriam a um duplo propósito positivo: por um lado, introduziriam um objetivo novo que — especialmente se acompanhado pela criação de uma entidade supranacional — serviria para aumentar o ímpeto do processo de integração regional; por outro, de um prisma mais defensivo, serviriam para manter o Cone Sul unido, pois, caso nossos parceiros regionais decidam seguir a estratégia mexicana (como o Chile pode vir a fazer) e conceder acesso livre a produtos norte-americanos, haverá um sério perigo de desvio de exportações brasileiras de manufaturas nos mercados desses parceiros por produtos provenientes dos Estados Unidos. A conclusão quanto a esse segundo aspecto da questão é pela concentração de esforços diplomáticos na coordenação de uma iniciativa comum que englobe os países do Cone Sul.

## A INICIATIVA BUSH NA ÁREA DO INVESTIMENTO DIRETO E DA DÍVIDA

As medidas anunciadas, visando o incremento dos fluxos de investimento direto, repousam na idéia de que esses fluxos são sensíveis ao ambiente regulatório da atividade econômica e aos incentivos especiais. Embora seja verdade que os programas de desregulamentação e liberalização comercial, ao abrirem oportunidades de investimento, tenham impacto positivo sobre o investimento estrangeiro, a idéia de que incentivos especiais são indutores eficazes do investimento direto é refutada pela literatura recente sobre seus determinantes.[8]

O que importa notar, entretanto, é que o determinante crucial da atual deterioração do clima de investimentos no Brasil é a instabilidade macroeconômica. Assim, programas de apoio ao investimento como os anunciados na *Iniciativa* Bush são bem-vindos, mas não tocam no fator principal para sua recuperação. A questão não é só a dos montantes anunciados, mas o fato de que, como a penetração do investimento norte-americano na indústria brasileira é significativo, a recuperação do nível de investimento industrial doméstico é crucial para a recuperação dos fluxos bilaterais de inversão.

O próprio discurso presidencial reconhece a importância do ônus da dívida para a retomada do investimento quando nota que "muitas nações já empreenderam dolorosas reformas econômicas em nome do crescimento futuro, mas o clima de

8. Para uma revisão da literatura sobre este ponto, veja Fritsch e Franco (1989).

investimentos continua obscurecido pelo pesado ônus da dívida".[9] Infelizmente, entretanto, a *Iniciativa* não abre novas perspectivas para o tratamento da questão da dívida além do alcançado no Plano Brady e não promete financiamentos adicionais significativos. A simples redução da dívida oficial brasileira com os Estados Unidos, como contemplado no pronunciamento, está longe de reduzir o ônus do serviço das obrigações financeiras internacionais do país em montante suficiente para garantir a retomada do crescimento sustentado.

Assim, o grande desafio na implementação do objetivo principal da *Iniciativa* Bush, de promover a integração comercial do continente — isto é, aumentar a participação dos fluxos intra-regionais no fluxo global de comércio dos países do hemisfério é a operacionalização de um tratamento coerente das questões de comércio e financiamento externo. Não resta dúvida de que a manutenção das restrições de natureza cambial ou fiscal, decorrente da redução drástica do financiamento externo, continuará a inibir o crescimento dos países devedores, com impacto profundamente deletério sobre o crescimento dos níveis de comércio e investimento intra-hemisféricos.

## CONCLUSÕES

A *Iniciativa para as Américas* abre a possibilidade de uma redefinição do relacionamento econômico entre os Estados Unidos e a América Latina, especialmente no que diz respeito ao regime de comércio bilateral. Além disso, por se tratar de um pronunciamento presidencial de caráter genérico, enseja a possibilidade de que sua implementação seja influenciada pela postura negociadora de países ou blocos da região.

No caso do Brasil, há duas escolhas imediatas a fazer no que concerne à política comercial, ambas ligadas à mudança do relacionamento comercial bilateral: a primeira é quanto ao quadro institucional e ao regime desejável para esse relaciona-

9. Pronunciamento do presidente Bush sobre a *Iniciativa para as Américas*, Serviço de Divulgação e Relações Culturais dos Estados Unidos da América, Brasília, s.d., p. 4.

mento no futuro previsível e ao tempo de sua implementação. As alternativas são a busca de uma integração plena em prazo relativamente curto, nos moldes de uma ZLC, como pretendido, por exemplo, pelo México, ou a simples criação de um *locus* privilegiado para o tratamento de questões bilaterais relativas ao comércio com vistas à maior integração, como já encaminhado por alguns países da América do Sul; a segunda se refere à estratégia de negociação com os Estados Unidos. A escolha aqui é entre um enfoque exclusivamente bilateral ou uma tentativa de coordenar negociação conjunta com outros países latino-americanos, em particular com aqueles em relação aos quais o Brasil avançou ou pretende avançar em termos de integração comercial.

Quanto a essas questões, as principais conclusões deste trabalho são as seguintes:

- Em relação ao arcabouço institucional e ao regime de comércio bilateral, a análise dos custos e benefícios da integração comercial rápida sugere que a opção imediata pela assinatura de um "acordo-quadro" genérico, que permita tratar da liberalização bilateral de forma coerente com a liberalização multilateral em curso, é superior à alternativa de integração comercial bilateral acelerada, implícita na opção por uma ZLC.
- Quanto à estratégia negociadora, a atuação conjunta com os parceiros do Cone Sul é recomendável, por duas razões: em primeiro lugar, porque, em uma negociação comercial bilateral com base em reciprocidade, a capacidade de barganha de uma parte é função crescente de seu tamanho do mercado; em segundo lugar, porque essa atuação conjunta teria implicações positivas para o processo de integração sul-americano e, eventualmente, serviria para fortalecer o processo de liberalização comercial no Brasil.

A *Iniciativa* contempla, ainda, propostas relativas ao incremento do investimento direto bilateral e ao alívio da dívida externa. Quanto aos aspectos relacionados ao investimento direto, nota-se uma ênfase excessiva, no pronunciamento presidencial, na importância de se promover alterações da legislação ou se criar incentivos especiais, medidas que são de pouca relevância como indutoras de novos fluxos, especialmente em face da atual deterioração do clima de investimentos no Brasil. A recuperação do fluxo de investimento direto para o país depende muito mais do retorno à estabilidade macroeconômica e do prosseguimento da atual política de liberalização comercial e desregulação econômica empreendida pelo governo brasileiro. De fato, a própria integração comercial do continente — entendida como o aumento da participação dos fluxos intra-regionais no fluxo global de comércio dos países do hemisfério — depende mais da retomada do crescimento latino-americano do que de medidas que promovam discriminação comercial contra outros países.

O retorno à estabilidade macroeconômica relaciona-se, naturalmente, com o equacionamento adequado da questão da dívida externa. Quanto a esse aspecto, o reconhecimento do fato de que "muitas nações já empreenderam dolorosas reformas econômicas em nome do crescimento futuro, mas o clima de investimentos continua obscurecido pelo pesado ônus da dívida"[10], é alvissareiro. Entretanto, as medidas anunciadas no sentido de reduzir a dívida — voltadas apenas para a redução da dívida bilateral oficial — não promoverão alívio significativo desse ônus, no caso do Brasil.

10. Pronunciamento do presidente Bush sobre a *Iniciativa para as Américas*, Serviço de Divulgação e Relações Culturais dos Estados Unidos da América, Brasília, s.d., p. 4.

# Referências bibliográficas

FRITSCH, W. "The new minilateralism and developing countries", in SCHOTT, J. (ed.), op. cit., 1989.

FRITSCH, W. & FRANCO, G.H.B. "Investimento direto: Teoria e evidência empírica". Texto para Discussão 185, Departamento de Economia, PUC/RJ, Rio de Janeiro, 1989.

*INICIATIVA para as Américas.* Propostas econômicas do governo do presidente George Bush para a América Latina (Sumário Atualizado das Medidas). USIS, Brasília, s.d.

SCHOTT, J. (ed.), *Free trade areas and US trade policy*, Institute for International Economics, Washington, 1989.

PRONUNCIAMENTO do presidente Bush sobre a *Iniciativa para as Américas*, Serviço de Divulgação e Relações Culturais dos Estados Unidos da América. Brasília, s.d.

# Parte II

# A Reforma do Estado

# 3. A reforma do Estado

*Eduardo Modiano**

No âmbito da estratégia de desenvolvimento do governo Collor, a reforma do Estado cumpre um papel fundamental: acreditamos que somente através dela — uma reforma de caráter estrutural — será possível colocar a economia brasileira num rumo de crescimento auto-sustentado e ao mesmo tempo permitir que tal iniciativa seja acompanhada de efetivo processo de redistribuição de renda.

A reforma do Estado não se processa isoladamente; é parte integrante de um conjunto de medidas que visam modernizar a economia brasileira. Dentre essas medidas se destacam a abertura da economia aos investimentos estrangeiros e ao comércio exterior, uma política de capacitação tecnológica das empresas e ainda o estímulo à competição interna e externa.

Creio que é interessante discutir a reforma do Estado concentrando-me mais especificamente no papel e nos objetivos do Programa Nacional de Desestatização.

Há três pontos principais nos quais vou me deter:

- A necessidade de se mudar as atribuições do Estado brasileiro e o papel da privatização nesse contexto.
- Os efeitos macroeconômicos da privatização.
- A forma como o programa vem sendo conduzido.

---

* Presidente do BNDES e presidente da Comissão Diretora do Programa de Privatização.

O Programa Nacional de Desestatização é, em essência, o instrumento de redefinição do papel do Estado na economia, visando torná-lo mais leve, mais ágil e voltado, prioritariamente, para as atividades típicas de governo. Sua tarefa é reduzir ao máximo a ação do "Estado-empresário" e dirigir seus recursos para as áreas de saúde, educação, segurança e habitação às camadas de baixa renda.

A operação dessa mudança não decorre de convicções unicamente ideológicas; possui também um sentido pragmático: de um lado, o esgotamento do papel do "Estado-empresário"; de outro, a necessidade de se estabelecerem prioridades diante do volume de recursos que o setor público é capaz de mobilizar.

A mudança do Estado na ação empresarial pode ser compreendida facilmente se nos recordarmos das origens do processo de estatização no Brasil. Essas origens podem ser resumidas em três casos típicos:

- Para a instalação de setores estratégicos à industrialização em um contexto para os capitais externos não foram atraídos e nos quais os capitais privados domésticos não puderam atuar, devido à indisponibilidade de recursos, conjugada com a incipiência do mercado de capitais e com o longo prazo de maturação dos investimentos.
- Na área de serviços públicos, devido a controles inadequados e a políticas tarifárias freqüentemente irrealistas.
- No caso, ainda, de empresas que nasceram privadas e que passaram ao Estado através de sucessivos aportes de recursos do BNDES.

Temos então duas constatações a fazer:

- Primeira, que não há sentido em preservar no setor público empresas que nasceram privadas e que não guardam afinidades com quaisquer de suas funções.
- Segunda, que é anacrônico defender a ação do "Estado-empresário" quando os chamados setores estratégicos já foram instalados, e ainda com a insuficiência de poupança pública para fazer face aos investimentos requeridos.

Além do objetivo principal, que é a reforma do Estado, a privatização tem outras motivações econômicas importantes. São elas: reduzir o endividamento interno e externo do Governo — o que não deve ser confundido com ajuste fiscal — e fazer com que a economia passe a operar segundo padrões de produtividade e de eficiência mais elevados.

A redução da dívida pública, que será alcançada com a privatização, como se sabe não resolve o problema do déficit público. Com a privatização se troca um fluxo de recursos futuros por seu valor presente. A liquidez do Governo aumenta e suas contas ficam menos vulneráveis às taxas de juros, o que é um efeito altamente benéfico para se consolidar a estabilização econômica, mas seu patrimônio líquido não se altera. Por isso, o esforço de ajuste fiscal não poderá ser minimizado.

Quanto aos ganhos de produtividade e de eficiência a serem obtidos com a privatização, eles decorrem, por sua vez, das distorções que marcaram a atuação do "Estado-empresário". As distorções mais claras são:

- a confusão entre objetivos empresariais e de ordem política, comprometendo a gestão das empresas públicas;
- o fato de essas empresas não estarem expostas às regras do mercado no tocante à captação de recursos, já que elas têm acesso privilegiado ao Tesouro Nacional. Essa distorção criou, aliás, uma relação de causa e efeito entre o desempenho das estatais e a crise das finanças públicas.

Com a privatização, superam-se esses problemas, uma vez que será possível:

- aumentar a eficiência produtiva das empresas, passando sua gestão a ser orientada por critérios empresariais;
- garantir a racionalidade econômica de seus investimentos, uma vez que as regras do mercado de capitais passam a preponderar para definir a disponibilidade de fundos das empresas;
- mediante a adoção de medidas complementares que estimulem a competição, o que, inclusive, é contemplado na escolha dos modelos de privatização, transferir esses ganhos de eficiência produtiva para a economia como um todo;

- melhorar significativamente a qualidade e a disponibilidade dos serviços públicos pela:
  — eliminação do poder de monopólio que o Estado tem em certos casos e que não precisa ser mantido;
  — desregulamentação;
  — canalização de recursos do setor privado para empreendimentos nos quais o Estado não tem mais condições de investir.

A possibilidade de elevar a taxa de investimentos da economia é, portanto, mais uma contribuição do Programa de Privatização.

O estímulo a esse programa se dá de duas maneiras: abrindo-se novas oportunidades de investimentos para o setor privado (assim sendo, a privatização define os novos rumos de atuação, demandados por esse setor) e ao mesmo tempo estimulando-se a poupança agregada.

O estímulo ao aumento da poupança agregada ocorre através de três mecanismos:

- Pela disseminação da propriedade acionária, pois, dessa forma, são criados novos poupadores na economia.
- Atraindo recursos externos através da participação do capital estrangeiro.
- Pela redução das transferências do Governo na forma de pagamentos de juros sobre a dívida pública, de subsídios implícitos nos preços cobrados por suas empresas e da mobilização de recursos do Tesouro Nacional para cobrir déficits.

Em resumo, o que pretendemos alcançar com o processo de privatização é uma ampla reformulação do papel do Estado, da qual a sociedade como um todo venha se beneficiar. Naturalmente, o programa não é a solução para todos os males de que padece o Estado, mas, como se percebe, é sem dúvida uma contribuição fundamental.

Gostaria, como disse, de lhes falar também sobre a implementação do programa. Existem, como já é de amplo conhecimento, dois órgãos principais: a Comissão Diretora, composta por quatro membros do Governo e sete da iniciativa privada, e o BNDES, que é o agente gestor, papel que lhe foi atribuído devido à experiência acumulada durante as operações de privatização realizadas entre 1981 e 1989.

Todos os processos de privatização terão pelo menos duas avaliações econômicas, que serão realizadas por firmas de consultoria privada e escolhidas por concorrência pública. Uma dessas firmas, além de fazer a avaliação, será também o agente da privatização, fazendo a modelagem e executando a venda. Essa firma receberá um prêmio proporcional ao sucesso da operação. Cada processo será também acompanhado por auditores independentes, que igualmente serão selecionados por concorrência pública.

O Programa de Privatização vem avançando efetivamente e apresenta significativos resultados. As críticas, que por vezes são feitas quanto ao ritmo desse programa, estão, sem dúvida, amparadas em avaliações equivocadas quanto à complexidade das operações envolvidas e em posicionamentos pouco responsáveis com relação ao zelo pelo patrimônio público.

Levando-se em conta a lei 8031 (que trata da privatização) que só foi regulamentada em agosto de 1990 e o rígor com que devem ser conduzidas as operações de venda das empresas públicas, posso lhes dizer que o ritmo dos trabalhos tem sido intenso.

Nesse período de praticamente três meses:

- realizamos o exame econômico-financeiro de vinte e sete empresas, sendo que vinte já foram incluídas oficialmente no programa, além das participações acionárias minoritárias do setor petroquímico;
- divulgamos todos os editais de licitação para a contratação de consultores;
- encaminhamos ao Presidente da República a minuta do projeto de lei que regulamentará a concessão de serviços públicos, permitindo assim que o programa avance em direção a essa área fundamental;
- já foram definidos os resultados das concorrências da CST, Usiminas/Usimec, Mafersa e Goiasfértil; com isso, respei-

tando-se os prazos mínimos legais, de rigor e de transparência operacional, teremos a primeira privatização ocorrendo ao final do primeiro trimestre de 1991.

Para concluir, quero enfatizar que a privatização é uma tarefa complexa, que exige trabalho intenso, muita determinação e uma certa dose de ousadia. Estou absolutamente convencido da importância do Programa de Privatização, seguro quanto ao êxito que este alcançará e, sobretudo, quanto aos benefícios que trará para a nossa sociedade. Não posso deixar de dizer que me sinto recompensado em participar ativamente deste momento histórico, que não é apenas de reforma, mas de reconstrução do Estado brasileiro.

# 4. Limites e perspectivas de reforma do Estado

*João Geraldo Piquet Carneiro**

## IMPACTOS DA NOVA ORDEM CONSTITUCIONAL

A reforma do Estado, no sentido mais amplo da reforma institucional, teve início com a promulgação da Constituição de 1988. Nela se encontram alguns elementos necessários a um verdadeiro sistema federativo, entre os quais o reforço da capacidade financeira dos estados e municípios, mediante discriminação mais equânime das rendas públicas. Como é óbvio, o aumento da capacidade econômica dos governos estaduais e municipais conduz, por si só, à desconcentração do poder político, com reflexos positivos na organização e no metabolismo do Estado.

Acresce que o aumento da capacidade econômica dos estados e municípios foi precedido de revalorização das arenas políticas regionais — os governadores passaram a ser eleitos pelo voto popular e os sistemas políticos dos estados se tornaram mais influentes no comportamento do Congresso Nacional. O que ainda falta é que estados e municípios usem sua maior capacidade econômica e política para modernizar suas obsoletas estruturas administrativas. Mas esse é um problema de cultura política, que só se resolve com a continuidade do processo competitivo de escolha dos governantes.

Vale dizer que a ampliação dos poderes político e econômico dos estados e municípios não teve, até agora, caráter

* Consultor *ad hoc* do Programa Federal de Desregulamentação.

reformador da administração pública e tampouco implicou a repartição de atribuições e encargos administrativos entre as três esferas de governo.

Além disso, a nova ordem constitucional afetou de várias formas, direta ou indiretamente, para o bem ou para o mal, a organização e o funcionamento do Estado e, em particular, da União:

- Os municípios e o Distrito Federal passaram a ser tratados como *entes federativos* (anteriormente, a Federação era integrada apenas pela União e pelos estados).
- A área de competência comum da União, dos estados e dos municípios foi ampliada. A maior competição entre os *entes federativos* é condição indispensável para o desenvolvimento do federalismo. Do ponto de vista administrativo, porém, ela pode gerar a superposição de estruturas burocráticas tratando da mesma matéria nas três esferas de governo.
- O Executivo perdeu a prerrogativa constitucional de se auto-organizar, uma vez que passaram a depender de lei a criação, a estruturação e a fixação de atribuições dos ministérios e órgãos públicos em geral. Trata-se de um retrocesso institucional, pois o Executivo passou a ser o único dos três poderes que não tem a liberdade de estabelecer sua própria estrutura administrativa.
- Os projetos de lei do orçamento da União podem ser emendados — o que antes era vedado —, desde que indicada a fonte de recursos, quando das emendas resultar aumento de despesa. A inovação é importante porque implica maior responsabilidade do Congresso Nacional no trato das contas públicas.
- A criação de subsidiárias de empresas públicas e sociedades de economia mista, assim como a participação dessas no capital de empresas privadas, ainda que minoritariamente, passaram a depender de autorização legislativa. Isto significa que o setor produtivo estatal ficará sujeito ao controle mais intenso do Congresso Nacional.
- A despesa com pessoal da União, dos estados, do Distrito Federal e dos municípios poderá ser limitada por lei complementar (na ausência de lei, prevalece o limite de 65% das

receitas correntes fixado no artigo 38 das Disposições Transitórias). Apesar de excessivamente padronizador, o dispositivo é salutar, pois compromete o Legislativo com a idéia de contenção dos gastos com pessoal.

- O concurso público foi consagrado como requisito para investidura em cargo ou emprego público. Não se trata, em rigor, de inovação, mas ainda assim dá relevo constitucional ao princípio do acesso por concurso.
- O direito de livre associação sindical do servidor público é assegurado, assim como o direito de greve na forma e nos limites definidos em lei complementar. Isto significa que o funcionalismo público estará mais organizado e instrumentalizado para oferecer resistência ao processo de reforma.
- Foram previstos o regime jurídico único — este já regulado em lei — e os planos de carreira para os servidores da administração direta, das autarquias e das fundações públicas. O princípio, se efetivamente aplicado, tem caráter moralizador.
- Foi ampliada a obrigatoriedade de licitação pública para a contratação de obras, serviços e compras.
- A exploração direta de atividade econômica pelo poder público somente é permitida nas hipóteses previstas na Constituição ou, na forma da lei, para atender a imperativos de segurança nacional ou em casos de relevante interesse coletivo.
- As empresas estatais passam a ter tratamento igual ao concedido às empresas privadas, com especial ênfase nas obrigações trabalhistas, previdenciárias e fiscais.

Além dessas disposições de caráter geral, a Constituição comete ao Estado — ente político — uma série de atribuições, que completam a moldura dentro da qual será jurídica e politicamente possível, ou não, promover-se uma ampla reforma desse mesmo Estado.

## AS "REFORMAS ESTRUTURAIS" NO GOVERNO COLLOR

### Diretrizes de ação do Governo

As diretrizes de ação do governo Collor, divulgadas no início de 1990, indicam, como parte integrante das chamadas "reformas estruturais", a renegociação da dívida externa, a reforma administrativa, a reforma patrimonial e a reforma fiscal. A inclusão da renegociação da dívida externa entre as "reformas estruturais" do Estado é justificada, no documento sob exame, pelo fato de a União ser responsável pela maior parte dessa dívida, que drena recursos internos escassos e reduz drasticamente a capacidade de investimento do setor público. Assim, a realização de um projeto de desenvolvimento econômico e social dependeria também do equacionamento da dívida externa. Ademais, a solução do problema da dívida contribuiria para reforçar o federalismo, na medida em que os governos estaduais ficam liberados para conduzir suas políticas econômicas sem dependerem de forma tão acentuada do Governo Central.

Portanto, a inserção da dívida externa no âmbito das "reformas estruturais" teria sido ditada basicamente por sua relevância econômica e também pela necessidade de lhe dar destaque especial no conjunto das medidas consideradas prioritárias pelo futuro governo. (Nesse sentido, o organograma do Plano de Governo é particularmente elucidativo.) Por não se enquadrar na conceituação de "reforma estrutural" do Estado, a referência à dívida externa serve para evidenciar a ênfase especial emprestada aos aspectos *econômicos* da reforma do Estado. Essa ênfase, como se verá, está presente nas outras categorias de reforma a seguir analisadas, chegando, às vezes, a afastá-las do que deveriam ser seus objetivos centrais.

A reforma administrativa, segundo as Diretrizes de Ação do Governo, teria como objetivos "o resgate da eficiência e da dignidade do serviço público" e "a adequação das estruturas da máquina estatal às funções exigidas do Estado pela retomada do desenvolvimento econômico". A reestruturação dos mecanismos de *coordenação* das atividades econômicas é vista como essencial à adequação da administração pública à nova fase de desenvolvimento econômico. "Na política econômica, a criação de um Estado capaz de coordenar e articular a retomada do crescimento econômico exige uma estrutura concentrada, que compatibilize as exigências dos diversos campos da vida *econômica*..." É a partir dessas premissas que são pro-

## PLANO DE GOVERNO

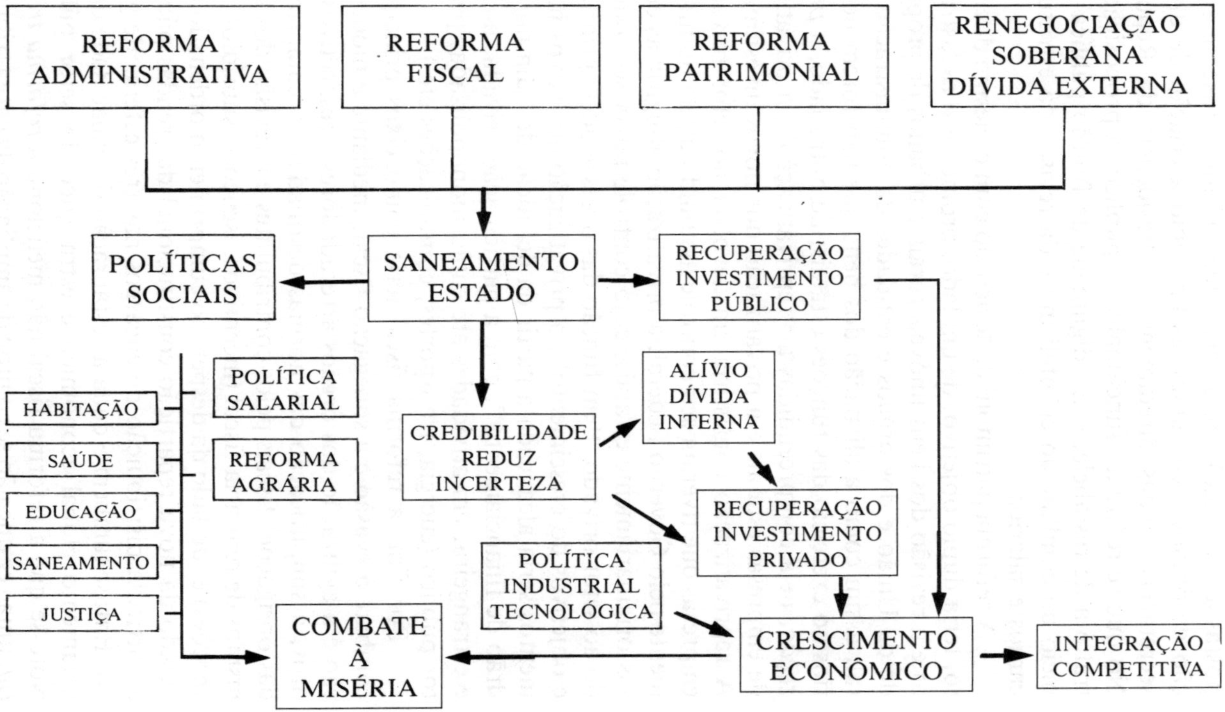

postas a aglutinação de diversos ministérios, a fusão e a extinção de órgãos e entidades, assim como a criação de diversas secretarias ligadas diretamente à Presidência da República. No que se refere ao funcionalismo público, a proposição central é a de restabelecer a "dignidade da função pública", por meio do combate ao clientelismo e da revisão da estrutura de cargos e salários.

A reforma patrimonial, de acordo com o mesmo documento, teria duplo objetivo: de um lado, promover o cadastramento e a revisão dos bens imóveis rurais e urbanos de propriedade da União e dos órgãos e entidades da administração federal, assim como a alienação dos bens que não forem necessários ao exercício das funções estatais; de outro lado, a *privatização*, nela compreendidas a "reprivatização", a privatização de empresas estatais e a privatização dos novos investimentos. A reprivatização consistiria em devolver ao setor privado as empresas que tiveram seu controle assumido direta ou indiretamente pelo Governo Federal; a privatização atingiria as empresas originariamente estatais, cujo controle possa ser transferido ao setor privado, "em função das necessidades, prioridades e objetivos do crescimento"; a privatização dos novos investimentos seria alcançada a partir da definição de "um novo padrão de financiamento", com a participação privada, nacional e estrangeira, em atividades até então monopolizadas pelo setor público (energia, transportes, comunicações etc.).

Por fim, a reforma fiscal teria como eixos principais o combate à evasão e à sonegação fiscal, mediante a modernização e a agilização dos órgãos arrecadadores e respectivos quadros, a simplificação das normas destinadas ao cumprimento das obrigações fiscais pelos contribuintes e a revisão dos mecanismos de renúncia fiscal (incentivos, isenções, subsídios e subvenções) e, do lado da despesa, o cumprimento ordenado e planejado da nova repartição constitucional das rendas públicas, a partir da distribuição de encargos nas três esferas de governo. Ênfase também é dada à restauração da capacidade de planejamento global econômico e estratégico do setor público. Note-se que a reforma fiscal não menciona a *reforma tributária*, uma vez que não se cogitou de ampliação da carga tributária.

Notável, também, é a ausência de menção explícita à *desregulamentação*, que posteriormente veio a integrar o conjunto de medidas destinadas à reforma do Estado e, neste momento, se destaca como um dos programas mais eficazes do Governo.

## O desenvolvimento da reforma

A consulta às diretrizes de ação do Governo, mesmo em se tratando de um documento elaborado com objetivos predominantemente eleitorais, serve a dois propósitos: primeiro, para definir a lógica e a consistência conceitual da reforma do Estado nele proposta; segundo, para determinar em que medida a lógica e a consistência conceitual foram preservadas ou rompidas ao longo do processo de implementação das medidas objetivas de reforma.

A lógica da reforma, tal como ela emerge do documento analisado, é fundamentalmente econômica. Em todas as suas diversas frentes, o objetivo mais evidente da reforma é restaurar a capacidade financeira do Estado. O próprio conceito de eficiência está associado menos à idéia da qualidade do serviço público final do que à de redução de custos. A ideologia subjacente, na ausência de terminologia mais precisa, pode ser descrita como "neoliberal", no sentido de que o futuro desenvolvimento econômico e social do país dependeria, em larga medida, da redução do papel intervencionista do Estado e da maior presença do capital privado, tanto nacional quanto estrangeiro. E a superação da crise fiscal do Estado, debitada à ineficiência do setor público, repousaria na drástica redução da despesa, por meio da extinção de órgãos e funções, da privatização de empresas estatais, da alienação do patrimônio imobiliário ocioso, do combate à sonegação e, por fim, da diminuição do quadro de pessoal. Repousaria, ainda, na maior coordenação das ações governamentais, o que pressupõe o reforço da capacidade gerencial da própria Presidência da República, a criação de secretarias especiais a ela diretamente subordinadas e a aglutinação de ministérios. Idealmente, a concretização dessas providências restauraria a capacidade de investimento do setor público e lhe asseguraria maior racionalidade.

Do ponto de vista conceitual, e dentro dos objetivos a que se propõe, a reforma se afigura consistente. Por outro lado, abstraída a incidência de variáveis políticas, culturais e operacionais na etapa de implementação, pode-se afirmar que as medidas inicialmente adotadas pelo Governo, no bojo de reforma, mantiveram-se coerentes com a lógica e a conceituação originais.

Outra questão, sem dúvida a mais relevante para a finalidade desta análise, consiste em investigar se os *resultados práticos* das medidas até agora adotadas atingiram os *objetivos* e as *metas* originalmente fixados. Esse cotejo entre os objetivos visados e os resultados efetivamente colhidos é apresentado a seguir:

- *No âmbito da reforma administrativa* — A criação da Secretaria Geral da Presidência da República, com a função de *longa mano* do Presidente para a coordenação das diferentes áreas e setores da administração federal; o agrupamento de ministérios por blocos setoriais — Economia (Fazenda e Planejamento), Infra-estrutura (Energia, Minas e Metalurgia, Transportes, Comunicações) e Social (Trabalho e Previdência Social) — e a criação de diversas secretarias subordinadas diretamente à Presidência da República.

  A maior coordenação administrativa, visada por essa reforma macroestrutural, não foi ainda alcançada, em razão de diversos fatores, entre os quais se destacam:

  — o gigantismo, que resultou da aglutinação em um mesmo ministério de setores excessivamente diferenciados na vocação e na cultura organizacional;
  — a subordinação a um mesmo comando hierárquico de funções de planejamento e de execução, por definição incompatíveis entre si;
  — o excesso de simetria dos novos ministérios, quando deveria ter prevalecido o princípio da *geometria variável*;

— a resistência de algumas secretarias mais poderosas, resultante da transformação de antigos ministérios, em se submeterem ao novo comando ministerial concentrado;
— a falta de percepção pelos ministros — inclusive por ausência de explicitação legal — do papel de coordenação (e não de execução) que lhes caberia, dentro da nova configuração ministerial;
— a forte e inevitável concentração de poderes no Ministério da Economia, ditada pela natureza centralizadora do plano de estabilização econômica.

- *A extinção, fusão e realocação de órgãos e funções* — As medidas, nessa área, ainda que justificáveis do ponto de vista da lógica organizacional, foram implementadas sem observância de um cronograma de prioridades, o que resultou, em vários casos, na paralisia dos órgãos e funções fundidos e realocados. Na realidade, partiu-se do pressuposto de que a reforma era indivisível e, se não fosse implantada de uma só vez, encontraria resistências políticas intransponíveis. A alternativa escolhida foi colocar em execução as propostas e sugestões oriundas de diferentes grupos de trabalho, que atuaram de forma relativamente estanque durante o período de transição. Assim, a reforma careceu de maior compatibilização, articulação e síntese das diferentes propostas setoriais. Daí resultou que o processo de revisão da macroestrutura foi por demais extenso e insuficientemente profundo na avaliação de seu impacto real sobre o desempenho dos órgãos e setores atingidos.

- *O ajuste do quadro de funcionários* — Estudos iniciais indicavam que seria possível promover a redução substancial do quadro de funcionários da administração direta e indireta, inclusive empresas estatais, mediante demissões e a colocação de pessoal em disponibilidade, neste segundo caso mediante pagamento de remuneração proporcional ao tempo de serviço. Em números globais, cerca de 360 mil funcionários seriam aposentados, demitidos ou postos em disponibilidade, o que significaria uma redução da despesa de pessoal entre

0,9 e 1,4% do PIB. (Estima-se que até agora foram atingidos cerca de 220 mil funcionários.)

O *economicismo* que presidiu o processo de redução de pessoal esbarrou, porém, em constrangimentos legais — particularmente a não-aplicação do princípio da proporcionalidade dos salários ao tempo de serviço dos funcionários postos em disponibilidade — e na resistência política. Na verdade, a contenção da despesa de custeio resultou mais do congelamento salarial do que das demissões e da disponibilidade. Para isso, contribuíram:

— a ausência de programação, de parte dos ministérios, que levasse em conta a redução de pessoal;

— o atraso, decorrente da centralização decisória, das nomeações para os cargos de alta direção, o que adiou a implantação do processo de redução de pessoal em numerosas agências governamentais;

— a falta de suficiente conhecimento prévio dos obstáculos legais incidentes nas diferentes hipóteses de redução de pessoal. Por fim, o processo de realocação e reciclagem do pessoal posto em disponibilidade — providência essencial à racionalidade da reforma — provou-se muito mais complexo e demorado do que inicialmente previsto.

• *No âmbito da reforma patrimonial e da reforma fiscal* — Conforme anunciado pelo Governo, a reforma patrimonial e a reforma fiscal eram peças importantes do processo de reequilíbrio das contas públicas, ainda no ano de 1990. No entanto, a alienação do patrimônio ocioso do Governo se mostrou muito lenta, seja devido a complicações de ordem jurídica, seja por contingências ditadas pelo próprio mercado. Da mesma forma, a privatização vem sofrendo sucessivos adiamentos, em razão de dificuldades de ordem técnica e de resistências políticas.

O combate à evasão e à sonegação fiscal tampouco contribuiu para o aumento da arrecadação. A reforma fiscal dependia, para ser eficaz, do reaparelhamento humano e técnico dos órgãos arrecadadores e da capacidade contributiva dos agentes econômicos. No entanto, o reaparelhamento tornou-se impossível pela virtual incapacidade de investimento em recursos humanos e técnicos e pela paralisia provocada pelas demissões, assim como pela falta de cooperação dos quadros inconformados com a reforma e o congelamento de salários. Por outro lado, a redução da atividade econômica e, agora, a recessão diminuíram a base de incidência dos impostos e a capacidade contributiva dos agentes econômicos. Com isso, a reforma ficou limitada à arrecadação maciça de tributos *instantâneos*, no primeiro semestre de 1990. Por outro lado, não se cogitou de uma reforma tributária mais ampla, para vigorar a partir de 1991.

## A DESREGULAMENTAÇÃO

A desregulamentação, apesar de não haver constado expressamente das Diretrizes de Ação do Governo, foi institucionalizada no dia 15 de março de 1990, sob a forma de um programa específico — o Programa Federal de Desregulamentação — vinculado diretamente à Presidência da República, sob a coordenação da Secretaria Geral. Na realidade, a desregulamentação é parte essencial do processo de reforma do Estado e, sem dúvida, um de seus principais instrumentos de viabilização. Pois, na medida em que um dos objetivos da reforma é redefinir as fronteiras de atuação do Estado, devolvendo à sociedade aquilo que ela pode fazer sem a intervenção, o patrocínio ou a proteção do poder público, faz-se imprescindível rever normas, procedimentos e rotinas que tornaram compulsório esse crônico estado de dependência e subordinação.

A excessiva regulamentação no campo econômico tem como conseqüências mais evidentes o cerceamento da iniciativa empresarial e o seu condicionamento aos desígnios do Estado. Não menos relevante, porém, é o efeito pernicioso que ela provoca nas relações entre os agentes econômicos privados e os örgãos regulamentadores, facilitando a "privatização do Estado" e a perpetuação do cartorialismo, por meio de mecanismos de proteção discriminatória e de reservas de mercado.

Nesse sentido, a desregulamentação é também uma *reforma do setor privado*, fazendo com que este se afaste do Estado e procure se auto-organizar.

O excesso de regulamentação também contribui, de forma direta, para a burocratização da atividade econômica, multiplicando trâmites e controles, que geram custos desnecessários para as empresas em geral e encargos desproporcionais para as empresas de menor porte. O efeito burocratizante da regulamentação imbute custos imponderáveis tanto para o Governo quanto para o setor privado.

Do ângulo social e político, a regulamentação excessiva se constitui em fator de deterioração das relações entre os cidadãos e o Estado — os primeiros tiranizados pelo segundo — e da qualidade na prestação dos serviços públicos. Portanto, a desregulamentação deve atuar como um instrumento de reforma *cultural* e *política*, de tal maneira que o indivíduo, e não o Estado, seja posto na posição de principal destinatário do processo de mudança.

O fenômeno da regulamentação tem como principal causa próxima o gigantismo do Estado moderno decorrente do *assistencialismo* que se implantou na esteira do *welfare state*. E como causas remotas a *centralização administrativa* e o *paternalismo estatal*, ambos fortemente enraizados na cultura nacional. Desse ângulo, a desregulamentação no Brasil vai além da *deregulation* anglo-saxã, uma vez que pretende não apenas remover o excesso de normatização que interfere na economia de mercado, mas também modificar posturas culturais tanto do setor público quanto do setor privado. Além disso, a desregulamentação estende-se ao campo social e individual, na medida em que se propõe a melhorar a qualidade da prestação de serviços públicos e a remover obstáculos que afetam a vida dos cidadãos.

O elenco de medidas já baixadas no âmbito do Programa de Desregulamentação, inspirado no antigo Programa de Desburocratização, é significativo. Na área da infra-estrutura, em particular, o Governo promoveu substancial simplificação de normas que consagravam dezenas de *cartórios* e reservas de mercado. Resistências maiores ao processo estão localizadas, como era de esperar, na própria burocracia estatal — especialmente nos órgãos de fiscalização e controle. O programa alcançou bastante prestígio junto à opinião pública e os meios de comunicação, e seu êxito se explica pela adequada estratégia gradualista de atuação e pelo prestígio político que lhe empresta pessoalmente o Presidente da República.

## CONCLUSÕES BÁSICAS

A retrospectiva de oito meses do governo Collor demonstra, antes de mais nada, o grau de dificuldade inerente à implantação de uma reforma do Estado. Alterar as estruturas das organizações estatais é tarefa da maior complexidade, porque afeta as relações de poder político dentro do Estado, atinge interesses corporativos fortemente cristalizados, subverte posturas culturais enraizadas e demanda recursos econômicos e humanos escassos. Além disso, do ponto de vista operacional é praticamente impossível prever alguns dos obstáculos que se erguerão ao processo de reforma, em particular no momento da implementação de medidas específicas. Por essa razão, as reformas administrativas sempre apresentam resultados mais modestos do que os inicialmente pretendidos e, assim, colocam os seus responsáveis em mora com as metas e até com a opinião pública. Raramente uma reforma é popular, no momento de sua implantação, a menos que venha na esteira de algum processo revolucionário.

Essa é a primeira reforma estrutural do Estado brasileiro a ser implementada em contexto político aberto. As duas reformas anteriores, 1937 e 1967, ocorreram em ciclos autoritários, sujeitas portanto a menor resistência política. Acresce que a atual reforma foi iniciada em meio a uma crise fiscal sem precedente, a qual impede a mobilização de recursos imprescindíveis à modernização dos meios materiais, técnicos e humanos da administração federal. No entanto, o atual governo não cogitou de uma reforma tributária — por sinal imperativa em razão da Constituição — que compensasse as perdas decorrentes da nova discriminação de rendas e reforçasse a capacidade arrecadadora da União. Ao contrário, partiu do pressuposto de que a carga tributária não deveria ser ampliada e que bastaria aperfeiçoar os mecanismos de arrecadação para corrigir os desequilíbrios das contas públicas.

Em primeiro lugar, a constatação a respeito da reforma em curso é, portanto, a de que o Governo superestimou a capacidade de promovê-la — em termos políticos, econômicos e de *timing* — e subestimou as dificuldades que iria encontrar na fase de implementação.

Em segundo lugar, verifica-se que não houve, nem da parte do Executivo nem do Legislativo, qualquer iniciativa no sentido de promover concretamente a repartição de encargos entre as três esferas de governo — consectário da nova distribuição de rendas determinada pela Constituição. Os governos estaduais, por seu turno, não usaram a maior autonomia política e econômica para pressionar o Governo Central no sentido de lhes repassar atribuições administrativas; limitaram-se a continuar pressionando por mais recursos.

Na ausência de uma efetiva descentralização de encargos executivos do Governo Federal em direção aos estados e municípios, assim como de uma real diminuição do tamanho físico da administração federal — principalmente por meio da privatização —, a reforma administrativa ficou limitada ao redesenho do organograma governamental, sem que fossem atingidos os objetivos de maior coordenação e eficiência administrativa. Por conseguinte, a eficácia da reforma estrutural encontra-se, neste momento, na dependência da redução *a posteriori* dos encargos administrativos do Governo Federal.

Em terceiro lugar, o processo de extinção e fusão de órgãos e funções foi desencadeado a partir de uma visão *economicista*, sem o exato conhecimento de seus desdobramentos jurídicos e de suas repercussões no desempenho global da administração. Disso resultou, principalmente, a paralisia do processo decisório. Finalmente, a reciclagem do pessoal posto em disponibilidade e sua realocação funcional ficou comprometida, ao menos temporariamente, por complicações legais e pela falta de recursos para treinamento.

Nesse quadro de dificuldades, o Programa de Desregulamentação destaca-se como o instrumento mais eficaz de reforma do Estado. Todavia, na medida em que a desregulamentação abre espaço a uma economia mais competitiva e auto-regulamentada, é fundamental que sejam instituídos, por coerência, mecanismos eficazes de defesa da concorrência, nos moldes já conhecidos de outros países capitalistas desenvolvidos. Caso contrário, a desregulamentação poderá vir a ser inquinada de propiciar formas deletérias de competição econômica.

# 5. Papel do Estado nos "Tigres Asiáticos"

*Amaury Porto de Oliveira**

A inclusão — em debate tão preso à atualidade brasileira e para o qual se congregaram tantos participantes de primeira plana da vida política e econômica do Brasil — de um diplomata há longos anos ausente do dia-a-dia do país só pode se explicar pelo nítido interesse da nossa gente em relação ao notório êxito dos assim ditos "novos países industriais" (NPI) da Ásia-Pacífico. Eu estou acabando de passar três anos e meio naquela região, como Embaixador do Brasil em Cingapura, e aceitei o honroso convite de vir falar neste Fórum, animado pela convicção de que tenho um depoimento a prestar sobre o que está acontecendo na orla asiática do Pacífico.

São quatro as economias que ali fazem jus à designação de NPI: Cingapura, Hong Kong, Coréia do Sul e Taiwan. Nos dois primeiros casos, temos cidades-estados, com dimensões de território e população que tornam suas experiências de pouco valor para o Brasil. Vou então me concentrar na Coréia do Sul e Taiwan.

A classificação como NPI indica, conforme todos sabemos, estar uma economia a meio caminho da plena industrialização. Muitas são as maneiras de se chegar a esse estágio, explicáveis pela história concreta de cada país. No final dos anos 70 o Brasil também se graduara como NPI, embora com peculiaridades sócio-econômicas bastante distintas das dos quatro

---

* Embaixador em Cingapura.

NPI asiáticos. Ao longo dos anos 80, no entanto, o Brasil estancou, como de resto aconteceu com os outros NPI da América Latina. Os NPI da Ásia-Pacífico prosseguiram em sua ascensão, e a Coréia do Sul e Taiwan, em particular, chegaram ao fim da década como NPI maduros, para os quais já se tornou realista visualizar o salto final para o rol dos industrializados. Não quer isso dizer que Coréia do Sul e Taiwan já tenham assegurado a entrada no primeiro time. Ao contrário, novas barreiras lhes estão sendo opostas pela reação protecionista dos industrializados. É certo, porém, que os dois NPI asiáticos estão hoje confrontados com problemas mais avançados do que os ainda não-resolvidos pelo Brasil. E eles parecem habilitados a responder ao novo desafio.

Como explicar a distância tomada pelos NPI asiáticos diante dos latino-americanos, ao longo dos anos 80? Que fizeram em particular a Coréia do Sul e Taiwan que não fez o Brasil?

Quando se estudam comparativamente as trajetórias dos NPI do mundo, salta aos olhos antes de mais nada o fato comum a todos eles da ação promotora e orientadora do Estado, enquanto expressão do anseio nacional de modernização. Nas condições do século XX, tal anseio se traduziu na busca da industrialização, e as diversas histórias nacionais revelam os estímulos e os empecilhos de ordem interna ao processo industrializante. Na passagem dos anos 40 para os 50, por exemplo, Coréia do Sul e Taiwan levaram a cabo a reforma agrária com o auxílio técnico e financeiro dos EUA, circunstância que muito ajudou a ampliar e modernizar os seus mercados internos. Aplicaram aqueles dois países políticas de distribuição de rendas e de escolarização muito mais justas e eficazes do que as do Brasil. E assim por diante. Uma terceira ordem de verificações é como os vários NPI se relacionam com o mundo exterior.

No presente Fórum a complexa e fundamental problemática dos estímulos e empecilhos à modernização do Brasil está sendo tratada em cinco excitantes painéis. Minha tarefa específica é falar sobre o que se espera do Estado, nesse contexto maior. Muita controvérsia existe em torno deste meu tema. Conheço os argumentos que há trinta anos separam os partidários da ação do Estado no desenvolvimento econômico dos seus críticos neoliberais. Mas não entrarei nesse debate, que em grande parte se ocupa de um Estado descorporificado, a-histórico. Trago um depoimento, a propósito de dois estados pujantes, identificáveis no tempo e no espaço. Na Coréia do Sul e em Taiwan, nessa segunda metade do século XX, o motor do avanço industrializante das respectivas economias vem sendo o Estado.

Os dois países em causa seguem nisso o Japão, que nos anos 50 foi um NPI e está em vias de se instalar como sociedade pós-industrial. Abundam hoje livros e artigos associando o extraordinário surto econômico do Japão ao impulso fornecido por um tipo de Estado que se começa a chamar de Estado desenvolvimentista. Um Estado situado a meio caminho entre o Estado regulador da economia e o Estado com comando da economia. Tal como faz o Estado regulador, o Estado desenvolvimentista se apóia nas exigências do mercado. Mas não se contenta esse Estado intermediário em atuar no nível macroeconômico ou como simples provedor de infra-estrutura para a ação dos empresários. O Estado desenvolvimentista tem um projeto: a industrialização nacional e, embora agindo para o mercado e pelo mercado, a racionalidade última a que ele obedece é a do projeto nacional. A atuação do Estado desenvolvimentista é altamente seletiva, dentro da idéia de que algumas indústrias e alguns produtos são mais importantes que outros para o fomento da industrialização. O Estado desenvolvimentista não é indiferente a quem investe e em que se aplica o investimento.

Esse modelo japonês de ação estatal vem-se repetindo na orla asiática do Pacífico, numa reprodução da experiência central dos países que nos últimos cem anos acompanharam a industrialização pioneira da Inglaterra. Os Estados Unidos e a Alemanha foram Estados desenvolvimentistas à sua maneira e no seu tempo. O que se tem aí é o fenômeno histórico da industrialização ulterior (*late industrialization*, como dizem os anglo-saxões), que na segunda metade do século XX adquiriu características especiais. Alice H. Amsden, da Harvard Business School e grande especialista da industrialização sul-coreana, põe ênfase na capacidade inventora da Inglaterra, país onde se constituiu o paradigma da Primeira Revolução Industrial. Nos países líderes da Segunda Revolução Industrial (Estados Unidos e Alemanha), a essência do processo modernizador residiu na *inovação* mais do que na *invenção*, termos usados por ela de forma genérica para descrever um período histórico particular. A inovação, compreendida como a aplicação sistemática de novas idéias a produtos comerciais, ganhou ascendência no período formativo da Segunda Revolução Industrial graças ao grande salto para a frente no conteúdo científico da produção industrial, ocorrido no final do século XIX. A transformação tecnológica passou a se apoiar, muito mais do que no passado, na elaboração teórica e na experimentação. As instalações centrais das grandes firmas de alcance transnacional impuseram-se sob a Segunda Revolução Industrial como o foco estratégico da inovação, não somente por serem a sede do controle administrativo da firma, mas também como o local privilegiado das suas atividades de P&D.

No modelo japonês do pós-Segunda Guerra Mundial, o esforço industrializante foi necessariamente imitador. Nem a invenção nem a inovação estavam ao alcance de economias em desenvolvimento, só dispondo para encetarem suas industrializações de uma abundância de mão-de-obra barata, de subsídios governamentais e da capacidade de melhorarem gradualmente a própria competitividade através do aperfeiçoamento persistente de produtos já existentes. Aprender fazendo. Assimilar e adaptar às necessidades locais a tecnologia tomada de empréstimo no exterior. Essas foram as lições transmitidas pelo Japão aos NPI da Ásia-Pacífico, onde o foco estratégico da competitividade da firma se deslocou dos precários laboratórios de P&D para a linha de produção. Hoje já se vai mostrando o Japão habilitado a ombrear com os velhos países industrializados no terreno da pesquisa básica, mas é amplamente sabido que o vigor do desempenho econômico japonês se apóia na supremacia mundial daquele país, no tocante ao processo produtivo.

A pedra de toque da industrialização sempre foi a capacidade de captar e assimilar a transformação tecnológica, maneira pela qual sociedades dinâmicas se liberam das chamadas vantagens comparativas "naturais". Nas condições presentes de nascimento de um novo sistema técnico, prenunciador da Terceira Revolução Industrial, o Japão e os NPI asiáticos que estão seguindo o modelo japonês viram-se favorecidos pela ênfase, precisamente, que eles estavam pondo no domínio da produção industrial. O mencionado sistema técnico pode ser visualizado como nascendo da convergência de três processos de tipo sócio-econômico: a suplantação do *taylorismo*, método de organização industrial do trabalho, parcelizando-o ao longo de uma linha que se move em cadência rígida, por uma rede de minilinhas, entre as quais o produto circula em cadências flexíveis e trajetórias complexas, sob a atenção de núcleos de trabalhadores; a substituição da produção de massa de produtos estandardizados pela flexibilidade da produção, em lotes diferenciados, de grandes séries de mercadorias qualitativamente cuidadas; a evolução do potencial técnico da indústria moderna, em função do entrecruzamento de avanços nas comunicações, na informática, na eletrônica, bem como nas calculadoras e máquinas industriais.

Essa tríplice evolução determinou a obsolescência irremediável do modelo americano da Segunda Revolução Industrial, a que muitos autores chamam sinteticamente de fordismo. E a resposta que eu tenho a dar àquela indagação inicial sobre o que fizeram a Coréia do Sul e Taiwan que o Brasil não fez prende-se a isso. Na passagem dos anos 70 para os 80, os governos dos dois NPI asiáticos — com maior ou menor consciência da mutante realidade — começaram a tomar suas distâncias do fordismo, impulsionando as respectivas economias no sentido do nascente paradigma.

Em Taiwan, o recém-criado Conselho Nacional de Ciência convocou em 1978 a Primeira Conferência Nacional de Ciência e Desenvolvimento, com o objetivo de elaborar um programa de longo alcance que situasse a economia taiwanesa na perspectiva do século XXI. O programa foi formalizado em torno de quatro linhas de forças: desenvolvimento e treinamento da mão-de-obra em diferentes níveis de ensino; desenvolvimento intensivo da C&T em oito áreas consideradas cruciais para o progresso do país; aperfeiçoamento do ambiente para C&T, inclusive com a fundação de um parque industrial apoiado na ciência, além de legislação inovadora com vistas ao incentivo e suporte de empresas de risco nas oito áreas-chave; estímulo à cooperação interindustrial voltada para a formação de recursos humanos, financeiros e de mercado, adequados ao desenvolvimento das tecnologias modernas.

Também na Coréia do Sul enveredou o Estado, resolutamente, pelo caminho do fortalecimento científico e tecnológico. Em dezembro de 1980, num esforço por criar massa crítica para C&T e aproveitar melhor os magros recursos existentes, o Governo procedeu a uma série de fusões de instituições científicas, reduzindo o número delas de 19 para 13. Alguns meses depois foi lançado o quinto Plano Qüinqüenal de Desenvolvimento Econômico e Social (1982-86), com forte inclinação para as atividades de C&T. Nessa linha, foi criado em 1984 o Conselho de Ciência e Tecnologia, como órgão superior de coordenação e monitoramento das diferentes repartições encarregadas da C&T.

Essa rápida evocação de como Taiwan e Coréia do Sul reagiram, de forma quase simultânea, às evidências de que as economias industrializadas encetavam a passagem para um novo sistema técnico deixou-nos ver o Estado desenvolvimentista da Ásia-Pacífico exibindo seus melhores atributos. Farei aqui uma pausa de reflexão. Este painel se intitula "Reforma do Estado" e um dos pontos de referência que recebi fala das novas funções do Estado moderno. Tomo isso como expressando a existência — neste Fórum pelo menos — de consenso em torno da necessidade de encontrar novos caminhos para a modernização da sociedade brasileira. Na minha visão, moderno hoje é o país habilitado a se comportar como o fazem os países membros da OCDE, o que implica uma economia industrializada, marchando em compasso com a transformação tecnológica. Não creio que a grande massa da população do país, considerando sua marginalização social e econômica, participe efetivamente desse ideal, mesmo se é por aí que ela poderá liberar-se do seu pungente marasmo. E talvez existam setores da elite brasileira para os quais o desenvolvimento tecnológico não figure como objetivo prioritário de ação política. Na minha visão, contudo, Estado moderno é aquele capaz de se manter informado sobre a marcha do progresso social e tecnológico em termos mundiais; de distinguir nesse quadro as reais possibilidades do país; de selecionar áreas e formas de ação; de mobilizar as forças apropriadas para os ajustamentos que se imponham no âmbito nacional; de liderar e orientar essas forças. Um Estado, em suma, com boa margem de liberdade na determinação do interesse nacional em meio à acelerada transformação tecnológica e detentor dos meios e modos necessários à materialização de tal interesse.

Em Taiwan e na Coréia do Sul o Estado tem mostrado possuir esses atributos, daí a importância para nós da experiência dos dois países. Uma das grandes lições que eles oferecem a países decididos a se industrializar é a abordagem pragmática das mudanças de política econômica. As decisões a respeito são tomadas quase sem componente ideológico, fugindo os governantes à definição de objetivos para os quais não haja apoio no sistema econômico. Em Taiwan, por exemplo, a adoção em 1979 de uma série de programas governamentais que marcariam a instalação do país na fase de desenvolvimento apoiado na ciência e na tecnologia, ainda em curso, não foi cercada de declarações a propósito do fim do fordismo, ou coisas do estilo. Cuidaram simplesmente os planificadores governamentais de se antecipar a problemas e conflitos que podiam ser previstos, considerando a perda de competitividade das indústrias intensivas em trabalho, em decorrência do aumento dos salários, ou das indústrias pesadas de grande consumo energético, por causa do segundo salto no preço do petróleo. As medidas de 1979 surgiram como um esforço realisticamente concebido de promoção de nova onda industrializante.

Foi expressiva, nesse contexto, a ênfase posta tanto por Taipei quanto por Seul na aquisição de domínio sobre os diversos aspectos da tecnologia da informação (TI), inclusive na produção e no uso dos semicondutores. O impacto combinado dos diversos setores cobertos pela TI — microeletrônica, telecomunicações, automação e robótica, computadores e informática — é o principal elemento da corrosão sob nossos olhos da velha ordem fordista e o acicate, por outro lado, daqueles três processos mais atrás apresentados como formadores do novo sistema técnico. A indústria dos semicondutores fornece o suporte material da revolução em marcha na TI e vale a pena lançar uma vista de olhos sobre nossos dois NPI, no tocante aos semicondutores.

Na Coréia do Sul, o governo fundara em 1979 o *Korean Institute of Electronics Technology (KIET)*, com responsabilidade nos três níveis da grande eletrônica. *As atividades básicas* (também ditas a montante): processo de produção dos componentes e elaboração dos materiais correspondentes; concepção e fabrico dos componentes, com ênfase no controle da qualidade dos mesmos; *as atividades em aval*: concepção e montagem dos sistemas eletrônicos destinados a absorver os componentes semicondutores, aí incluídos treinamento de técnicos e serviços de manutenção para atender aos clientes. O KIET cuidou também de inculcar no setor industrial sul-coreano o convencimento da importância da microeletrônica para a modernização do país. Após alguns anos de trabalho desbravador do KIET, foram lançados em 1982 o Plano de Longo Alcance para a Indústria Eletrônica e o Plano de Longo Alcance para a Indústria dos Semicondutores. A indústria dos semicondutores foi declarada de valor estratégico. Decretou-se a reserva do mercado para as firmas nacionais em várias áreas da eletrônica e dos semicondutores, e grandes *chaebols* foram incentivados a tomar posições nessas áreas. Entre 1983 e 1985, três deles — *Samsung, Lucky-Goldstar* e *Hyundai* — investiram na indústria dos semicondutores uma soma que tem sido avaliada entre 1 e 2 bilhões de dólares. Em 1985, já tendo o KIET desempenhado sua tarefa impulsionadora, essa instituição foi dissolvida. Suas instalações fabris foram vendidas à *Lucky-Goldstar*, que assentou sobre elas a *Goldstar Semiconductors*, e a contribuição governamental para P&D em matéria de eletrônica passou a ser veiculada através de programas específicos de pesquisas, sob a coordenação do *Electronics and Telecommunications Research Institute* (*ETRI*). O ETRI congrega e coordena recursos materiais e humanos do governo e dos conglomerados, em projetos de pesquisa pré-competitiva. Assim foi como se prepararam os *chaebols* para a produção sul-coreana das pastilhas de memória de 1 e 4 *megabits* e estão agora empenhados num projeto pré-competitivo de três anos (1989-1992) com vistas à pastilha 16M *d-RAM.*

Dos três *chaebols* chamados a pôr de pé a indústria sul-coreana dos semicondutores, o *Samsung* tem sido o mais consistente no desenvolvimento de tecnologia própria. Ele tomou a dianteira sobre o *Goldstar* e o *Hyundai* e, nos primeiros meses do corrente ano, estava fazendo circular suas amostras da 4M *d-RAM*, desenvolvida e produzida na fábrica da firma, nas cercanias de Seul. O grupo mantém em San José, na Califórnia, um centro próprio de P&D, com 150 funcionários. Importantes fabricantes de sistemas eletrônicos dos Estados Unidos, inclusive a *IBM*, são hoje clientes regulares das micropastilhas do *Samsung.* O *Goldstar* e o *Hyundai* não demonstraram, no setor da microeletrônica, a mesma pertinácia e capacidade gerencial do *Samsung* e se vêem na contingência de encurtar etapas aliando-se a fabricantes japoneses ou americanos. No nível de preparo tecnológico que elas implicam, essas alianças não deslustram os conglomerados sul-coreanos. São ajustes já quase entre iguais, no gênero dos que ocorrem entre supresas dos países industrializados. Em julho de 1989, por exemplo, a japonesa *Hitachi* assinou acordo com as americanas *Texas Instruments* e *Hewlett-Packard* para o desenvolvimento em comum de determinada micropastilha e decidiu se liberar da produção das 1M *d-RAM*, transferindo à sul-coreana *Goldstar* toda a tecnologia (inclusive assistência técnica e conselhos sobre instrumental etc.) para a produção das pastilhas de 1 *megabit.* A *Goldstar* se comprometeu evidentemente a pagar regalias bem maiores do que as usuais, em virtude de ainda ser corrente a tecnologia recebida e estar assegurando as necessidades da *Hitachi* no tocante às pastilhas em foco. Em meados de 1990, a *Hitachi* voltou a sacudir o mercado internacional dos semicondutores, anunciando sua decisão de transferir à *Goldstar* a tecnologia das 4M *d-RAM* (as mais avançadas memórias em comercialização no momento), de modo a aproveitar a capacidade de produção de que se dotou o *chaebol*, com a inauguração em começos do ano de usina supermoderna, e poder se concentrar na 16M *d-RAM.*

Em Taiwan, o processo de ascensão da NPI foi distinto do sul-coreano. Não se constituíram em Taiwan poderosos conglomerados comerciais-industriais e, quando na abertura dos anos 80, tornou-se imperativa a guinada para as novas tecnologias, o governo teve de continuar quase sozinho a promover o avanço taiwanês. Sua principal base de trabalho foi o parque industrial apoiado na ciência, cuja criação figurou entre as decisões da Primeira Conferência Nacional de Ciência e Desenvolvimento (Taipei-1978). O parque em apreço foi instalado em Hsinchu, a cerca de setenta quilômetros de Taipei, numa área de 2 100 hectares na vizinhança de duas universidades de orientação politécnica, perto também do *Industrial Technology Research Institute (ITRI)*, a maior instituição governamental de P&D de Taiwan, dedicada a identificar e desenvolver tecnologias a serem passadas à indústria. Um dos laboratórios filiados ao ITRI é a *Electronics Research and Service Organization* (*ERSO*), particularmente bem-sucedida no lançamento de empresas na área dos semicondutores. Dois exemplos são a *United Microeletronics Corporation* (*UMC*) e a *Taiwan Semiconductor Manufacturing Co.* (*TSMC*), criadas em associação com grupos locais e transnacionais. Em ambas o governo detém participação majoritária, além de a ERSO ter contribuído com todo o equipamento e metade do pessoal técnico e administrativo.

Até meados dos anos 80, o trabalho desbravador da ERSO no terreno da microeletrônica fez-se sobretudo sentir numa verdadeira explosão de pequenas firmas especializadas no desenho de circuitos integrados sob medida. Mas, se a concepção e o desenho dessas famosas ASICs demonstravam agilidade intelectual e dinamismo empresarial, imobilizar-se nisso era perigoso para a indústria eletrônica de Taiwan em geral. Seus computadores pessoais e outros imaginosos sistemas ficavam na dependência de outros países para o fabrico das pastilhas com desenhos taiwaneses. A citada TSMC foi a resposta da ERSO a tal dilema. Num primeiro momento foi a novel companhia equipada para fabricar bolachas (*wafers*) em quantidade adequada às necessidades dos usuários locais de ASICs. Logo se tornaria evidente, contudo, não ser praticável manter uma indústria de semicondutores sem fabricar também as pastilhas de memória. O governo taiwanês passou a estimular prósperos empresários, acomodados em setores tecnologicamente menos exigentes da eletrônica local, a que se lançassem com denodo na produção de memórias. Da segunda metade de 1988 para cá, quatro novas fábricas de bolachas vieram se unir às da UMC e da TSMC e quatro outras estão planejadas. Todas instaladas no Parque de Ciência de Hsinchu. A tecnologia para as novas fábricas vem sendo em parte obtida através de parcerias como a que associou a *Acer* (maior fabricante taiwanês de computadores pessoais) à *Texas Instruments*, em grande parte também graças ao fluxo de taiwaneses que voltam à ilha depois de bem-sucedidas carreiras na indústria americana dos semicondutores. Melhores salários e a atração de postos de direção, mas também o entusiasmo de participar num efetivo projeto de construção nacional figuram entre os motivos desse *brain drain* às avessas. A meta que se fixou Taiwan em matéria de semicondutores é atender a 4% da demanda mundial de micropastilhas, na altura de 1992, colocando-se à frente de todos os países europeus, tomados individualmente.

Para conseguir no plano internacional desempenho comparável ao da Coréia do Sul, Taiwan está se ressentindo, no entanto, da falta de grupos privados com real peso econômico. Esse ponto foi desenvolvido pelo Ministro da Economia taiwanês, numa entrevista (16.10.90) ao jornal *Business Times*, de Cingapura. Disse ele: "Temos muito orgulho do que já foi realizado no plano econômico, graças sobretudo à pequena e média indústria. Mas essa estrutura tem de ser mudada. Ela simplesmente não permite que se aumentem os gastos com P&D. Nossos empresários ficam presos aos lucros rápidos e não planejam a longo prazo. Nossas companhias não têm, na verdade, capacidade financeira para investir a longo prazo. Afora uns poucos grupos, como o *Formosa Plastics*, as grandes companhias são do Estado. Põe-se então um dilema: ou seguirmos com a estrutura de pequenas e médias companhias, muito eficientes e rentáveis mas sem capacidade investidora, ou encorajarmos a constituição de grandes companhias, capazes de dar prosseguimento ao impulso que o Estado pretende imprimir a indústrias julgadas estratégicas. Entre essas indústrias ressaltam-se a TI e os semicondutores, a eletrônica de consumo, os novos materiais, as telecomunicações, a biotecnologia e a indústria farmacêutica. São todas indústrias muito intensivas em tecnologia e capital, e o Governo tenciona investir nelas e na automação industrial somas consideráveis. Nossa meta é elevar a 2% do PNB os gastos com P&D, na altura do ano 2000, escolhido para marcar a transformação de Taiwan em país industrializado''.

Dei realce, nessa rápida descrição do empenho dos Estados desenvolvimentistas da Coréia do Sul e Taiwan por elevarem suas economias ao nível das industrializadas, a dois mecanismos da ação modernizante, sobre os quais desejo elaborar um pouco mais. O primeiro é o recurso aos parques de ciência, como uma das melhores maneiras de responder ao desafio central dos anos 80: a elevação do conteúdo científico e tecnológico das economias nacionais. Esse recurso é típico dos países da OCDE. Recenseamentos recentes da Associação Internacional de Parques de Ciência indicavam a existência de mais de 150 deles nos Estados Unidos e mais de quarenta na Grã-Bretanha. No Japão, o conceito de parque foi ampliado no da tecnópolis, e o MITI anunciou em 1980 um ambicioso plano para a construção de dezoito dessas cidades das tecnologias. Fora da OCDE, só foram registrados parques de ciência na Índia, China, Coréia do Sul, Taiwan e Cingapura.

Para os puristas, ''parque de ciência é uma aglomeração de companhias industriais de tecnologia de ponta ou de institutos de pesquisa, localizados em ambiente agradável e paisagisticamente trabalhado, com densidade populacional muito baixa, nas imediações de uma importante universidade, com a qual tenham os ocupantes do parque ampla oportunidade de intercâmbio. O objetivo é colocar indústrias apropriadas e a pesquisa aplicada nas proximidades das fontes do progresso científico''. Essa definição é dada pelo *Trinity College*, o idealizador do Parque de Ciência de Cambridge, mas, com todos os requisitos nela alinhados, talvez não cheguem a cem os parques de ciência do mundo. Na prática, o elemento paisagístico não é julgado fundamental, e o tamanho e as especificações dos parques variam muito. Unifica-os a preocupação de reunir empresas de tecnologias de ponta com laboratórios de pesquisas. E a eficácia da instituição se expressa na maneira sinérgica como possa o parque de ciência estimular a interação entre as indústrias que abrigue e a universidade em que se apóie; na criação de um ambiente de vida e de trabalho prenunciador do que se começa a chamar "a cultura da alta tecnologia"; na capacidade, finalmente, de suscitar o aparecimento repetido de empresas inovadoras, determinadas a dar forma industrial às idéias geradas no parque.

À luz desses critérios, Hsinchu, em Taiwan, é o mais bem-sucedido dos três parques de ciência em funcionamento nos NPI asiáticos. Hsinchu vem sendo planejadamente usado pelo governo de Taipei como a locomotiva do avanço de Taiwan em direção a uma economia baseada na ciência e na tecnologia. Além de concentrar dezesseis mil pessoas (40% delas sendo cientistas, engenheiros ou técnicos), boa parcela com residência no próprio parque, Hsinchu tem atuado como elo entre a comunidade científica do país e os profissionais taiwaneses radicados no exterior. Dos 25 mil engenheiros e cientistas formados anualmente pelas universidades de Taiwan, 20 a 25% costumam partir para estudos de mestrado ou doutorado no estrangeiro. Os Estados Unidos são o destino preferido e, tradicionalmente, um bom número dos estudantes permanece por lá. Dos oitenta mil taiwaneses altamente qualificados com residência no exterior, em meados dos anos 80, cerca de sessenta mil moravam e trabalhavam nos Estados Unidos. Hsinchu exerce forte atração sobre esses expatriados.

Há até poucas décadas ainda era possível para países em processo de industrialização ulterior assimilarem tecnologia importada, por etapas; identificação das tecnologias de interesse para o país; aquisição da teoria científica correspondente; aprendizado da tecnologia; transferência do aprendido para o processo industrial local; difusão da nova tecnologia no plano nacional. As possibilidades desse desenvolvimento passo a passo estão desaparecendo. O intervalo entre as etapas diminui à medida que ciência, tecnologia e indústria interagem entre si. A imperiosidade de novas abordagens para o problema da transferência de tecnologia está surgindo mesmo nos países da OCDE e daí a crescente popularidade nesses países dos parques de ciência. No contexto dos NPI, vale dizer, de economias em princípio empenhadas em cobrir o hiato tecnológico que as separa das economias industrializadas, os parques de ciência aparecem como um terreno ideal para a ação desbravadora e coordenadora do Estado desenvolvimentista, na elevação do conteúdo científico e tecnológico da produção nacional, condição imprescindível para melhorar a competitividade internacional do país na abertura dos anos 90.

A Coréia do Sul, no entanto, não recorreu aos parques de ciência para impulsionar seu avanço tecnológico. Isso decorreu, em parte, da notória fraqueza das universidades sul-coreanas enquanto centros de pesquisa. Na Coréia do Sul, com efeito, a universidade esteve até agora muito alijada da interação Governo-*chaebols* no terreno de C&T. A falta lá de um dinâmico parque de ciência (existe a Cidade da Ciência de Daeduck, uma tecnópolis de estilo japonês) também se deveu, porém, à preferência do Estado desenvolvimentista sul-coreano por atuar diretamente sobre o mercado, criando concentrações locais de riqueza e capacidade tecnológica para fazer face às grandes companhias americanas e européias. Conforme vim salientando, o Estado tem sido na Coréia do Sul o acicate da modernização, e a inserção da economia sul-coreana na divisão internacional do trabalho foi feita não via transicional, solução que predominou na América Latina, e sim graças ao fortalecimento buscado do empresariado nacional. Não se constituiu na Coréia do Sul um capitalismo de Estado, mas foi o Estado que iniciou e continua a alimentar, naquele país, a economia capitalista.

É essa a situação a meio caminho entre uma economia centralmente planificada e uma economia de *laissez-faire* que precisamente distingue o Estado desenvolvimentista, conforme já tive ocasião de assinalar. O Estado sul-coreano interveio continuamente, por métodos diretos ou indiretos, no processo de modernização do país, mas tendo o cuidado de não se substituir ao empresariado nacional na acumulação de capitais. A esse respeito, a insistência foi no fortalecimento econômico dos *chaebols* e, quando na abertura dos anos 80 surgiu a necessidade de engajar a fundo o país numa industrialização apoiada na ciência e na tecnologia, foi possível acionar poderio financeiro e tecnológico acumulado no seio dos *chaebols*.

Não há dúvida de que o favorecimento da concentração de riqueza nas mãos de uns quantos grupos empresariais pode conduzir ao aparecimento de cartéis e à acomodação dos grupos em apreço com um certo nível de rendas, em prejuízo do real avanço tecnológico. Isso acontece quando o Estado benfeitor não é de tipo desenvolvimentista. Característica essencial de Estado desse tipo é saber disciplinar os recebedores das suas benesses. Na Coréia do Sul, como no Japão, não somente é a política de estímulo à formação de conglomerados industriais-comerciais contrabalançada por eficazes instrumentos legais de contenção das práticas monopolísticas, como cuida também o poder central de cobrar a execução — a tempo e com profissionalismo — das tarefas distribuídas aos empresários locais.

Para concluir esta exposição, voltarei a pôr em realce a posição especial da Ásia-Pacífico no quadro da indústria global dos semicondutores. Fala-se muito hoje em globalização da economia. Na verdade, o que se está sobretudo globalizando são as atividades financeiras das transnacionais em busca de formas mais eficazes de valorização e acumulação dos seus capitais, a planificação da produção e a venda dos produtos e serviços dessas companhias, bem como os processos de concepção e desenvolvimento por elas da inovação tecnológica. A globalização, em suma, é fenômeno que ocorre essencialmente no nível da firma. As economias industrializadas continuam bem ciosas das suas identidades nacionais, mesmo se no quadro da intensificada interdependência entre elas.

A indústria dos semicondutores é, certamente, o setor de ponta onde mais pronunciada se tornou a globalização. Na abertura dos anos 90, esse setor se apresenta como um conjunto contínuo de atividades de alcance mundial, tendo no tope as indústrias de semicondutores dos Estados Unidos e do Japão, como as duas únicas capazes de existência própria, apesar do crescente inter-relacionamento dos seus fabricantes. Dois desdobramentos espaciais do grande contínuo são os complexos de produção semicondutora da Escócia e da Ásia-Pacífico, os quais tendem a funcionar como bases de divisões regionais do trabalho. No caso da Ásia-Pacífico, Cingapura e Hong Kong firmam-se na posição de núcleos dessa divisão regional, tendo países do Sudeste Asiático (Malásia e Tailândia, em especial) e regiões da China continental como periferia. O que é digno de nota, na linha de idéias que estivemos a desenvolver, é a posição autônoma conquistada por Coréia do Sul e Taiwan em relação a essa divisão regional do trabalho. Graças ao seu Estado desenvolvimentista, esses dois países asiáticos equiparam-se hoje, no tocante aos semicondutores, ao punhado de países europeus, também em luta por guardarem relativo grau de autonomia no respeito.

# 6. Um enfoque realista para a reforma do Estado

*Antonio Dias Leite**

Ouvimos valiosas exposições programadas para este painel sobre a reforma do Estado, feitas por Eduardo Modiano, José Geraldo Piquet Carneiro e Amaury Porto de Oliveira, que abordaram o tema sob ângulos diversos. Vários dos comentários previstos no programa ultrapassaram essa condição e acabaram por se constituir em outras tantas relevantes contribuições.

Parece-me que o tema geral acabou por ficar dividido em três partes: revisão de função do Estado, principalmente em nível da União Federal; privatização de empresas, hoje sob controle da União e reforma administrativa, especialmente das "repartições públicas", através das quais a União deverá exercer as funções que, por fim, lhe couberem. Acredito que a maioria não adere à tese, tão em voga, da contração pura e simples do Estado. Acredito também que a maioria deseje um governo da União globalmente mais enxuto, com forte redução das atividades diretamente produtivas, e um aumento de sua ação no campo social.

O tema principal de hoje, do papel do Estado, foi exposto de forma bastante abrangente pelos deputados Luís Roberto Ponte e Roberto Freyre, pelo senador Fernando Henrique Cardoso e pelo embaixador Porto de Oliveira, que nos trouxe o testemunho do que se passa em países em desenvolvimento

* Foi ministro de Minas e Energia (1969-1973) e presidente da CURD (1967-1969).

do Oriente. Não tenho nada de relevante a acrescentar sobre essa matéria, nos dez minutos que me são reservados.

O tema da privatização foi objeto de relatório bastante informativo, verdadeira prestação de contas do presidente do BNDES, prof. Modiano. Não tenho, também, nada de novo a acrescentar, já que o caminho que está sendo tentado pelo novo governo se afasta bastante da minha proposta original feita ao presidente Sarney, em 1985, ao tempo do ministro João Sayad. Continuo preferindo a minha proposta que foi objeto de uma publicação da Price Waterhouse (ênfase), que reiterei em artigo no *Jornal do Brasil* e na *Folha de S. Paulo*, que tive ocasião de expor em breve palestra na Câmara dos Deputados e que apresentei a membros da equipe econômica do governo Collor, antes de sua posse. As pessoas interessadas na matéria da privatização conhecem essa proposta, suas variantes e as respectivas justificáveis.

Concentro os meus comentários, por conseguinte, na questão da administração pública direta, especialmente naquela parte que ficou ou ficará sob a responsabilidade da União, e restrinjo, ainda mais, o que tenho a dizer, limitando-me à reforma administrativa. Este tema foi elegante e precisamente desenvolvido na exposição de Piquet Carneiro, com cujo pensamento tenho, aliás, grande afinidade. O mesmo tema foi objeto de verdadeiro e sincero testemunho de administradora pública a que correspondeu a intervenção de Celina Vargas do Amaral Peixoto, com a qual manifesto total concordância.

No I Fórum Nacional, de 1988, apresentei sobre a revisão do Estado e a reforma administrativa uma exposição, até excessivamente extensa, à qual agreguei o subtítulo ''Uma avaliação terra a terra'', com o qual procurei caracterizar que as teses ali desenvolvidas decorriam de mais de trinta anos de experiência adquirida na atividade profissional de consultor e administrador de empresas públicas e privadas. É com esse mesmo espírito que volto hoje a este painel do Fórum. Faço três comentários sobre a reforma:

1. Definiu-se um novo organograma que modificou substancialmente a superestrutura do Governo Federal. Trata-se de

operação que admite em geral várias soluções desejáveis e que pode ser preparada ou novamente modificada a prazo curto. Não tem, em geral, qualquer repercussão nos níveis executivos inferiores da máquina governamental. No caso presente, a modificação foi inoportuna e, em geral, infeliz. Desorganizou em larga escala uma máquina administrativa combalida, exatamente quando dela necessitava o Governo para implementar a sua nova política econômica. Criou um monstro que é esse Ministério da Infra-estrutura e tornou a subordinar diretamente ao Presidente da República um sem-número de órgãos de segundo nível, o que se constituiu em retrocesso.

2. Extinguiram-se de forma abrupta vários órgãos inoperantes, desnecessários ou mesmo inconvenientes. Trata-se de operação que dificilmente poderia ser realizada por outro processo. Mas há que se comparar os conseqüentes atropelos e acidentes inevitáveis com a expectativa do que se venha conseguir ou se tenha conseguido em termos de simplificação administrativa e redução de custos. Não tive conhecimento, infelizmente, de relatório, se é que existe, sobre o que ocorreu na prática.
3. Não se tem conhecimento de esforço generalizado no sentido da necessária reforma administrativa das repartições públicas que devam permanecer, nem das que devam ser criadas para que o Estado possa exercer com eficiência as tarefas que lhe cabem. Ao contrário, muitas decisões tomadas, visando outros objetivos, talvez prioritários de um outro ponto de vista, como o do combate à inflação, acabaram por tumultuar o já precário funcionamento de numerosas repartições que exercem funções úteis. Ocorreu de fato um novo degrau descendente no processo de deterioração dos serviços públicos que prevaleceu nos últimos anos.

Em contrapartida, as duas reformas anteriores, a dos anos 30 e a do final de 60 e início de 70, compreenderam pequenas modificações do organograma geral e grande esforço de revisão de objetivos, métodos e instrumentos de trabalho de cada um dos órgãos públicos, além dos intensos programas de treinamento e aperfeiçoamento do pessoal. Alguns resultados foram espetaculares como o da recuperação do desmoralizado serviço dos Correios e Telégrafos. Outros foram decepcionantes, conforme aconteceu com as repartições vinculadas à área de ação social do Governo, segundo acentuou Celina Vargas do Amaral Peixoto.

O quadro, já bastante preocupante, é acompanhado de uma aparente ignorância por parte das equipes de governo a respeito de duas condições básicas, entre outras, também relevantes, de um processo de reforma, mormente na época atual, que requer rápida e intensa atualização tecnológica, e no nosso país, cuja população é, na maioria, composta de analfabetos funcionais:

- de que a reforma não é um processo de curto prazo;
- de que pelo menos no primeiro ano e, em muitos casos, até mesmo no segundo, a reforma não traz economia, já que requer aumento de investimento em educação e equipamentos e despesas com indenizações, conforme mostrou Piquet Carneiro.

A reforma exige um penoso, paciente, persistente, detalhista e, muitas vezes, exaustivo trabalho de análise, passo a passo, das funções e tarefas, dos requisitos de equipamentos e, acima de tudo, de especificação dos programas de qualificação e preparo do pessoal necessário ao funcionamento eficaz de cada órgão, dentro de um quadro da modernização e tecnologia nova. Envolve esse trabalho necessariamente quadros da própria administração e mobilização de equipes externas especializadas nesse tipo de trabalho.

Participei direta e pessoalmente de esforço desse tipo no princípio da década de 70 quando Ministro das Minas e Energia. Foram cerca de quatro anos de trabalho ininterrupto, compreendendo a instalação de dois centros do que então se chamava de processamento de dados, já que, àquela época, a informática apenas engatinhava. Boa parte das equipes então constituídas foi dispensada ao longo da década de 80. Outra parte está sendo agora afastada pela prática do corte raso e uniforme. Não se tem notícia da contratação de equipes externas. Com quem se fará então a reforma administrativa? Havia necessidade de destruir muita coisa. Mas há que reconstruir em novas bases uma máquina administrativa moderna. Sem gente preparada não é possível. É essa a nossa principal preocupação quando consideramos a reforma administrativa de um ponto de vista terra a terra.

Entristece-nos também que simultaneamente com o discurso de modernização se ouça dizer que há fortes restrições do Governo aos laboratórios de pesquisa tecnológica das empresas vinculadas às minas e energia e aos respectivos programas de treinamento de pessoal de nível superior, incluindo a eventual desativação do Centro de Itaipava, que está completando quinze anos de profícua atividade.

*Nota:* Este comentário foi escrito de memória, posteriormente à realização do painel sobre a reforma do Estado. É uma tentativa de reproduzir resumidamente o que então foi dito, de improviso.

uniforme? Não se tentou deixar a contratação de equipes externas. Com quem se faria então a reforma administrativa? Havia necessidade de destruir muita coisa. Mas há que reconstruir em novas bases uma máquina administrativa moderna. Sem gente preparada não é possível. Esta é a nossa principal preocupação quando consideramos a reforma administrativa de um ponto de vista terra a terra.

Entristece-nos também que simultaneamente com o discurso da modernização se ouça dizer que há fortes restrições do Governo aos laboratórios de pesquisa tecnológica das empresas vinculadas às Minas e Energia e aos respectivos programas de treinamento de pessoal de nível superior, incluindo a eventual desativação do Centro de Itaipava, que está completando cinco anos de profícua atividade.

Nota. Este comentário foi escrito de memória, posteriormente à realização do painel sobre a reforma do Estado. É uma tentativa de reproduzir resumidamente o que então foi dito, de improviso.

# 7. O *timing* da privatização

*Luiz Chrysostomo de Oliveira Filho**

No conjunto de reformas estruturais propostas pelo governo Collor, a reordenação do papel do Estado e, em particular, a privatização assumem um papel de extrema importância. O objetivo de dar início a um processo mais intenso e, de certa forma, mais criativo e organizado, de venda das empresas de controle público (relativamente ao que se assistiu em passado recente), redefine um novo posicionamento do Estado diante da sociedade. A participação do Estado daqui para a frente, enquanto diretriz de governo, será muito menos de produtor de bens e serviços e mais de coordenador, quando muito aglutinador, de investimentos e iniciativas levadas a cabo pelo setor privado.

Nesse contexto, o presente comentário opta por discutir brevemente a velocidade com que se processa atualmente o Programa Nacional de Desestatização (PND), dado ser a questão do *timing* um elemento comum de controvérsias em todos os países onde se deram reformas semelhantes. Para efeito de exposição, antes de se detalhar as características e o andamento do PND, comentam-se brevemente o tamanho do setor público no Brasil e a experiência anterior dos governos Figueiredo (1979-1985) e Sarney (1985-1990).

---

* Economista subchefe do gabinete de apoio ao Programa Nacional de Desestatização — Presidência do BNDES — e professor do Departamento de Economia da Pontifícia Universidade Católica do Rio de Janeiro (PUC).

## A DIMENSÃO DO ESTADO

É inegável a contribuição que o Estado no Brasil teve no crescimento e no aumento do investimento durante os últimos cinqüenta anos. O reconhecimento hoje do esgotamento do modelo de desenvolvimento adotado, baseado preponderantemente na substituição de importações, em nenhum momento significa que o objetivo da reforma seja a desorganização ou a dilapidação de todo o patrimônio público constituído. A reforma e, nesse sentido, a privatização têm como meta possibilitar a modernização e não o sucateamento.

Não é possível ir contra a história e negar o papel fundamental que a criação de empresas como a Companhia Vale do Rio Doce em 1942; a Fábrica Nacional de Motores em 1943; a Companhia Siderúrgica Nacional (CSN) em 1946 ou a Petrobrás em 1953, entre outras, teve em um momento que havia escassez de capitais privados nacionais e externos. Nem tampouco é possível descartar, apesar da forma questionável como se deu o seu financiamento, o papel desempenhado pelo Plano de Metas — nesse período também foram criadas importantes empresas estatais no setor produtivo, como a Usiminas — Usinas Siderúrgicas de Minas Gerais (1957) e a Cosipa — e a Companhia Siderúrgica Paulista (1953).

Entretanto, o crescimento posterior desordenado das empresas públicas e a própria disfunção e descaracterização das mesmas, dificultando o equilíbrio orçamentário, geraram uma necessária revisão do seu papel. Só entre 1966 e 1977 foram criadas 210 novas empresas estatais, mais do que duplicando o montante observado em 1964. No mesmo período, a participação do setor público na formação bruta de capital fixo saltou de 38,1 para 43,1%, sendo que a participação das empresas públicas cresceu de 13,3 para 25,6%, praticamente dobrando em uma década.

Apesar de toda a crise da década de 80, afetando principalmente o equilíbrio das contas públicas (a participação do investimento das estatais na formação bruta de capital caiu para algo em torno de 16,0% em 1988), o setor público ainda assim conservou seu quinhão com um total de 488 empresas, ao final de 1988, segundo informações da SEST — Secretaria das Empresas Estatais (Tabela 1). Vale lembrar que, mesmo

Tabela 1 — Universo das empresas estatais (dez. 88).

| Setores | Empresa pública | Soc. Economista (a) | Autarquias | Fundações | Sociedade civil | Binacional | Total |
|---|---|---|---|---|---|---|---|
| SPE Setor produtivo estatal | 11 | 166 | — | — | 1 | 1 | 179 |
| E16 Empresas típicas de governo | 10 | 10 | — | — | — | — | 20 |
| Setor financeiro | 04 | 20 | 01 | — | — | — | 25 |
| Previdência, assistência e promoção social | — | — | 03 | 03 | — | — | 06 |
| Subtotal estatais federais | 25 | 196 | 04 | 03 | 01 | 01 | 230 |
| Concessionárias estaduais de energia | — | 28 | — | — | — | — | 28 |
| Total | 50 | 420 | 8 | 6 | 2 | 2 | 488 |

(a) Inclusive as controladas

*Fonte:* SEST e Bovespa, 1990.

diante da grave situação financeira por que passaram as empresas, incluindo-se aí o alto grau de endividamento externo de grande parte dessas (Tabela 2), entre 1980 e 1988 foram criadas mais de sessenta novas empresas e acrescido em 20% o número total de funcionários.

## AS PRIMEIRAS TENTATIVAS DE REFORMA

No período que vai de 1979 até o final de 1989, buscou-se, pela primeira vez, atuar sistematicamente sobre o descontrole do Estado. O primeiro ensaio ocorreu com a criação da SEST em 1979, em que, entre outras coisas, se buscou compatibilizar as atividades das empresas estatais com a disponibili-

Tabela 2 — Endividamento externo das empresas públicas federais: cinco maiores grupos — 1985.

| | |
|---|---|
| Petrobrás | |
| dívida total/ativo total | 54,20 |
| dívida externa/ativo total | 22,78 |
| dívida externa/dívida total | 40,22 |
| dívida externa total/patrimônio líquido | 52,51 |
| CVRD | |
| dívida total/ativo total | 51,90 |
| dívida externa/ativo total | 27,34 |
| dívida externa/dívida total | 52,34 |
| dívida externa total/patrimônio líquido | 57,23 |
| Telebrás | |
| dívida total/ativo total | 27,00 |
| dívida externa/ativo total | 17,47 |
| dívida externa/dívida total | 43,19 |
| dívida externa total/patrimônio líquido | 29,34 |
| Siderbrás | |
| dívida total/ativo total | 89,30 |
| dívida externa/ativo total | 45,89 |
| dívida externa/dívida total | 59,41 |
| dívida externa total/patrimônio líquido | 511,92 |
| Eletrobrás | |
| dívida total/ativo total | 75,70 |
| dívida externa/ativo total | 40,06 |
| dívida externa/dívida total | 52,38 |
| dívida externa total/patrimônio líquido | 170,32 |

*Fonte:* Elaborada a partir de dados extraídos de Seplan/SEST, Perfil das empresas estatais, 1986, v. 1, e extraído de Werneck, 1989.

dade de recursos segundo a programação orçamentária do próprio Governo.

Com os resultados obtidos pela SEST no cadastramento das empresas estatais, ficou claro, pela magnitude envolvida, que não bastava apenas controlar, mas sim agir sobre aquilo que já não mais funcionava com eficiência. Entre 1981 e 1988, estabeleceram-se as primeiras coordenadas para um projeto mais amplo de privatização, consubstanciadas nos decretos números 86 215 (1981), 91 991 (1985), 93 606 (1986) e 95 886 (1988), que realizaram em conjunto um total de 38 operações (Tabela 3), arrecadando, num período de oito anos, o montante de aproximadamente US$ 740 milhões.

Tabela 3 — Privatizações no período 1981-1989.

| *Decretos números* | *Número de empresas privatizadas* | *Valor da venda* (em US$ mil) |
|---|---|---|
| 86 215 | 20 | 188 513,0 |
| 91 991 | 01 | 420,0 |
| 93 606 | 06 | 34 697,0 |
| 95 886 | 11 | 513 189,0 |
| *Total* | *38* | *736 819,0* |

*Fonte:* Conselho Federal de Desestatização.

Apesar da inegável evolução na legislação, sobretudo no decreto de 1988, as operações de privatização em geral tinham problemas quanto às limitações das empresas incluídas no programa, à participação do capital externo, à delimitação, via cadastramento, do público participante nos leilões de venda e sobretudo à pouca preocupação com questões de eficiência. Além disso, apesar de instituídos conselhos interministeriais para fins de coordenação do processo, a falta de vontade política dos governos envolvidos e a ingerência de ministros de Estado quando atingidos os seus interesses propiciaram um clima pouco favorável a um andamento satisfatório das metas almejadas. Um fato importante nas privatizações ocorridas foi a caracterização dessas, no fundo, como reprivatizações, dado que boa parte das empresas que foram privatizadas havia sido absorvida pelo Estado, em virtude da situação de quase insolvência vivenciada. Posteriormente, após um saneamento, essas eram devolvidas ao próprio setor privado (para se ter uma idéia, do total das 38 empresas negociadas quatorze pertenciam ao BNDES ou à BNDESPAR).

## O Programa Nacional de Desestatização — PND

Em 1990, neste palco, e no bojo de um plano de estabilização, decidiu-se prosseguir com o projeto de redefinir o papel do Estado, particularmente o de suas empresas. A decisão de desestatizar no governo Collor ocorreu conjuntamente com a decisão de realizar reformas estruturais. Apesar da disposição política do Executivo e de ter sido um dos primeiros atos do novo Governo, o Programa Nacional de Desestatização é recente, com apenas quatro meses de existência. Vale recordar que o programa foi instituído como um dos primeiros atos do novo Governo, através da Medida Provisória nº 155, posteriormente convertida, em 12 de abril, na lei nº 8031. Entretanto, a regulamentação da lei, pelo decreto nº 99463, ocorreu apenas em 16 de agosto, cinco meses após a edição dos princípios gerais do programa. Somente naquela data o BNDES foi designado gestor do Fundo Nacional de Desestatização (cumpre também lembrar que a Comissão Diretora do Programa foi nomeada somente em julho).

Em linhas gerais, comparativamente aos experimentos anteriores, o PND, enquanto uma legislação que passou pelo Congresso, não pode ser considerado tímido. A lei 8031 é clara no que tange à disposição de privatizar e aos fins que os recursos obtidos devem ter. A descaracterização da privatização como mera parcela de um ajuste fiscal foi, desde o início, explicitada, tanto no próprio item que determina que os recursos advindos devem ser direcionados para o abatimento do endividamento público e nunca para "fechamentos de caixa", como nas declarações dos membros da própria Comissão Diretora. Com a presente legislação ficou mais fácil a participação do capital estrangeiro, assim como, a fim de evitar gargalos, se buscou estabelecer um amplo conjunto de meios de pagamento, do Cruzado aos CP's, passando por dívidas das estatais DFA's e, é claro, o próprio Cruzeiro.

A magnitude e o perfil das empresas envolvidas no PND são totalmente distintos do perfil antes observado. Estão relacionadas empresas com valores que superam a marca dos US$ 2 bilhões em setores-chave, como siderurgia, petroquímica, fertilizantes, máquinas e equipamentos, entre outros (a tabela 4 mostra as empresas recomendadas pela Comissão Diretora).

Vale lembrar que, desse conjunto, até o final de 1990, dezoito empresas terão seus editais de licitação lançados para a contratação de firmas de consultoria privada, sendo que para onze já terão sido apresentadas as propostas para o assessoramento na privatização.

Tabela 4 — Empresas Incluídas no Programa Nacional de Desestatização.

| |
|---|
| Companhia Siderúrgica do Nordeste — Cosinor |
| Aços Finos Piratini S.A. |
| Companhia Siderúrgica de Tubarão — CST |
| Usinas Siderúrgicas de Minas Gerais S.A. — Usiminas |
| Usiminas Mecânica S.A. |
| Mafersa Sociedade Anônima |
| Mineração Caraíba Ltda. |
| Companhia Eletromecânica — Celma |
| Empresa de Navegação da Amazônia S.A. — Enasa |
| Serviço de Navegação da Bacia do Prata — SNBP |
| Companhia de Navegação do São Francisco — Franave |
| Indústria Carboquímica Catarinense S.A. — ICC |
| Goiás Fertilizantes S.A. — Goiasfértil |
| Fertilizantes Nitrogenados do Nordeste S.A. — Nitrofértil |
| Fertilizantes Fosfatados S.A. — Fosfértil |
| Ultrafértil S.A. — Indústria e Comércio de Fertilizantes |
| Participações acionárias da Petrobrás Fertilizantes S.A. — Petrofértil: |
| • na Araxá Fertilizantes S.A. — Arafértil; |
| • na INDAG S.A. |
| Petrobrás Fertilizantes S.A. — Petrofértil |
| Companhia Petroquímica do Sul — Copesul |
| Petroquímica União S.A. |
| Participações acionárias da Petrobrás Química S.A. — Petroquisa: |
| • na Companhia Petroquímica do Nordeste-Copene; |
| • nas Companhias de segunda geração que integram o Pólo Petroquímico de Triunfo; |
| • nas Companhias de segunda geração que integram o Pólo Petroquímico de Camaçari; |
| • nas Companhias de segunda geração que integram o Pólo Petroquímico de São Paulo; |
| • na Salgema Indústrias Químicas S.A.; |
| • na Alclor Química de Alagoas S.A.; |
| • na Companhia Alagoas Industrial — CINAL; |
| • na COPERBO — Companhia Pernambucana de Borracha Sintética; |
| • na Companhia Alcoolquímica Nacional; |
| • na Petroflex Indústria e Comércio S.A.; |
| • na Nitriflex S.A. Indústria e Comércio S.A.; |
| • na Companhia Nacional de Álcalis — CNA; |
| • na FCC — Fábrica Carioca de Catalisadores; e |
| • na Companhia Química de Alagoas — CQA. |
| Petrobrás Química S.A. — Petroquisa |

*Fonte:* BNDES

Para se ter uma idéia de como está montado o cronograma de execução e entender a complexidade envolvida em cada empresa considerada separadamente, a tabela 5 expõe, sucintamente, o cronograma, a partir da publicação do edital para a contratação de consultoria, tanto para a modalidade de *concorrência* como para a de *tomada de preços*:

Tabela 5 — Cronograma do processo de desestatização (a partir da publicação do edital para a contratação de consultores).

| *Eventos* | *Prazos para realização (em número de dias)* | |
|---|---|---|
| | *Concorrência* | *Tomada de preços* |
| Recebimento dos documentos para habilitação e das propostas | 30 | 15 |
| Habilitação dos candidatos | 8 | — |
| Abertura das propostas | 7 | — |
| Julgamento e Adjudicação das propostas | 15 | 15 |
| Homologação do resultado | 7 | 7 |
| Assinatura dos contratos | 5 | 5 |
| Elaboração dos serviços contratados | 90 | 90 |
| Aprovação das condições de venda | 10 | 10 |
| Convocação de AGE | 3 | 3 |
| Realização da AGE | 8 | 8 |
| Publicação do edital de venda das ações | 3 | 3 |
| Leilão das ações | 60 | 60 |
| Prazo total | 246 | 216 |

*Fonte:* BNDES

Nos termos do decreto-lei nº 2300/86, a concorrência, modalidade de licitação aberta a qualquer interessado, se divide em duas etapas: na primeira, realizada no mínimo trinta dias após a publicação do edital, faz-se o julgamento e a habilitação prévia dos candidatos e, na segunda, realizada após o prazo legal de cinco dias úteis concedidos para a interposição de recursos, promove-se o julgamento dos preços e das propostas técnicas. Já, na tomada de preços, o prazo mínimo para a apresentação de propostas é de quinze dias, a partir da publicação do edital, e é dispensada a etapa inicial de habilitação preliminar, uma vez que os licitantes devem estar previamente cadastrados. Nesse tipo de licitação, o prazo até a contratação pode ser assim encurtado em aproximadamente trinta dias em relação à modalidade de concorrência.

Cumpre ressaltar, relativamente aos dois eventos cujos prazos são mais dilatados, que a estimativa de noventa dias para a elaboração dos serviços contratados se situa no prazo médio entre sessenta e 120 dias, que tem sido proposto às firmas de consultoria, em face da complexidade de cada trabalho, baseado na experiência com privatização conduzida no passado recente pela BNDESPAR e em consultas informais realizadas junto a especialistas nacionais e estrangeiros.

Quanto ao prazo estipulado de sessenta dias para a realização do leilão das ações, considera-se como o necessário para que se proceda aos ajustes operacionais e financeiros que vierem a ser recomendados pela firma de consultoria e para que os potenciais interessados na compra das ações mobilizem os meios necessários à participação no leilão.

A reforma do Estado, da forma como se esboça agora, basicamente na figura da privatização, está longe de ser trivial. É pretensão achar que a remodelagem do setor público poderia ser obra de poucos meses. Considerações desta ordem demonstram ou o total desconhecimento das magnitudes envolvidas, ou mesmo o que significa desestatizar. Exemplos da experiência internacional são elucidativos. A Inglaterra, país normalmente considerado de referência quando o tema é privatização, levou pouco mais de dez anos (1979-1989) para privatizar pouco mais de uma dúzia de empresas. Alguns dos processos levaram quase dez anos para passar integralmente ao setor privado, como foi o caso da British Petroleum, que se iniciou em junho de 1977 e terminou em outubro de 1987, ainda que outros, como a British Airways PLC, foram integralmente vendidos em ofertas públicas. Na França, antes da paralisação total do programa por influência do *crash* na Bolsa em 1987, após um longo período prévio de análise de empresas, chegou-se a privatizar com segurança 28 empresas, embora a meta inicial fosse de 65. No Chile, para citar um caso latino, a privatização levou dezesseis anos, iniciando-se em 1973, tendo sido paralisada por três anos (1981-1984). Nesse processo entre venda de pequenas empresas, liquidações de ativos e fechamentos, o regime militar se desfez de aproximadamente quinhentas empresas (diga-se de passagem que as grandes empresas chilenas privatizadas não possuíam, em geral, tamanho comparável às empresas brasileiras a serem privatizadas).

Fica, portanto, registrado que a reestruturação por que passa o Estado no Brasil, na figura do PND, carece de compreensão. Hoje apenas a venda de uma Usiminas ou de uma CST arrecada mais que o dobro do montante obtido em nove anos de privatização nos governos anteriores. Assim, exigir atualmente pressa, quando se tem consciência da importância e do montante do patrimônio público, do número de anos que se levou para construir a figura do ''Estado-empresário'' e do que ocorre (e ocorreu) na economia brasileira e no resto do mundo, só pode ser considerado ato de má-fé e de pouca crença nos destinos do país.

# Referências bibliográficas


IBOVESPA. *O caminho da privatização*, 1990.

WERNECK, R. F. "Aspectos macroeconômicos da privatização do Brasil", in *Pesquisa e Planejamento Econômico*, vol. 19, agosto de 1989.

# 8. A reforma do Estado

*Eduardo Modiano**

## CONCLUSÕES

Desejo começar, ao final deste debate sobre a reforma do Estado, algumas questões que foram levantadas pelos expositores. É importante salientar por que este Governo quer reformar o Estado. Um dos objetivos principais dessa reforma é contribuir para o aumento da eficiência da economia brasileira, gerando ganhos de produtividade e, com isso, abrir espaços para aumentos reais de salários. É esse o caminho que o governo Collor escolheu para a retomada do crescimento, dando a esse processo um caráter redistributivista, ou seja, melhorando o perfil da distribuição da renda no país.

Essa posição do Governo representa um diagnóstico: que pelo menos esse Estado que aí está não é eficiente. Vamos reformá-lo, portanto, para ampliar a eficiência da economia nacional.

A maior parte das observações feitas aqui se referem à falta de definição de um papel de longo prazo para o Estado, voltado para os objetivos de desenvolvimento em bases modernas. Eu diria que isso é tarefa para um governo inteiro. Um fato notório é que todas as questões aqui discutidas foram colocadas na mesa por este Governo para debate com toda a sociedade, num prazo de apenas oito meses. De fato, o Governo

---

* Presidente do BNDES e presidente da Comissão Diretora do Programa de Privatização.

está "desmontando" o Estado. E, ao mesmo tempo, estamos estabelecendo algumas linhas gerais para a redefinição do papel do Estado, deslocando-o mais para o desempenho das atividades típicas de governo, que foram negligenciadas ao longo dos anos 80, e também dando-lhe um caráter mais desenvolvimentista.

Agora, o que não poderíamos fazer seria ficarmos paralisados antes de começar o "desmonte". Estamos provocando, com o "desmonte", uma discussão que deve ser democrática, deve ser ampla e deve trazer contribuições, porque ninguém é dono da verdade e ninguém sabe com exatidão quais devem ser os passos seguintes.

Vale a pena enfatizar, a propósito de observações aqui feitas, que é também compatível com as intenções do Governo a idéia de que o Estado deve ser pequeno e ágil nas suas funções normativas, para que possa atuar com eficácia nos momentos de definição crucial.

Outro ponto a ressaltar é que o Estado, mesmo nesse estágio, pode assumir um caráter desenvolvimentista. Um exemplo disso está nos programas já lançados por este Governo, como o Programa de Modernização e Reestruturação Industrial, o Programa de Capacitação Tecnológica e o Programa Brasileiro de Qualidade e Produtividade. Essas iniciativas, aliás, não podem ser confundidas, como certas vezes ocorrem, com uma visão dirigista, cartorial e intervencionista do Estado — a visão que foi subjacente ao processo de substituição de importações. Paradoxalmente, alguns críticos dessa mesma reforma do Estado consideram esse modelo falido.

Está claro que o Governo quer menos Estado, sim. Menos Estado desse Estado que está aí. E que queremos um outro Estado, que pode ser maior ou menor, pouco importa; o importante é que ele tenha outros objetivos, não os que levaram a tantos desvirtuamentos e distorções, como ocorreu principalmente nos anos 80.

A visão de que a reforma do Estado e o Programa de Privatização são a destruição do Estado é absurda. Porque privatizar não é certamente eliminar a área mais moderna do Estado. É óbvio que não dá para transformar um engenheiro PhD de plataforma da Petrobrás em um policial da cidade do Rio de Janeiro ou em um enfermeiro da região amazônica: é preciso gerar recursos, e nós queremos gerá-los através de economias, do lado fiscal, com a reforma administrativa, com o Programa de Desestatização, para poder reciclar e aprimorar o corpo funcional da administração direta.

# Parte III

# Política Industrial e Comércio Exterior

# 9. Política industrial: razões e restrições

*Antonio Barros de Castro**

## APRESENTAÇÃO DO PROBLEMA

Por ocasião de seu lançamento em meados de 1990, a política industrial do governo Collor foi recebida com aplausos quase unânimes. Em pouco tempo, no entanto, o quase consenso inicial foi sendo substituído por críticas de toda espécie. A intensidade e o *timing* das medidas, em particular, pecariam por excesso ou, contrariamente, por insuficiência. Até certo ponto esse desencontro de pontos de vista pode ser considerado normal. Nos Estados Unidos, por exemplo, as opiniões se encontram há anos divididas entre os que acham que o país deveria colocar em prática autênticas políticas de oferta e os que crêem que (já) há interferência em demasia nas decisões privadas quanto à assignação de recursos. No nosso caso, porém, além desse tipo de discrepância (o documento Diretrizes Gerais para a Política Industrial e de Comércio Exterior de 29 de junho de 1990 timbra pelo acento neoliberal) não seria difícil perceber a existência de uma outra clivagem que, ao que tudo indica, vem adquirindo crescente importância. Simplificadamente, ela pode ser assim apresentada: de um lado, tomam posição os que vêem na estabilização dos preços um imperativo que subordina tudo o mais e, na prática, nega espaços às políticas que comprometem o Estado com gastos, fomento etc.;

* Professor de Economia da Universidade Federal do Rio de Janeiro — UFRJ.

de outro lado, se colocam os crescentemente angustiados com a estagnação da economia (e o agravamento de seus problemas estruturais) — enquanto, em outras partes do mundo, avança a grandes passos a chamada Terceira Revolução Industrial. Para esses, em suma, algo tem que ser feito para intensificar o ritmo de assimilação de mudanças do lado da oferta — enquanto continuam em curso (ou, em termos mais realistas, surgem, se esgotam e são relançadas) as políticas antiinflacionárias. Nessa última perspectiva, portanto, as políticas industriais (cujos possíveis conteúdos serão mais adiante caracterizados) também constituem um imperativo. Chegamos assim a um verdadeiro impasse ou, melhor dito, a um conflito de imperativos.

O conflito para o qual estamos chamando a atenção não é certamente desconhecido. Os programas de reconstrução e modernização da indústria francesa dos anos 50 e 60, por exemplo, tropeçaram mais de uma vez em conjunturas adversas e chegaram a ser desfigurados por severas políticas antiinflacionárias. Por outro lado, é demasiado evidente a colisão instrumental a que estão sujeitas políticas que visam, em última análise, respectivamente, ativar decisões (o que supõe, entre outras coisas, que o dinheiro seja relativamente barato) e refrear gasto (o que recomenda, em princípio, o encarecimento do dinheiro). Ocorre, porém, que esse tipo de problema adquiriu contemporaneamente novas dimensões, chegando a atingir, entre nós, uma importância capital. Vejamos por que.

A efervescência das mudanças tecnológicas e organizacionais em curso na atualidade, o maior grau de abertura alcançado pelas economias e a entrada em cena de novos e ferozes competidores colocam reiteradamente em risco, na atualidade, praticamente todas as posições de oferta. Em face de um meio ambiente a tal ponto cambiante e agressivo (capaz de reduzir a eletrônica de consumo norte-americana, em poucos anos, a quase nada),[1] políticas industriais (pelo menos tácitas) vêm sendo adotadas em praticamente todos os países industrializados. Simultaneamente e operando num outro plano, a conjugação de sucessivos choques de oferta com a variabilidade sem precedentes das taxas de câmbio tem se traduzido numa instabilidade inusitada, que requer uma verdadeira vigília antiinflacionária. Em meio a esse quadro, e por um complexo de razões que dificilmente alguém saberia adequadamente sumariar, a inflação virtualmente tomou conta de diversas economias. Nelas a política antiinflacionária foi necessariamente guindada ao primeiro plano. O Brasil constitui presentemente, a esse propósito, um caso de laboratório. Nele se encontram reunidos um grande parque industrial, parcialmente, pelo menos, ameaçado de obsolescência e regressão, e uma inflação que pode ser facilmente apontada como das mais intratáveis que já se conheceu. Numa palavra, tornamo-nos um campo predileto do conflito de imperativos acima referido. É sobre essa espinhosa questão que pretendemos refletir no que segue.

## POLÍTICAS INDUSTRIAIS X POLÍTICAS ANTIINFLACIONÁRIAS

O quadro 1 sugere as possibilidades, em princípio existentes, de cruzamento de políticas industriais com políticas antiinflacionárias.

Quadro 1 — Cruzamento de políticas industriais com políticas antiinflacionárias.

| POLÍTICA INDUSTRIAL / POLÍTICA ANTIINFLACIONÁRIA | AUSENTE | TÁCITA | ATIVA | SUPERATIVA |
|---|---|---|---|---|
| SUPERATIVA | REGRESSÃO | REGRESSÃO | | |
| ATIVA | | PRAGMATISMO | | |
| ACOMODATÍCIA | | PRAGMATISMO | ATUALIZAÇÃO | *CATCHUP* |
| AUSENTE | | | | |

- A política industrial superativa tem por traço dominante a implantação de novas atividades, visando a constituição de um sistema produtivo nacional moderno. Esse tipo de política está, em regra, associado ao esforço de emparelhamento histórico com as economias avançadas (*catchup*). Excepcionalmente, no entanto, políticas industriais superativas podem ser adotadas visando promover rápida e intensa reciclagem no aparelho produtivo, em resposta a guerras ou a grandes choques de oferta.
- As políticas industriais ativas caracteristicamente tratam de promover setores de ponta — *locus* privilegiado e fonte (para os demais setores) das principais mudanças em curso — bem como de fortalecer a infra-estrutura de serviços voltados para a inovação (atividades de P&D, instituições científicas etc.). Com crescente freqüência também integra o campo das políticas industriais o amparo a atividades em dificuldade (não raro com o intuito de facilitar o seu desaparecimento). Num sentido forte, adiante comentado, as políticas industriais podem ir além da mera sustentação e do fortalecimento de atividades (especialmente as "de ponta" e as "em dificuldade") para efetivamente tentarem *direcionar* a evolução industrial.
- As políticas industriais tácitas estão presentes ali onde determinados setores, técnicas ou mesmo produtos recebem um tratamento privilegiado por motivos alegadamente extraeconômicos (segurança nacional, preservação do meio ambiente etc.). Deveria também ser considerada como política industrial tácita aquela de fato exercida mediante pressões sobre os demais países, para que não ingressem em/ou desocupem espaços que se pretende reservar para a própria indústria. Os Estados Unidos se caracterizam pelo exercício de políticas industriais tácitas.
- Por ausência de política industrial entende-se a situação encontrada ali em que preceitos do neoliberalismo são levados à prática. Um número crescente de países subdesenvolvidos se encontra nessa situação.

Consideramos agora a dimensão política antiinflacionária, distinguindo a esse respeito quatro possibilidades:

- As políticas antiinflacionárias superativas tipicamente têm por ponto de partida "pacotes" de medidas que alteram as regras do jogo até então vigentes, chegando, em certos casos, a alterar as próprias condições estipuladas em contratos privados. Ao seu lançamento se seguem esforços visando reter ou consolidar as vitórias inicialmente alcançadas. As políticas antiinflacionárias superativas, convém acrescentar, submetem os agentes econômicos a um grau de incerteza e, possivelmente, em rigores quanto às políticas monetária e fiscal verdadeiramente inusitados.
- A política ativa, como o nome indica, se refere aos casos em que o surgimento de um surto inflacionário leva à adoção de programas caracterizados pelo severo uso de políticas convencionais de contenção inflacionária. Políticas ativas antiinflacionárias, ao que tudo indica, são também requeridas na convalescença pós-alta/hiperinflação. E isso basicamente porque, ainda quando se atinjam na fase pós-inflacionária índices de elevação de preços quantitativamente pouco expressivos, a memória inflacionária de agentes longamente castigados pela alta inflação mantém-se "a um milímetro da superfície".[2]
- As políticas acomodatícias caracterizam situações em que o esforço antiinflacionário (e, possivelmente, outras políticas como a de balanço de pagamentos) permanece num segundo plano, sendo a sua grande função impedir que a alta de preços se intensifique a ponto de prejudicar seriamente a consecução de metas (de oferta) consideradas prioritárias. Essa é uma posição não mais encontrada nos países avançados (onde, aliás, não mais existem grandes transformações a serem promovidas) e que tampouco poderá voltar a ocorrer em países que chegaram à alta inflação.
- Ressalvados casos excepcionais, como os da Alemanha e da Suíça, países que contam com instituições praticamente à prova de inflação, convalidadas por uma férrea disposição política de enfrentar as pressões inflacionárias antes que elas deitem raízes, a ausência de política antiinflacionária tornou-se (por razões anteriormente aludidas) uma situação rara. Mas é evidente que, transitoriamente (em meio a períodos de

recuperação pós-recessão, ou mesmo no entreato que medeia a derrota de uma política antiinflacionária superativa e o lançamento de uma outra) podem por toda parte ser observados momentos de virtual ausência de política antiinflacionária.

Apresentadas as possibilidades em abstrato, convém refletir sobre as suas combinações. De início, porém, algumas considerações de caráter geral.

A política antiinflacionária visa levar a economia a um estado ou situação em que o nível *médio* de preços praticamente não se altere — o que, supostamente, assegura (ou restabelece) o meio ambiente adequado ao funcionamento dos mecanismos de mercado. Ainda que na prática venham ocorrer mudanças na assignação de recursos, como resultado da estabilização, essas mudanças tendem a ser entendidas como correções de desvios (que não existiriam se não fosse a própria distorção chamada inflação). A estabilidade, em suma, não é propriamente uma escolha e sim um estado *a priori* desejável. Depreende-se do anterior que a "mudança" perseguida pelas políticas antiinflacionárias independe das características da economia, do seu estágio evolutivo e do seu posicionamento diante das demais economias. Variariam, talvez, os remédios a serem utilizados — e mesmo isso só recentemente vai sendo amplamente admitido.

Contrariamente, no caso das políticas industriais, o que se pretende é justamente promover autênticas mudanças que fortaleçam, aprimorem ou protejam o sistema produtivo nacional — conceito estranho à teoria econômica, donde se infere que existe na raiz da idéia de política industrial um desafio à corrente central da teoria econômica. De fato, na base da noção de política industrial reside a idéia de que, independentemente dos preços vigentes no mercado (que circunscrevem o horizonte das decisões individualmente tomadas pelos agentes econômicos), a promoção de determinadas mudanças trará vantagens para a economia em seu conjunto. É bem verdade que, mediante a incorporação de noções como a de economias externas, por exemplo, a teoria econômica convencional pode tentar prover a intervenção em favor das atividades de ponta e, digamos, da infra-estrutura científica, de uma racionalidade consistente com os seus preceitos gerais. Esse caminho, porém, dificilmente será trilhado ali onde políticas industriais no *sentido forte* assumidamente busquem (como no Japão e na Coréia) *direcionar* a evolução econômica.

Chegados a esse ponto, faria sentido talvez abrir um breve parêntese para indagar se uma política que consistisse essencialmente na abertura da economia para o exterior poderia ser entendida como política industrial. Trata-se, no meu entender, de uma questão mal formulada. Se a abertura precipitasse uma onda de mudanças modernizadoras, como, no nosso caso, muitos pareciam inicialmente crer (o texto das *Diretrizes Gerais*, op. cit., está impregnado desta convicção), ela atuaria durante algum tempo, pelo menos, como o equivalente funcional de uma política industrial: denominá-la ou não dessa forma seria pois, em boa medida, uma questão semântica. Ainda assim, no entanto, teria que admitir que a abertura, em si, teria unicamente alterado o *meio ambiente* onde as decisões econômicas são tomadas. Na medida em que isso não seja o bastante para responder à pressão exercida pela contínua renovação de processos e produtos, e pelo poder competitivo de rivais decididamente amparados por políticas de oferta, algo mais teria de ser feito... dando lugar ao surgimento de políticas convencionais. Formulada a questão dessa maneira, entende-se que a abertura poderia, quando muito, ser entendida como um preâmbulo da política industrial — sendo o mais, efetivamente, questões semânticas.

## SUPOSTOS DA POLÍTICA INDUSTRIAL BRASILEIRA[3]

Tendo em mente o caso brasileiro, voltemos agora ao quadro 1 da página 107. O país está mergulhado numa crise inflacionária cuja gravidade dispensa comentários. As circunstâncias exigem, portanto, algum tipo de política antiinflacionária, presumivelmente superativa. Há, além disso, que se fazer algo para tentar deter a desatualização crescente da economia, *vis-à-vis* as economias centrais e os NICs asiáticos. E isso requereria, mais uma vez, a adoção de políticas ativas ou superativas, voltadas para a retomada dos investimentos, e a reciclagem do aparelho produtivo. Encarada a situação por esses dois ângulos, deveríamos, pois, nos situar na zona noroeste (hachureada) no quadro 1 da página 107. Ocorre, porém, que do ponto de vista das empresas — as quais caberiam tomar as decisões capazes de materializar as intenções dos *policy makers* — isso não faz sentido. Afinal, em meio a uma situação caracterizada por espasmos inflacionários intermitentemente contidos por traumatizantes "pacotes" antiinflacionários, as empresas (mesmo quando já tenham levado a efeito um eficaz ajuste financeiro) se encontram voltadas para o curtíssimo prazo e, essencialmente, na defensiva. Sua insegurança quanto às oportunidades de mercado porventura existentes provém, insisto, da completa incapacidade de se saber *se* e *quando* terminará a sucessão de ondas inflacionárias e guinadas supostamente estabilizadoras. Em tais condições, constitui algo entre ingênuo e desmedido supor que grandes mudanças serão ensaiadas, quanto a técnicas (*hardware*), linhas de produção, instalações etc. Por outro lado, é ocioso insistir em que, num tal contexto, a capacidade de gasto do Estado se encontra drasticamente cerceada — e possivelmente sujeita a (novos) "cortes", ao sabor de eventuais frustrações da política antiinflacionária. Em rigor, em meio a um quadro de inflação aguda e renitente como o nosso, os poderes públicos estão submetidos a um tríplice veto de caixa: não podem aumentar a emissão; não conseguem captar novos recursos internamente a custos e em condições aceitáveis; e enfrentam a mais completa resistência à captação de recursos externos.

O que acabamos de dizer significa, em resumidas palavras, que a zona noroeste do quadro, para a qual se tende, não é, na prática, habitável — não sendo sequer necessário se indagar sobre as (escassas) possibilidades de superação dos conflitos instrumentais inerentes ao ataque simultâneo à inflação e à perda de terreno (genericamente falando) no campo industrial.

À luz do que acaba de ser dito, como entender o ocorrido por ocasião do Plano Collor?

Com o respeito devido a uma equipe que se empenhou em colocar em prática o que muitos, à época, consideravam correto, é preciso dizer que ela parece haver se enredado num enganoso conjunto de crenças, que pode ser assim simplificadamente apresentado:

- A alta inflação e o meio ambiente a ela associados podem ser rapidamente superados por um "programa radical de estabilização", passando-se, a seguir, a uma nova "fase" em que já se trata de preparar a "retomada do crescimento".[4]
- O que impede a realização de investimentos capazes de renovar e atualizar o parque produtivo brasileiro é, essencialmente, o fechamento da economia.
- O desafio colocado pela conjugação de uma nova revolução tecnológica nos grandes centros industriais, com a emergência de sucessivas gerações de "Tigres Asiáticos" (a terceira já está em cena), pode ser respondido com uma política industrial relativamente modesta, com horror professo a subsídios e extremado pudor em distinguir entre empresa nacional e estrangeira.

Em suma, num primeiro momento se faria um ataque à inflação mediante uma política superativa e supereficaz. Passado esse momento, entraria em cena uma política industrial, que não faria corar um guardião do templo ortodoxo. E assim, como o programa de estabilização resolveria o problema inflacionário, a abertura e a política industrial permitiriam enfrentar, externa e internamente, a brutal pressão competitiva (em outras partes, freqüentemente referida como predatória) que campeia no mercado internacional. O grande suposto nesse caso consiste em que a estabilização dos preços e a abertura, com o auxílio de uma despretensiosa política industrial, ergueriam o ânimo investidor/inovador dos empresários brasileiros (aí incluídas, presumivelmente, as empresas estrangeiras) a ponto de levá-los a enfrentar à altura os desafios provindos do mercado mundial — não obstante a herança nefasta deixada pela década perdida e, claro, a agressiva política industrial e de comércio exterior existente por trás de alguns dos mais exitosos desafiantes.

Dos supostos acima apontados, o único efetivamente testado foi o primeiro, com resultados, sem dúvida, desalentadores. Não tendo sido superada a instabilidade macroeconômica, supor que a abertura e a política industrial levariam as empresas à retomada dos investimentos equivale a crer que, com uma situação de mercado ainda menos segura ou projetável, os empresários abandonariam os padrões de comportamento adotados nesses anos de instabilidade e estagnação e passariam a se comprometer com decisões cujos possíveis resultados só podem ser colhidos no futuro. A menor capacidade de projeção (de mercado) a que acabo de aludir parece-me evidente. Afinal, subsiste basicamente a instabilidade macroeconômica e, acrescente-se, são em grande medida desconhecidas as reações que prevalecerão diante da liberalização (quanto a produzir no país *versus* importar, frente aos fornecedores etc.). A esse propósito, aliás, chama a atenção a forma simples e confiante com que as autoridades brasileiras antevêem a reação à abertura das empresas aqui sediadas. Parece não lhes ocorrer que existe uma série de reações possíveis à liberalização e que a reação típica (e altamente positiva) por eles esperada pode se revelar, na atualidade e sob o império das condições aqui reinantes, a exceção. A advertência parece especialmente válida no tocante às empresas estrangeiras que, muito antes de o Brasil ser internacionalmente posto em quarentena[5] — e por razões que em muito transcendem as considerações de custo dos insumos —, sempre relutaram em aceitar o grau de nacionalização (das compras) em que eram obrigadas a operar. Ao realçar a discrepância possivelmente mais acentuada entre as empresas estrangeiras, não estou sugerindo, porém, que as empresas nacionais tomem decisões consonantes com o desejo expresso das autoridades. Como já foi mais de uma vez sugerido, estando a política industrial na contramão das decisões privadas, ela simplesmente não pega. Em flagrante contraste com a quase euforia com que foi lançado o Programa Brasileiro de Produtividade e Qualidade, declarou o industrial Giordano Romi (a quem certamente não falta consciência quanto ao problema da qualidade) que a indústria de máquinas estava "voltada inteiramente para a administração diária do seu caixa, para se manter fora da lista de falências e concordatas. Pensar em investir agora é risível"[6].

## COMBINAÇÕES PRATICADAS

Tidas em conta as ponderações anteriores, convém se indagar sobre as combinações de políticas antiinflacionárias e industriais, de fato ratificadas pela experiência.

As zonas verdadeiramente habitadas no quadro 1 da página 107 conformam um Z (sombreado). Na primeira linha se encontram situações diversas vezes ocorridas na América Latina nos últimos anos. Nelas políticas antiinflacionárias superativas se combinam com a ausência de políticas industriais efetivas ou, quando muito, com políticas industriais tácitas. Esse tipo de situação tende a trazer o desmantelamento ou, pelo menos, a regressão das estruturas industriais existentes. Como se viu em páginas anteriores, não é fácil, contudo, escapar a essa situação: a elas se "tende" na prática e a despeito das intenções dos *policy makers*.

O Z prossegue com políticas industriais tácitas, acompanhadas de políticas conjunturais acomodatícias ou mesmo ativas. São situações que denotam um duplo pragmatismo: o da tentativa de proteger e promover atividades consideradas prioritárias e o de preservar um meio ambiente macroeconômico estável. Deparamo-nos, a seguir, com políticas industriais ativas, respaldadas por políticas conjunturais que não chegam a ser propriamente tolerantes, mas buscam ser "funcionais". A economia francesa dos anos 50 e, em diversos momentos, a japonesa, tipificariam essa posição.

Chegamos finalmente às situações dominadas pelo esforço de *catchup*, com a política antiinflacionária mantida numa posição viabilizadora. O Brasil dos anos 70, o Japão e a Coréia, em diversos momentos, estariam aí posicionados.

Os vazios do quadro 1 denotam pares ou combinações de reduzida afinidade ou mesmo aberta incompatibilidade — como, por exemplo, a coexistência de política industrial superativa, com ausência de política conjuntural, situação que só seria encontrada, provisoriamente, em situações de guerra ou no delírio dos governantes. Assim também a coexistência de políticas superativas de ambos os tipos seria virtualmente impraticável.

Estamos, sem dúvida, sendo levados a desoladoras conclusões. A combinação, em princípio desejável, de uma política antiinflacionária superativa com uma política industrial capaz de deflagrar um intenso movimento de modernização do parque produtivo não passa de uma miragem. Vencer rapidamente a inflação e, em seguida, se voltar para a retomada do crescimento é outra proposta desprovida de fundamento, porque tanto a inflação renascerá incessantemente das próprias cinzas (até quando, ninguém sabe), quanto a cura do mal inflacionário (quando vier) será seguida de uma longa convalescença, na qual a capacidade de os poderes públicos expandirem gastos e concederem financiamentos adicionais continuará severamente restringida (e sujeita à mais estreita vigilância pelos mil olhos dos analistas macroeconômicos). Numa palavra, há que se levar a sério a hipótese de que políticas industriais de tipo *convencional* tenham se tornado algo fora do alcance de economias como a nossa.

O que precede significa, no entanto, unicamente que, se ainda estivéssemos numa fase de montagem do parque industrial, o impasse seria completo. Esse, porém, não é o caso. O parque industrial brasileiro está fisicamente aí, bem como as empresas e os homens capazes de operá-lo. E o problema consiste, essencialmente, em que essa estrutura não está sendo mantida tecnologicamente atualizada, nem tampouco estão sendo satisfatoriamente introduzidas as revolucionárias novidades em matéria de organização inter e intraempresas. E é possivelmente aí que reside um vasto campo a ser explorado, acatadas as restrições acima sublinhadas e na perspectiva de grandes avanços.

## BUSCANDO CAMINHOS

O mundo industrial vem sendo revolucionado pela conjugação de três movimentos, que podem ser assim esquematicamente indicados:

- Surgimento de novas matrizes tecnológicas de grande fecundidade, sendo a mais importante delas a microeletrônica, da qual derivam (mais uma vez sumariamente falando) a tecnologia da informação e a flexibilização dos processos produtivos.

- Desenvolvimento de novos métodos organizacionais tanto no interior das empresas (redução das hierarquias, trabalho por equipes, *kan-ban* etc.), quanto entre empresas (cooperação, desenvolvimento de fornecedores etc.). Enquanto as mudanças organizacionais no interior das empresas requerem uma maior participação — e, conseqüentemente, preparo — dos trabalhadores, as demais mudanças aumentam a densidade das relações entre empresas e criam novas oportunidades para unidades produtivas médias e pequenas.
- Emergência de novas economias industrializadas que, com uma rapidez estonteante, aprendem a produzir e até mesmo a inovar em sucessivos ramos de atividades.

Tratam-se, sem dúvida, de processos inter-relacionados, mas irredutíveis uns aos outros ou a um movimento maior que os abarque e os explique. Como resultado dos dois primeiros movimentos, as empresas tendem a adquirir maior flexibilidade no uso dos processos produtivos e maior agilidade na adaptação e/ou desenvolvimento de novos produtos. Com isso respondem (e realimentam) a crescente mutabilidade e sofisticação da *demanda*, observada nos centros desenvolvidos. O terceiro movimento, por sua vez (que teve início na esfera das manufaturas tradicionais), submete hoje uma crescente gama de indústrias, nos mais diferentes países, à enorme pressão competitiva, levando-as a profundas reconversões e, não raro, ao desaparecimento.

Frente a esses três movimentos, as diferentes economias (e dentro delas as diferentes regiões), bem como, individualmente, as próprias empresas, tendem a ter os seus espaços redefinidos, tornando-se conveniente (muitos diriam necessário) a adoção de estratégias. Como é bem sabido, em certas economias somente as empresas (em regra de grande porte) definem e implementam estratégias. Em determinados casos, no entanto (os exemplos do Japão e da Coréia são inescapáveis),[7] chegam a existir, de fato, estratégias nacionais (políticas ativas no sentido forte) que compatibilizam, reforçam e, globalmente, direcionam as opções das empresas. Vejamos alguns dos caminhos adotados por diferentes instâncias decisórias em face das oportunidades e ameaças aqui focalizadas.

Um caminho consiste em explorar ao máximo a introdução de memória nos equipamentos, bem como a possibilidade de comunicação entre eles, para fazer avançar enormemente a *automação*. Essa parece ter sido, inicialmente, uma forte tendência norte-americana, tornada evidente sobretudo no ramo automobilístico. Diante do potencial de avanço contido nas novas técnicas e nas formas de organização, esse poderia ser considerado um caminho, digamos, conservador. Uma outra via consiste em explorar genericamente as possibilidades entreabertas pela segunda onda de mudanças acima apontada. Nesse caso, o pátio das fábricas passa a ser um local de decisão (e de experimentação), estando as técnicas e os produtos em contínuo processo de modificação e aprimoramento. Trabalhadores, fornecedores e clientes interagem na busca permanente da "qualidade" (entendida num sentido amplo que engloba satisfação de requisitos técnicos, entrega em prazo certo, com baixo custo etc.). O Japão é, sem dúvida, a referência clássica quando esse caminho é mencionado, mas é fácil ver que essas mudanças (muitas das quais originalmente concebidas nos Estados Unidos) estão se difundindo amplamente, sendo hoje tentativamente assimiladas mesmo lá — como na Inglaterra ou, digamos, na Fiat —, onde chegaram a ser fortemente resistidas. Uma variante desse caminho consiste na exploração em profundidade das possibilidades entreabertas pelas novas técnicas e (novas) formas de organização, preferencialmente no vasto território das indústrias ditas leves e, em diversos ramos de serviços, por pequenos e médios negócios amplamente dotados de recursos humanos — aí incluído, com destaque, o talento empresarial. A exploração a fundo dessa vertente caracteriza a emergência da chamada Terceira Itália, cordão industrial que se estende de Florença a Veneza. Finalmente, uma outra forma de se posicionar diante das mudanças consiste em ceder alguns dos espaços ameaçados e — através de políticas ativas ou mesmo tácitas — tentar reservar para si algumas das àreas e setores mais férteis ou promissores. Uma possibilidade-limite nessa tentativa de redivisão das tarefas entre as nações consiste em direcionar (concentrar) os esforços na fronteira das técnicas e do conhecimento.[8]

Apontadas essas possibilidades (e advertindo que outras existem), caberia perguntar: Quais são, frente a essas questões, as escolhas feitas pela política industrial brasileira?

A proclamada Segunda Abertura dos Portos e a *pretendida* elevação dos gastos em Ciência e Tecnologia — dos atuais 0,5% do PIB para 1,3% do PIB em 1984, pilares da política industrial brasileira[9] — não parecem caracterizar um caminho frente às transformações anteriormente qualificadas. Afinal, a abertura é assumidamente parte integrante das "reformas de estrutura" destinadas a restaurar o império do mercado, aqui como nos demais países latino-americanos, na África e no Leste Europeu. E quanto à elevação dos gastos em C&T, de cumprimento duvidoso e de eficácia questionável (os objetivos tendem a ser atendidos por artifícios que inflam os gastos efetivamente dedicados à C&T), tampouco caracterizam o delineamento de um caminho: países com estratégias completamente distintas gastam em C&T mais que o pretendido pelas autoridades brasileiras para 1984. Por outro lado, a política anunciada supõe que o Estado efetivamente desviará recursos (via renúncia fiscal, concessão de maiores créditos etc.) para a sua política de oferta, independentemente das vicissitudes enfrentadas no *front* antiinflacionário. Pode até ser que isso ocorra... mas o mero fato de os agentes econômicos terem razões (à luz de experiências passadas) para duvidar que isso se dê compromete seriamente os resultados desejados. Por último, e quanto ao tratamento a ser dispensado aos temíveis novos competidores, cabe advertir que a proclamada extinção das barreiras não-tarifárias poderá se revelar temerária: as práticas em uso em diversos países desenvolvidos (limites auto-impostos e outras sutilezas) poderiam servir de alerta a esse respeito.

O que precede significa que a política industrial brasileira não dispõe de uma estratégia frente às grandes transformações em curso na atualidade e que, na limitada medida em que as leva em conta, investe em opções *convencionais* pouco adequadas ao contexto no qual nos encontramos mergulhados.

## REVENDO PREMISSAS

A primeira condição para que se possa delinear uma estratégia adequada a essa economia consiste em admitir que não há mágica capaz de extirpar, a curto prazo pelo menos, os comportamentos adquiridos após um decênio de dolorosas experiências e repetidas frustrações.

É igualmente fundamental ter presente outros aspectos ou dimensões em que a economia brasileira se encontra muito distante do quadro em que prosperam as revoluções aqui focalizadas. Especifico.

No Brasil, como de resto nos Estados Unidos, os trabalhadores de fábrica se assemelham a "parafusos de uma máquina impessal"[10] — o que está totalmente de acordo com a concepção *taylorista* da produção moderna e difere profundamente das novas tendências que emergem das revoluções tecnológica e organizacional em curso na atualidade. De fato, e como já foi anteriormente sugerido, os novos paradigmas tecnológico e organizacional instauram, no pátio mesmo das fábricas, um meio ambiente incomparavelmente mais flexível do que o existente sob o império das tecnologias mecânico-elétricas e da organização *taylorista* da produção. Os trabalhadores aí se defrontam com um vasto espaço para a tomada de decisões — o que certamente requer uma capacidade para analisar situações, totalmente dispensável até muito recentemente. Como conseqüência disso, nos Estados Unidos, os cientistas do MIT responsáveis pelo relatório *Made in América* declaram que, "sem uma grande melhoria nas escolas primária e secundária, não haverá política macroeconômica ou inovação tecnológica" que permita enfrentar as novas condições.[11] Não é preciso realçar o grau de inadaptação em que se encontra o Brasil em relação a esse traço marcante das mudanças em curso na atualidade.

Um outro flagrante desajuste entre a situação aqui encontrada e o meio ambiente onde avançam a grandes passos as revoluções tecnológica e organizacional reside na esfera do relacionamento entre as empresas. Com efeito, uma das características recorrentemente destacadas nos estudos referentes aos novos paradigmas tecnológico e organizacional refere-se ao adensamento das relações interempresas e ao aumento da cooperação entre elas. Esse traço, acentuadamente presente na economia japonesa, pode ser ilustrado pelas palavras do diretor sênior da Nikon, segundo o qual, "quando cooperamos com outras companhias, no desenvolvimento tecnológico, relações do tipo 'dar e receber' devem ser a premissa".[12] No Brasil, ao que parece, é contrariamente bastante rara a colaboração entre empresas. Um primeiríssimo e possivelmente importante passo nessa direção foi tentado quando da criação dos Programas Setoriais Integrados em 1988 — esforço, ao que se sabe, posto de lado pelo atual Governo.

Reconhecidas a quase completa impotência a que está reduzido o Estado e a discrepância entre o contexto brasileiro e o meio ambiente que favorece a revolução tecnológica e organizacional, surge naturalmente a idéia de uma agenda que, respeitando a inarredável restrição financeira do setor público, trate de reduzir a distância em que nos encontramos de um quadro propício à implantação dos novos paradigmas. Não se trataria, claro, de uma política industrial convencional, e sim do combate a deficiências básicas que simplesmente desqualificam a economia brasileira para o êxito em meio às novas condições — sendo isso verdadeiro, mesmo que os poderes públicos não estivessem com as mãos atadas e a iniciativa privada se dispusesse a retomar os investimentos...

Nada tentarei dizer sobre a *protopolítica* industrial aqui mencionada, além do reconhecidamente óbvio: trazer o sistema educacional e de treinamento para o centro das atenções e difundir a consciência de que as relações entre as empresas têm que se tornar mais cooperativas, de que em diversos ramos há que reaglutinar forças, de que os fornecedores devem ser desenvolvidos (desverticalização) etc.

Mais uma vez, incidindo no óbvio, lembro que nada disso substitui ou colide com a indispensável preservação do acervo de instituições e práticas que, criadas em tempos menos adversos, constituem uma base mínima para a retomada de políticas industriais mais ativas, num futuro que, é de esperar, não esteja demasiado distante.

# Notas bibliográficas


1. DERTOUZOS *et al. Made in America: regaing the productive edge.* The MIT Press, 1989.
2. Como declarou uma das autoridades responsáveis pelo exitoso plano antiinflacionário israelense, mais de quatro anos após a vitória sobre a alta inflação naquele país.
3. A discussão que se segue focaliza, unicamente, alguns *supostos* da política industrial brasileira. Para uma discussão das *características* maiores e opções típicas dessa política, veja-se o excelente trabalho de Fábio Erber intitulado ''A política industrial — Paradigmas teóricos e modernidade''. In TAVARES, M.C.; TEIXEIRA, A.; PENNA, M.V. (org.), *Aquarella do Brasil.* Rio Fundo Editora, 1990. Veja-se também o interessante documento redigido por uma comissão especial, composta por técnicos procedentes de vários órgãos públicos, e intitulado *Apoio à capacitação tecnológica da indústria*, Brasília, agosto de 1990, em que o anátema lançado semanas antes contra os subsídios foi submetido a reparos.
4. *Diretrizes Gerais*, op. cit.
5. A expressão é do abalizado analista Roberto Teixeira da Costa. A propósito das diferentes reações possíveis diante da abertura, cabe citar a declaração do Sr. Édson Musa, buscando justificar a interrupção dos investimentos da Rhodia no Brasil: ''Antes, nós podíamos continuar investindo porque a economia brasileira era fechada. Compensávamos o custo de instalação industrial mais alto com repasse dos preços''. *Jornal do Brasil*, 12/8/90.
6. *Gazeta Mercantil*, 8/11/90.

7. Veja-se, a propósito, FREEMAN, *Tecnology policy and economic performance, Lessons from Japan.* Londres, Pinter Publishers 1987, e AMSDEN, A. *Asia's next giant. South Korea and late industrialization.* Oxford University Press, 1989.
8. A escassa correspondência entre a classificação inicial das políticas industriais e os desafios e respostas aqui caracterizados decorre, como se pôde perceber, de uma mudança de perspectiva. A preocupação estava inicialmente centrada nos diferentes *graus de comprometimento* dos poderes públicos com a política industrial. Agora, porém, está sendo focalizado algo mais substantivo: os reptos e respostas que caracterizam o meio ambiente contemporâneo.
9. A política tem ainda, reconhecidamente, outras faces.
10. BERGER, S. *et al.* "Toward a new industrial America". In *Scientific American*, junho de 1989, p. 29.
11. Idem.
12. No mesmo texto chega a ser dito pelo referido diretor da Nikon que "companhias japonesas devem evitar a competição entre elas, tanto no Japão quanto no exterior". *Scientific American*, dezembro de 1989, p. 36.

# 10. Um projeto para a indústria brasileira nos anos 90: tarefa para um Estado desenvolvimentista

*Mauro Fernando Maria Arruda**

O presente trabalho tem o propósito de apresentar idéias sobre o que poderia ser a política industrial para o país nos anos 90. Não tem, portanto, a preocupação de discutir a política industrial do Governo, ainda que, de alguma forma, isso acabe acontecendo.

Ele está dividido em quatro partes: na primeira, procura-se mostrar o paradigma que influencia a formação de uma nova indústria mundial. Na segunda, são descritos os principais fatores que influenciam a expansão desse paradigma. Na terceira parte, se discute o papel que o Estado deve assumir diante do novo quadro, num país de industrialização tardia. Por último, é apresentada proposta do que deveria ser um projeto de desenvolvimento industrial, em função da análise feita nas partes precedentes.

## A INDUSTRIALIZAÇÃO DIANTE DO NOVO PARADIGMA

Ao entrar nos anos 90 a economia brasileira se depara com uma economia mundial passando por profunda transformação, por uma mudança de paradigma, ditada pela Terceira Revolução Industrial e pela globalização da economia.

---

* Superintendente geral do Instituto de Estudos de Desenvolvimento Industrial (IEDI). Foi presidente do INPI.

Esses fenômenos tomaram grande impulso durante os anos 80, justamente aqueles que, no caso brasileiro, corresponderam à década perdida. Nos anos 90 eles influenciarão ainda mais o cenário da indústria mundial.

Diante disso, a compreensão do significado e da extensão desses fenômenos é importantíssima, pois, sem ela, não há condição de se fazer política industrial adequada à presente década.

Assim é que, como parte desses fenômenos, uma maior abertura das economias é inevitável, até porque as novas regras multilaterais de comércio que estão sendo desenhados — por exemplo, na Rodada Uruguai, no GATT — exigirão.

Economias fechadas, na forma como foi a brasileira da época da substituição de importações, não será mais possível. A prática, por exemplo, do exame de similar nacional não poderá se repetir.

Em princípio, para os países em desenvolvimento, a proteção por meios e formas que os próprios países desenvolvidos se utilizam será a saída para protegerem suas indústrias, pois que, se bem empregados, podem ser de grande eficácia. Na prática, os países desenvolvidos fazem, cada vez menos, uso das tarifas aduaneiras como instrumento de proteção às suas indústrias.[1] O discurso de que o nível de tarifas aduaneiras vem caindo assustadoramente, desde o final da Segunda Guerra Mundial, como forma de demonstrar que há uma clara intenção liberalizante, encobre parte da verdade, uma vez que as barreiras não-tarifárias passaram a ser, de fato, o principal instrumento de proteção. A tabela 1 mostra as diversas modalidades de barreiras não-tarifárias empregadas pelos países desenvolvidos.

Mas tanto a globalização quanto a Terceira Revolução Industrial vão provocando mudanças profundas no cenário econômico internacional. Entre elas estão: 1) o número de empresas faturando mais nos mercados externos que nos seus mercados de origem é cada vez maior (Tabela 2); 2) os investimentos interpaíses cresce rapidamente, pelo menos nas economias desenvolvidas e em outras em crescimento — os investimentos japoneses na Europa, por exemplo, crescem 14% ao ano; em dez anos, os investimentos europeus nos Estados Unidos tripli-

Tabela 1 — Classificação das barreiras não-tarifárias, segundo principais categorias (Unctad).

| TIPOS | ESPECIFICAÇÃO |
|---|---|
| 1. Medidas paratarifárias | Depósitos de importação<br>Tarifas sazonais (aplicadas em determinadas épocas do ano)<br>Cotas tarifárias ou tarifas diferenciadas |
| 2. Medidas de restrição quantitativa | Cotas<br>Cotas por países<br>Cotas sazonais<br>Autorizações condicionais de importação<br>Proibições — (totais ou condicionais)<br>Acordos voluntários de exportação |
| 3. Medidas de controle de preços | Fixação de preços mínimos<br>Monitoramento de preços de bens importados<br>Cobrança de direitos compensatórios/anti*dumping*<br>Acordos de restrições voluntárias de preços |
| 4. Exigências aplicáveis a importações específicas | Formalidades alfandegárias<br>Certificados de cumprimento de determinados padrões relativos à saúde, segurança, qualidade etc. |
| 5. Medidas internas | Impostos discriminatórios sobre consumo<br>Subsídios à produção doméstica<br>Facilidades creditícias<br>Concessões tributárias<br>Compras governamentais preferenciais |

*Fonte: Protecionismo dos países industrializados e suas implicações para a América Latina.* Maria do Perpétuo Socorro & Paulo Nogueira Batista Jr. Fundap/fev.1990.

caram[2]; 3) na indústria química, na automobilística, na eletrônica etc., os cinco maiores grupos de cada um desses setores detêm, muitas vezes, mais de 50% das vendas no mercado mundial (Tabela 3), o que demonstra que a concorrência em nível internacional vem se tornando, a passos largos, uma concorrência entre oligopólios, entre grandes grupos econômicos.

Por outro lado, é possível constatar que não pára de crescer a concentração de capital na indústria dos países desenvolvidos. As fusões de empresas estão se dando a uma grande velocidade (Tabela 4), ficando implícito que o porte delas será elemento indispensável na luta para se manterem competitivas. Mais do que nunca tamanho será documento.

Tabela 2 — A internacionalização da Indústria (1989)

| Empresas | País-sede | Total das vendas US$ | Vendas fora do país-sede (%) | Ativos fora do país-sede (%) |
|---|---|---|---|---|
| Nestlé | Suíça | 32.9 | 98,0 | 95,0 |
| Sandoz | Suíça | 8.6 | 96,0 | 94,0 |
| SKF | Suécia | 4.1 | 96,0 | 90,0 |
| Hoffmann-La Roche | Suíça | 6.7 | 96,0 | 60,0 |
| Philips | Holanda | 30.0 | 94,0 | 85,0 |
| ABB | Suécia | 20.6 | 85,0 | — |
| Electrolux | Suécia | 13.8 | 83,0 | 80,0 |
| Volvo | Suécia | 14.8 | 80,0 | 30,0 |
| ICI | Inglaterra | 22.1 | 78,0 | 50,0 |
| Michelin | França | 9.4 | 78,0 | — |
| Hoechst | Alemanha | 27.3 | 77,0 | — |
| Unilever | Inglaterra | 35.3 | 75,0 | 27,0 |
| Canon | Japão | 9.4 | 69,0 | 32,0 |
| Nort.Telecom | Canadá | 6.1 | 67,1 | 70,5 |
| Sony | Japão | 16.3 | 66,0 | — |
| Bayer | Alemanha | 25.8 | 65,4 | — |
| Basf | Alemanha | 13.3 | 65,0 | — |
| Gillette | Estados Unidos | 3.8 | 65,0 | 63,0 |
| Colgate | Estados Unidos | 5.0 | 64,0 | 47,0 |
| Honda | Japão | 26.4 | 63,0 | 25,7 |
| Daimler Benz | Alemanha | 45.5 | 61,0 | — |
| IBM | Estados Unidos | 62.7 | 59,0 | — |
| NCR | Estados Unidos | 6.0 | 58,9 | 40,5 |
| Coca-Cola | Estados Unidos | 9.0 | 54,0 | 45,0 |
| Digital | Estados Unidos | 12.7 | 54,0 | 44,0 |
| Dow Chemical | Estados Unidos | 17.6 | 54,0 | 45,0 |
| Saint-Gobain | França | 11.6 | 54,0 | 50,0 |
| Xerox | Estados Unidos | 12.4 | 54,0 | 51,8 |
| Caterpillar | Estados Unidos | 11.1 | 53,0 | — |
| Hewlett-Packard | Estados Unidos | 11.9 | 53,0 | 38,6 |
| Siemens | Alemanha | 36.3 | 51,0 | — |
| Corning | Estados Unidos | 3.1 | 50,0 | 45,0 |
| Johnson & Jonhson | Estados Unidos | 9.8 | 50,0 | 48,0 |
| Un. Tecnologies | Estados Unidos | 19.8 | 49,7 | 26,7 |
| Unisys | Estados Unidos | 10.1 | 49,0 | 31,0 |
| Merck | Estados Unidos | 6.0 | 47,0 | — |
| Nissan | Japão | 36.5 | 47,0 | 20,0 |
| 3M | Estados Unidos | 22.0 | 46,0 | 42,0 |
| Du Pont | Estados Unidos | 25.5 | 44,0 | 20,0 |

*Fonte: Business Week*, maio, 1990.

Tabela 3 — Peso relativo dos cinco primeiros grupos em cada um dos dezesseis setores entre os 500 primeiros grupos mundiais, em 1988.

(em US$ bi e em %)

| Setores | Faturamento médio por grupo (US$bi.) | Faturamento dos 5 primeiros no faturamento total do setor (%) | Peso do setor nos 500 (%) |
|---|---|---|---|
| Automobilístico | 20,8 | 54,7 | 15,4 |
| Const.Eletr. | 10,8 | 34,0 | 13,6 |
| Informática | 9,7 | 61,0 | 4,6 |
| Aeronáutica | 8,1 | 47,7 | 3,8 |
| Química | 7,9 | 30,4 | 10,1 |
| Pneumáticos | 6,6 | 87,0 | 1,1 |
| Siderurgia | 5,8 | 36,6 | 4,3 |
| Agro alimentício | 5,7 | 26,0 | 8,5 |
| Vidro | 5,7 | 91,6 | < |
| Alumínio | 5,6 | 47,1 | 2,4 |
| Mecânica | 5,1 | 38,8 | 3,8 |
| Farmacêutica | 4,6 | 35,6 | 2,4 |
| Têxtil | 3,3 | 60,0 | < |
| Cosméticos | 3,3 | 78,8 | < |
| Materiais de construção | 3,2 | 60,0 | < |

*Fonte: Fortune*, OSI.
*Les Cahiers Français*, out.-dez., 1989.

Tabela 4 — Concentração de capital na indústria dos países desenvolvidos (Estados Unidos)

| Ano | Número de transações (fusões) |
|---|---|
| 1984 | 1 477 |
| 1985 | 1 549 |
| 1986 | 2 870 |
| 1987 | 3 568 |
| 1988 | 3 665 |

*Fonte: IDD Information Service.*
*Les Cahiers Français*, out.-dez., 1989.

O novo paradigma pede concentração de capital, visto que a rápida evolução da tecnologia, conseqüência da Terceira Revolução Industrial, faz com que essa concentração seja indispensável para fazer face aos elevados investimentos em P&D.

Sobre esse ponto, é importante destacar o que disse recentemente o ministro da Economia de Taiwan: "Temos muito orgulho do que já foi realizado no plano econômico, graças, sobretudo, à pequena e média indústria. Mas essa estrutura tem que ser mudada. Ela simplesmente não permite que se aumentem os gastos com P&D. Nossos empresários ficam presos aos lucros rápidos e não planejam a longo prazo. Nossas companhias não têm, na verdade, capacidade financeira para investir a longo prazo. Afora uns poucos grupos, como o *Formosa Plastics*, as grandes companhias são do Estado. Põe-se então um dilema: ou seguir com a estrutura de pequenas e médias empresas, muito eficientes e rentáveis, mas sem capacidade investidora, ou encorajar a constituição de grandes companhias, capazes de dar prosseguimento ao impulso que o Estado pretende imprimir a indústrias julgadas estratégicas. Entre essas indústrias ressaltam-se a T1 e os semicondutores, a eletrônica de consumo, os novos materiais, as telecomunicações, a biotecnologia e a indústria farmacêutica. São todas indústrias muito intensivas em tecnologia e capital, e o governo tenciona investir nelas e na automação da indústria somas consideráveis. Nossa meta é elevar a 2% do PIB os gastos com P&D, na altura do ano 2000, escolhido para marcar a transformação de Taiwan em país industrializado".[3]

Grande parte do sucesso alcançado pelas indústrias japonesas e coreanas, em relação ao novo paradigma, tem a ver com a formação de conglomerados. Esses usam o seu poder econômico para conquistar mercados, fazendo, inclusive, com que seus segmentos mais lucrativos trabalhem, dentro de uma visão integrada e de longo prazo, em prol de outros segmentos, principalmente os ligados à tecnologia de ponta — transferem-se recursos de setores tradicionais para investimentos, por exemplo, em tecnologia nos setores de ponta. A tabela 5 e o gráfico 1 dão a exata dimensão do que são esses conglomerados.

Ainda como decorrência da globalização e da Terceira Revolução Industrial, deve-se levar em conta outro fato. Diferentemente do passado, em que o acesso à tecnologia foi de fundamental importância para o desenvolvimento industrial de alguns países em desenvolvimento — o Brasil deve em muito a sua industrialização à importação de tecnologia —, no presente, o acesso à tecnologia de ponta será extremamente difícil. Por que razões?

Tabela 5 — Exemplos de conglomerados na Coréia do Sul e em Taiwan.

| Conglomerados | Vendas US$ milhões | Lucros US$ milhões | Atividades principais |
|---|---|---|---|
| Samsung | 35 189 | 515 | Eletrônica, construção naval, seguros, comércio exterior |
| Daewoo | 19 981 | 115 | Eletrônica, construção civil, automobilística, equipamentos pesados. |
| Lucky-Goldstar | 19 964 | 285 | Eletrônica, química, comércio exterior, construção civil. |
| Ssangyong Group | 7 422 | 172 | Cimento, comércio exterior, refinaria de petróleo, construção civil. |
| Formosa Plastics | 6 613 | 425 | Plásticos, química, têxtil, madeira |

*Fonte: Fortune*, out. 1990.

Primeiramente, por razões ligadas à globalização: por que uma empresa transferiria tecnologia para outra, se pode exportar seus produtos diretamente para o mercado do potencial concorrente? Depois, pelo fato de as legislações dos países desenvolvidos e dos acordos multilaterais patrocinados por eles dificultarem — provavelmente dificultarão ainda mais — a transferência de tecnologia para os países em desenvolvimento.[4]

Seguindo esse comportamento, em relação à propriedade intelectual, regras com padrões elevados vêm sendo exigidos pelos países desenvolvidos em foros internacionais como o GATT e a OMPI. É a tentativa de universalizar os direitos. A intensão é evitar exemplos de *catchup*, como os realizados pelo Japão e por outros países da Ásia-Pacífico. A possibilidade de cópia fica reduzida, senão impossível. Decorre disso que a reforma do sistema internacional da propriedade intelectual, segundo estudo da OCDE, é fruto muito mais de um neomercantilismo na área da alta tecnologia, que tem a ciência e a tecnologia como armas na concorrência internacional, do que de

Gráfico 1

# GRUPOS INDUSTRIAIS:
## MITSUBISHI 1 000 COMPANHIAS

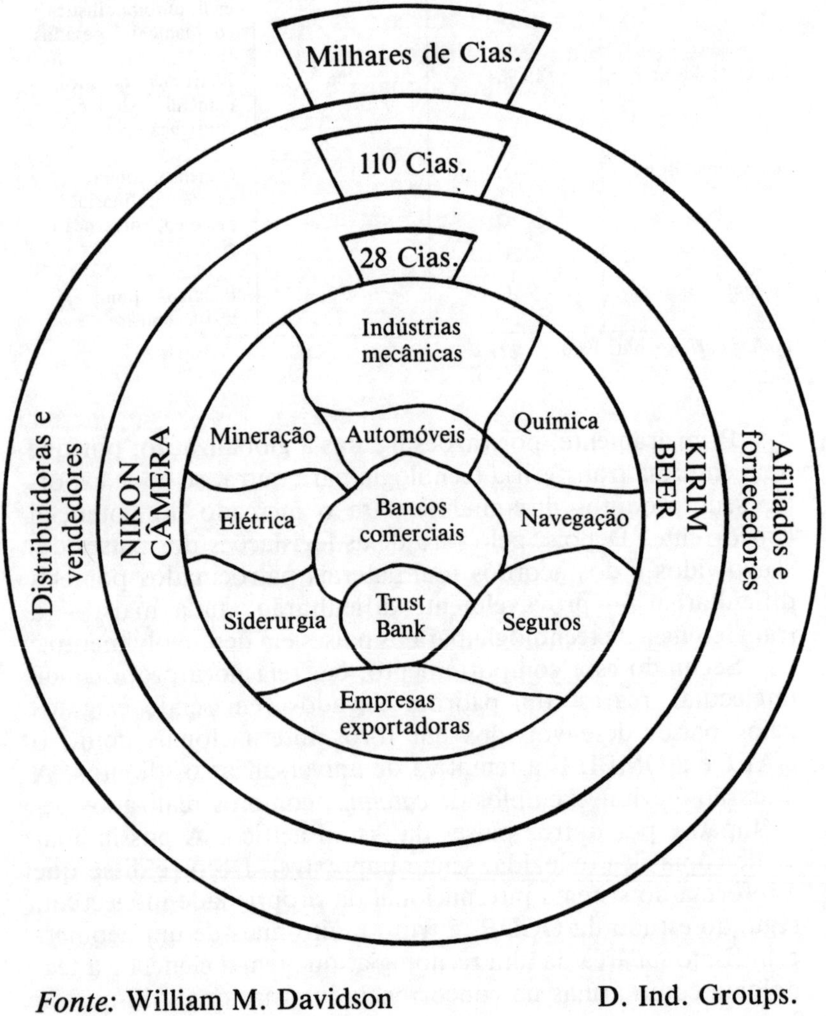


*Fonte:* William M. Davidson D. Ind. Groups.

uma iniciativa para compensar as perdas que as empresas inovadoras podem sofrer pela cópia de seus produtos e processos.

Diante do exposto, em função do novo paradigma, os aspectos básicos que formam o quadro da industrialização no mundo são: as economias nacionais passam a ficar mais expostas ao comércio internacional, ainda que lancem mão de instrumentos de proteção como fazem os países desenvolvidos, por meio de barreiras não-tarifárias; as empresas passam a agir em função do mercado global e não mais apenas em termos nacionais ou até mesmo regionais; a concentração de capital acontece para fazer face à concorrência e aos elevados gastos com P&D; as tecnologias de ponta passam a ser de difícil acesso, e a industrialização, pelas vias tradicionais da transferência de tecnologia, fica com isso descartada.

## FATORES QUE DETERMINAM AS VANTAGENS COMPARATIVAS DO NOVO PARADIGMA

Com a Terceira Revolução Industrial, o fordismo perdeu lugar e com ele todas as chances de se construir um país primeiro mundista com base em vantagens comparativas estáticas. Assim, por exemplo, mão-de-obra barata e disponibilidade de recursos naturais não terão mais o peso que tiveram no passado na definição das vantagens comparativas.

Como decorrência do novo paradigma, são outros fatores que ditam as vantagens comparativas: é o mercado, porque é a capacidade de compra e não a de produção que dita as trocas;[6] é o uso de recursos humanos qualificados em todos os níveis — a época de os trabalhadores usarem mais as mãos (paradigma fordista) que a cabeça está desaparecendo;[7] é a tecnologia, maneira pela qual sociedades dinâmicas se liberam das vantagens comparativas naturais.

Outros fatores são também importantes. É o caso do sistema financeiro. Ao fazer com que o custo de capital local seja mais baixo do que em outros países, ou pelo menos igual, cria-se, para as empresas nacionais, vantagem comparativa em relação às empresas concorrentes do exterior. Os investimentos em tecnologia, por exemplo, exigem prazos e condições de pagamento especiais, sem o que as empresas não têm como implementar projetos de desenvolvimento tecnológico.

É também o da infra-estrutura que, sendo boa e moderna, gera externalidades que contribuem para aumentar as vantagens locacionais. No novo paradigma, sem perder de vista os elementos que formam toda a infra-estrutura, especial atenção deve ser dada à infra-estrutura tecnológica.

Todos esses fatores, quando aproveitados em conjunto, produzem o que se chama de competitividade sistêmica. Quanto maior for a contribuição de cada um deles ao quadro das vantagens comparativas de determinado país, maior será a competitividade sistêmica deste em relação aos demais.

O Japão, a partir de 1950, para superar sua pobreza, seu atraso tecnológico, seu déficit em engenheiros e cientistas, fez pesados investimentos em recursos humanos, em tecnologia e em capital fixo.[8] "Cabe ressaltar que, em Taiwan e na Coréia do Sul, o Estado vem cuidando da formação da força de trabalho do tipo exigido pela indústria moderna. Somas consideráveis são continuamente investidas no aperfeiçoamento do sistema de ensino e na elevação das condições gerais de vida. O analfabetismo foi liquidado nesses países. O salário real e o nível educacional recebem atenção permanente, a fim de que a mão-de-obra possa compreender o esforço de industrialização em marcha e se sinta estimulada a contribuir para ele".[9]

O que se depreende desses fatos é que esses países, tendo se preocupado com os aspectos básicos que qualquer projeto de desenvolvimento deve observar — em outros termos, com os elementos que compõem a competitividade sistêmica, como a educação, por exemplo —, ficaram mais do que preparados para se defrontar com a realidade criada pelo novo paradigma.

Ao contrário, os países que não deram a devida importância a esses aspectos terão enorme dificuldade de participar da industrialização ditada pelo novo paradigma. Como nesse paradigma a mão-de-obra qualificada é fator determinante no processo de industrialização, o país que não tiver disponível ou não preparar essa mão-de-obra, a curto prazo, não terá como progredir nas indústrias de ponta ou acompanhar as tendências tecnológicas internacionais.

O caso brasileiro é bem sugestivo a esse respeito e mostra que, se não houver um esforço imediato para a reversão do quadro existente, a indústria nacional correrá o risco de ficar presa ao fordismo e, dessa forma, condenada a atuar apenas em setores de fraca evolução tecnológica.

Para reforçar a importância desses fatores na competitividade de uma economia, vale frisar que diferentes estudos sobre a economia dos Estados Unidos, ao se analisar aquele país frente ao novo paradigma, apontam várias causas para a perda da competitividade da indústria americana em relação à indústria japonesa. Entre elas, cabe destacar a educação — a deterioração do ensino básico — e o custo do capital para investimentos em capital fixo.[10]

Em suma, é indispensável o entendimento de que a competitividade sistêmica no novo paradigma tem uma importância muito maior do que teve no paradigma anterior. Então, como é possível imaginar que a indústria poderá ser competitiva no atual paradigma se os fatores analisados não forem preenchidos?

## O PAPEL DO ESTADO NO NOVO PARADIGMA

Os exemplos dos países desenvolvidos e os da Ásia-Pacífico mostram que o Estado está mais presente no apoio ao desenvolvimento da indústria do que normalmente se pensa e se fala. A sua presença é muitas vezes necessária, quando, por exemplo, as indústrias nascentes, para crescerem, precisam ser protegidas; quando segmentos da indústria deixam de ser, temporariamente, competitivos, e isso se aplica até mesmo em relação aos grandes grupos — a GM (maior empresa do mundo), a Ford e a Cryslier contam com a proteção do governo americano, por meio de cotas de importação, para não perderem mercado, mais ainda do que já perderam, para a indústria automobilística japonesa.

Em conseqüência das barreiras impostas à importação de carros japoneses, a indústria automobilística nipônica teve que passar a fabricar nos Estados Unidos para diminuir o impacto das barreiras não-tarifárias aplicadas pelo governo americano.

Na prática não há, necessariamente, conflitos entre o liberalismo e o papel que o Estado representa, como atestam as políticas postas em prática pelos países desenvolvidos. "O liberalismo não é uma doutrina antiEstado."[11]

Não é por acaso que nos países desenvolvidos o Estado atuou fortemente no apoio às suas indústrias, no final dos anos 70 e início da década de 80, como forma de reestruturálas para que pudessem responder às exigências do novo paradigma.

Sobre as ações dos Estados nas economias desenvolvidas, diz Bellon: "Paradoxalmente, essas ações são tanto mais numerosas quanto mais as economias são abertas. Os países que tradicionalmente têm comportamento mais liberal não ficam à margem do fenômeno, sejam os Estados Unidos, seja a Inglaterra ou a Alemanha. As políticas respondem naturalmente aos limites da *mão invisível* que regula os mercados. Mas elas vão além, influindo sobre a orientação e a intensidade do desenvolvimento".[12]

A tabela 6 sintetiza as políticas normalmente adotadas por esses e por outros países. Entre essas políticas — as barreiras não-tarifárias descritas na tabela 1 se constituem, de fato, num dos principais instrumentos de política industrial — cabe destaque, também, para a "política dos campeões".

Caracteriza-se essa política pela ação do Estado no apoio aos grandes grupos nacionais na disputa do mercado global. Baseia-se ela no fato de que a dinâmica da economia internacional será ditada por esses grandes grupos e que, portanto, as economias nacionais dependerão em grande parte do desempenho externo das suas empresas de maior porte.

Em países de industrialização tardia, o Estado tem de ter uma postura desenvolvimentista. "Entre os analistas do surto de desenvolvimento da Ásia-Pacífico nos últimos trinta anos, ganha ascendência, com efeito, o reconhecimento de que o motor do fenomenal desempenho dos NPI asiáticos foi o robustecimento, nesses países, de um tipo de Estado que se começa a chamar de Estado desenvolvimentista. Um Estado a meio caminho entre o Estado regulador da economia e o Estado com o comando da economia. Consolidado no Japão de pós-Segunda Guerra Mundial, o Estado desenvolvimentista apóia-se,

Tabela 6 — Exemplos de políticas industriais praticadas por alguns países

| |
|---|
| *França*<br>• Grandes projetos de tecnologia de ponta<br>• Apoio às empresas líderes: CII-HB, Renault, Thompson, CGC<br>• Grandes planos de reestruturação, siderurgia, indústria naval, bens de capital, têxtil |
| *Alemanha*<br>• Relações Estado-bancos-empresas bem estruturadas<br>• Política de normalização ofensiva e defensiva<br>• Intervenções de diversos tipos dos Estados federados<br>• Organização meticulosa da política de P&D |
| *Estados Unidos*<br>• Orçamento militar enorme<br>• Intervenção de diversos tipos dos Estados federados<br>• Papel das universidades como promotoras de centros de excelência<br>• Peso dos auxílios indiretos (fiscais e regulamentares) |
| *Japão*<br>• Debate permanente sobre política industrial<br>• Intervenções sistemáticas do MITI<br>• Mercado interno fortemente protegido e forte concorrência interna entre as empresas japonesas |
| *Coréia do Sul*<br>• Grande aparato de auxílio às exportações<br>• Apoio às empresas líderes, aos *chasbols*<br>• Forte política de auxílio à C&T, com destaque para a educação<br>• Mercado interno fortemente protegido |

*Fonte: Les Cahiers Français*, out.-dez.1989.

como o Estado regulador, nas exigências do mercado... *o Estado desenvolvimentista tem um projeto: a industrialização nacional. Embora agindo para o mercado e pelo mercado, a racionalidade última, a que obedece o Estado desenvolvimentista, é a do projeto nacional.*''[13]

Na Ásia-Pacífico, ''o Estado, inteligentemente, protegeu indústrias nascentes, mas sempre com o objetivo de, logo que possível, entregar essas indústrias, quanto mais robustas, ao jogo do mercado''.[14] ''O Estado derramou favores e incentivos sobre uns quantos grupos empresariais, mas sabendo ao mesmo tempo discipliná-los no sentido do projeto nacional. A continuidade das boas graças governamentais era função do bom desempenho técnico das tarefas recebidas e do cumprimento rigoroso dos prazos. Assim foi o surgimento dos *chaebols* surgidos nos anos 80 como instrumentos eficazes da guinada sul-coreana para as novas tecnologias''.[15]

Num país de industrialização tardia, o Estado desenvolvimentista ou o Estado promotor[16] se preocupa, constantemente, com a identificação de "janelas de oportunidade". Nos NPI asiáticos, desde a guinada no sentido das novas tecnologias, a tecnologia da informação deixou de ser tratada como área técnica a cargo de especialistas, olhada pelo governo como um setor a mais da economia nacional — para se transformar gradualmente na própria essência da modernização".[15]

Mas um Estado desenvolvimentista, que procura concretizar um projeto nacional, não pode desprezar aspectos que são básicos ao desenvolvimento, que são fatores determinantes da competitividade no novo paradigma. Para fazer face a esse paradigma, isso significa dar atenção, por exemplo, à educação e ao fortalecimento do mercado interno.

"De um modo geral, a ascensão da Coréia do Sul a NPI tem muita semelhança com o processo correspondente no Brasil. Na prática histórica, porém, importantes diferenças são localizáveis. A Coréia do Sul realizou na abertura dos anos 50 a reforma agrária, com benéficos efeitos de modernização e ampliação do mercado interno. Aplicou aquele país uma efetiva política de formação de recursos humanos, inclusive com melhor distribuição de rendas do que no Brasil."[18]

Concluindo, não há a menor possibilidade de países como o Brasil participarem da industrialização ditada pelo novo paradigma se o Estado estiver despido do espírito desenvolvimentista.

## O PROJETO DE DESENVOLVIMENTO INDUSTRIAL DOS ANOS 90: O CASO BRASILEIRO

### O modelo de substituição de importações e o antigo paradigma

O processo de industrialização brasileira, no pós-guerra, se deu em função da adoção do famoso modelo de substituição de importações. Enquanto teve fôlego, até o final dos anos 70, ele foi responsável por mudanças profundas na economia do país. Foi graças a esse modelo que se alcançaram taxas de crescimento, de 1950 a 1980, que nenhum outro país atingiu, à exceção do Japão.

As premissas do modelo de substituição de importações foram montadas a partir do fato de que um país periférico, para almejar seu desenvolvimento, não conta com outra alternativa senão a de atuar nas lacunas do sistema econômico internacional.

Com efeito, o sistema internacional, montado ao final da Segunda Grande Guerra, a partir de Bretton Woods, gerou, com a criação do GATT, normas de comércio que, obviamente, favoreciam mais os países desenvolvidos. Aos países em desenvolvimento restariam poucas alternativas, entre as quais o modelo de substituição de importações, que acabou se transformando no elemento motor da industrialização brasileira. Ele aproveitou a criação das "janelas de oportunidade" para a concretização dessa industrialização; melhor dizendo: as "janelas de oportunidade" foram a própria industrialização.

Se para o sistema internacional a dinâmica de suas principais economias dependeria em parte do incremento do comércio internacional, para países como o Brasil era fazendo justamente o inverso, isto é, fechando as suas fronteiras, que se poderia buscar o desenvolvimento industrial. Essa era a lógica do modelo de substituição de importações.

As "janelas de oportunidade' geradas por esse modelo viriam com os investimentos das empresas nacionais, por meio da importação de tecnologia e pelos investimentos diretos estrangeiros. É importante destacar o aspecto de o comércio de tecnologia não ter sido alcançado pelas regras desenhadas em Bretton Woods, o que permitiu o surgimento de muitas empresas industriais de capital nacional e o fortalecimento de outras então existentes. Cabe enfatizar que, naquele momento, o fechamento do mercado interno favoreceu a transferência de tecnologia para as empresas nacionais, pois as empresas estrangeiras que optaram por não investir no país tornaram-se potências fornecedoras ou licendiadoras de tecnologia.

Por outro lado, não se pode deixar de mencionar que, na época, não estava em curso nenhuma mudança de paradigma tecnológico. As tecnologias por certo continuavam evoluindo, mas sem provocarem grandes arranhões na base produtiva — o fordismo atingira o seu auge —, além de apresentarem uma oferta razoavelmente diversificada, aspecto que também favoreceu a transferência de tecnologia para o país.

Mas o modelo de substituição de importações caminhou para o esgotamento, tornando-se insuficiente para dar continuidade ao desenvolvimento da indústria brasileira.

Com o tempo, com as mudanças que vinham ocorrendo na economia internacional, a própria lógica do modelo de substituição de importações ficou comprometida. Eram mudanças nas regras do jogo que começaram a ganhar corpo com o novo paradigma puxado, como visto, pela globalização e pela Terceira Revolução Industrial.

O isolamento das economias nacionais, como forma de gerar desenvolvimento, foi ultrapassado pelos acontecimentos, uma vez que nascia com o novo paradigma um novo padrão de industrialização e de concorrência — a concorrência passou a ser, predominantemente, entre oligopólios no mercado mundial. Mas nem todos os resultados do período de substituição de importações foram positivos. Alguns deles foram decepcionantes, ainda que não sejam conseqüência de adoção do modelo, mas do quadro político-institucional que o cercava.

Com efeito, ao final do modelo de substituição de importações o país apresentava índices, principalmente na área social — a educação e a má distribuição de renda são fortes exemplos disso —, que se constituem hoje nos principais obstáculos à elaboração de projeto de industrialização baseado num novo paradigma.

## O novo paradigma e a estratégia de industrialização dos anos 90

A industrialização brasileira nos anos 90 necessitará estar calcada em um projeto de desenvolvimento. Isso será necessário, tendo em vista serem muitas e ao mesmo tempo abrangentes as áreas que a industrialização, com base no novo paradigma, exige que sejam consideradas.

De fato, são poucas as chances de uma política industrial isolada dar certo, uma vez que a industrialização dos anos 90 precisará contar com a implementação de projetos em áreas que escapam ao escopo de uma política industrial. Afinal, não há a menor possibilidade de participação no novo paradigma, sem que, por exemplo, os graves problemas da educação do país estejam solucionados, de maneira a atender ao nível de qualificação da mão-de-obra requerido pela Terceira Revolução Industrial. Da mesma forma, a participação do país no novo paradigma pede um melhor perfil de distribuição de renda, como condição, inclusive, para fortalecer as empresas nacionais na concorrência com os grandes grupos internacionais.

Um Estado desenvolvimentista trabalharia no sentido de unir esses e outros pontos por meio do referido projeto. Esse, é claro, serviria para afirmar, com toda ênfase, o interesse do país em alcançar estágios mais avançados de desenvolvimento industrial de "brigar", por exemplo, pelos setores ligados à Terceira Revolução Industrial.

Apresentam-se, abaixo, os principais pontos básicos que devem compor esse projeto para a abertura das novas "janelas de oportunidade". Se no novo paradigma a concorrência é ditada pelos grandes grupos econômicos sem, por exemplo, a constituição de grandes grupos nacionais ou o apoio aos existentes, será muito difícil abrir novas "janelas de oportunidade".

Vale acrescentar que a descrição desses pontos mostra que é perfeitamente possível passar para o novo paradigma, realizando reformas estruturais, sem colocar em risco o parque industrial instalado. A preservação desse parque é mais do que necessária, pois uma extensa base de emprego e de renda é condição indispensável para se alcançar o próximo milênio com uma indústria competitiva internacionalmente — fica mais fácil participar do processo de globalização quando se tem por trás uma economia interna que proporcione ganhos de escala às empresas nacionais.

São pontos do projeto:

- *Aumento da competitividade sistêmica* — Não há a mínima condição de se ter uma indústria competitiva sem que se promovam todos os aspectos ligados à competitividade sistêmica reclamados pelo novo paradigma.

Vale reafirmar que a educação e a distribuição de renda, aspectos esquecidos pelo padrão de desenvolvimento anterior, não poderão ser mais desconsiderados. Se continuarem a ser, de acordo com o que já foi assinalado, o país não terá como participar do padrão de industrialização exigido pelo novo paradigma.

Por outro lado o novo paradigma por, demandar grandes volumes de curto prazo e de crescimento com conquista de fatias do mercado mundial a longo prazo, requer um sistema que estimule a poupança e os investimentos produtivos, um mercado de capitais que possa ofertar recursos às empresas nacionais em condições semelhantes às encontradas por suas concorrentes estrangeiras no mercado internacional.

Diante disso, fica claro que o Estado tem de recuperar a sua capacidade de investimento. Sem a sua recuperação financeira, as taxas de juros se manterão em patamares elevados. Por outro lado, a recuperação financeira do Estado é essencial por ser inimaginável resolver os problemas de infra-estrutura econômica, social e tecnológica sem a sua participação. O não-equacionamento das formas de capitalização e de financiamento das empresas adia indefinidamente a realização de projeto voltado para o novo paradigma.

É pelos aspectos que formam a competitividade sistêmica que se pode ver que os problemas ligados à competitividade da indústria nacional para serem resolvidos dependerão de projeto que ultrapasse em muito os limites de uma política industrial. Sem dúvida, esta isoladamente, ainda que bem formulada, não será suficiente para elevar a competitividade da indústria nacional.

- *A inserção internacional da indústria* — Nenhum país fez ou vem promovendo a inserção internacional de sua indústria pela abertura abrupta e acelerada do seu mercado interno. No caso brasileiro, uma maior abertura da economia será, como visto, inevitável. Ela é até desejável, em casos como o da redução dos índices exagerados de nacionalização. Porém, não há necessidade de expor a indústria nacional a uma concorrência predatória, pela abertura açodada da economia — de acordo com a situação descrita na tabela 3, com raras exceções, a indústria nacional não teria como concorrer com os fortes oligopólios estrangeiros.

Se a abertura é inevitável, por força das novas regras internacionais de comércio, que seja feita de maneira cautelosa. É recomendável para uma economia que viveu por muito tempo fechada o uso de uma taxa de câmbio elevada[19], combinada com tarifas aduaneiras também elevadas. Essas últimas são necessárias, pois o país não tem prática tarifária — só com o tempo será possível determinar o nível ideal delas.

Quando necessário, em relação às importações, bastará seguir, em princípio, as práticas adotadas pelos países desenvolvidos (cotas, restrições voluntárias etc.). É preciso ter sempre presente que as tarifas aduaneiras não são o principal instrumento de proteção às indústrias dos países desenvolvidos.

Se a questão é elevar o nível de eficiência da indústria nacional, e a inserção é o melhor caminho para esse efeito, por que não seguir a experiência dos países da Ásia-Pacífico? Assim, por que não dar prioridade na inserção à conquista do mercado externo — afinal, o país tem apenas algo como 1% das exportações mundiais de manufaturados, sem falar que, praticamente, não tem investimentos no exterior — e forçar o aumento da eficiência interna por meio de políticas como a de financiamento — pelo sistema BNDES, por exemplo — que privilegie projetos que dêem ênfase à qualidade e à produtividade — a condição para se habilitarem aos financiamentos seria a de submeterem a essas entidades de fomento programas de melhoria da qualidade e da produtividade.

Para uma maior inserção da indústria brasileira na economia mundial seriam indispensáveis ainda algumas das seguintes políticas, entre outras:

— política de concentração de capital via fusões e, também, pela formação de conglomerados;
— "política dos campeões", a ser realizada por uma intensa interação entre o Governo e as empresas com poten-

cial de participação no processo de globalização da economia. Assim, aquelas empresas que pudessem progredir na disputa do mercado global contariam com o apoio do Governo que deveria dispor de programa para essa finalidade (programa de internacionalização das empresas?).

- *Combate às práticas de abuso do poder econômico* — Se o aumento do grau de concentração de capital, por um lado, é necessário para fazer face ao padrão de concorrência ditado pelo novo paradigma, por outro é imprescindível que a economia disponha de instrumentos que regulem a ação dos oligopólios ou monopólios, internos e externos.
Legislações de defesa do consumidor, antitruste e anti*dumping* — com a inserção internacional, essa última passa a ser obrigatória — devem ser concebidas dentro de uma visão moderna, compatível com as exigências do novo paradigma. Não se trata, então, de ser contra a formação dos oligopólios, mas sim de se criarem regras de combate às práticas de abuso do poder econômico, tal como fazem os países desenvolvidos. Garantias quanto a preços e qualidade dos produtos são asseguradas, por certo, pela concorrência, mas também por boas regras de defesa do consumidor, antitruste e anti*dumping*.

- *Estratégias de acesso à tecnologia* — Investir em tecnologia será mais do que necessário para as empresas nacionais poderem concorrer dentro do novo paradigma. Mas não será suficiente.
É preciso achar caminhos de acesso às tecnologias, pois, ainda que o país venha investir, em termos relativos, o mesmo que os países desenvolvidos, o valor absoluto dos gastos será muito pequeno quando comparado com o que aqueles países gastam. Estratégias são, assim, indispensáveis.
Aqui também os exemplos de outros países devem ser considerados. Entre eles, vale destacar a compra de pequenas empresas americanas de alta tecnologia — é o que os "Tigres Asiáticos" vêm fazendo, comprando pequenas empresas, principalmente na área de informática — a associação de-

empresas concorrentes para o desenvolvimento conjunto de tecnologia e a realização de pesquisas no exterior em locais tidos como centros mundiais especializados em determinadas áreas tecnológicas.

"A empresa sul-coreana *Lucky-Goldstar*, por exemplo, está trabalhando em projetos de desenvolvimento tecnológico com a Siemens (equipamentos de telecomunicações), com a Honeywell (sistemas de controle industrial) e com a Hitachi (comunicações por cabo).[20]

O patrocínio de projetos estratégicos semelhantes a esses é tarefa de um Estado desenvolvimentista. Sem eles, o acesso à tecnologia de ponta só será possível a um custo muito elevado.

- *Desenvolvimento integrado envolvendo os setores de tecnologia de ponta* — Os países identificados com o novo paradigma não abrem mão dos setores considerados chave no processo de industrialização em curso na economia internacional. Entre esses setores estão sempre os de tecnologia de ponta, pois são os que dão maior poder de concorrência e os que garantem a vantagem desses países sobre os demais.

Para participar do padrão de industrialização ligado ao novo paradigma o país terá que atuar nos setores de tecnologia de ponta por meio de políticas específicas, de espírito desenvolvimentista. A política de informática, por exemplo, porque apresentava erros, não pode ser substituída por uma política de tábula rasa.

Por outro lado, não se pode desconsiderar que determinados segmentos das indústrias ligadas à Terceira Revolução Industrial só têm condições de se viabilizar na medida em que certas indústrias tradicionais são usadas, inclusive como mercado para os seus produtos. Quanto maior for esse mercado, maiores as possibilidades de sucesso na implantação da indústria de ponta. Portanto, no projeto de desenvolvimento, a modernização e a expansão das indústrias tradicionais deve acontecer dentro de uma visão integrada, de uma clara preocupação com a formação e a consolidação das indústrias de ponta. Não há como manter a visão exclusiva, em separado, do aumento da competitividade de cada tipo de indústria.

Alguns exemplos mostram que a expansão de certos setores tradicionais da indústria, em escala mundial, é de grande valia para o crescimento e o amadurecimento dos setores de tecnologia "de ponta".
Assim é que se observa que a indústria automobilística, por exemplo, é apoiada por esses países, pelo fato também de ela representar um grande mercado para os produtos da informática e da microeletrônica, seja no nível do processo produtivo (CAD e CAM), seja no uso em seus produtos de componentes (eletrônica embarcada, por exemplo) e para os produtos ligados aos novos materiais como plásticos, alumínio e cerâmica.[21] No caso brasileiro, que setore(s) poderia(m) desempenhar esse papel?

Esses cinco pontos são básicos num projeto de desenvolvimento preocupado em fazer com que a indústria nacional evolua dentro do novo paradigma. O que se pode constatar, quando se discutem esses pontos, é quanto o país está ainda longe de tal projeto. Tal acontece porque um projeto nacional pede um Estado com perfil desenvolvimentista, e isso, por ora, ainda não se tem.

# Notas bibliográficas

1. Maria do Socorro e Paulo Nogueira Batista Jr. ''Protecionismo dos países industrializados e suas implicações para a América Latina''. Fevereiro de 1990, p. 5.
2. Guy Crespy. ''Mondialisation des grands groupes industriels et difusion de la technologie''. Novembro de 1990, p. 3, mimeo.
3. Amaury Porto de Oliveira. ''As estratégias utilizadas pelos NPI da Ásia-Pacífico para o desenvolvimento tecnológico''. Novembro de 1990, p. 14, mimeo.
4. Mauro Arruda. ''E agora, qual é o modelo?''. Junho de 1990, p. 4, mimeo.
5. Carlos Correa. ''Las nuevas reglas del GATT y de la OMPI y sus consequencias para el comércio de tecnologia''. Novembro de 1990, p. 2, mimeo.
6. Guy Crespy ''*Marché unique, marché multiple*''. Observatoire des Stratégies Industrielles Económica, 1990, p. 13.
7. Congress of the United States — Office of Technology Assessment ''Making things better'', 1990, p. 3.
8. *Making things better*, op. cit., p. 9.
9. Amaury Porto de Oliveira, op. cit., p. 6.
10. *Making things better*, op. cit., p. 8.
11. José Guilherme Merquior. *Jornal do Brasil:* entrevista publicada em 16/12/90.
12. Gertrand Bellon. ''Les politiques industrielles dans le pays de l'OCDE''. Stratégies Industrielles Mondiales. *Les Cahiers Français.* Dezembro de 1989, p. 40.
13. Amaury Porto de Oliveira, op. cit., p. 5.
14. José Guilherme Merquior, entrevista citada.
15. Amaury Porto de Oliveira, op. cit., p. 11.

16. Conceito empregado por José Guilherme Merquior na referida entrevista.
17. Amaury Porto de Oliveira, op. cit., p. 8.
18. Amaury Porto de Oliveira, op. cit.
19. CEPAL. "La transformación productiva con equidad", 1990, p. 16.
20. *Fortune*. "Asia, megamarket of the 1990s", p. 30, 1990.
21. Yannis Karmokolias. "Automotive industry trends and prospects for investment in developing countries". Banco Mundial, 1990, p. 14.

# 11. A necessidade de acompanhar uma fronteira de produtividade em movimento rápido

*Cláudio Z. Fristchak**

Meu ponto de partida é uma simples constatação. Enquanto economia industrial, o fato marcante desses últimos tempos são as dificuldades crescentes para nos mantermos internacionalmente competitivos nos segmentos tecnologicamente mais sofisticados. Se até o final da década de 70 nos encontrávamos próximos de outros países em industrialização, seja em termos de estratégia perseguida, seja em termos competitivos propriamente ditos, na década seguinte resvalamos para trás. Não que não houvesse esforços de atualização tecnológica e de conquistas de novos mercados; o fato, porém, é que esses esforços não foram suficientes para acompanhar uma fronteira de produtividade que se move rapidamente.

O Brasil iniciou a década de 80 com uma necessidade objetiva de transitar para uma economia mais estável, aberta e competitiva e menos regulada. Necessitávamos de um governo legítimo que pudesse mobilizar a Nação para os desafios de uma economia mundial cada vez mais globalizada, em que políticas de substituição de importações a qualquer custo faziam cada vez menos sentido e em que o movimento da fronteira tecnológica se acelerava e o conhecimento e o preparo intelectual dos trabalhadores (e não necessariamente baixos salários) se tornavam fator maior de competitividade, junto com flexibilidade empresarial, mobilidade de recursos e respostas rápidas.

---

* Economista sênior do Banco Mundial.

A década não seria perdida se houvesse determinação em ajustar estruturalmente a economia e o Estado. Ao seu início, já era imprescindível um esforço de reequilíbrio fiscal, uma política monetária consistente com tal esforço e uma política cambial que desse suporte a uma abertura da economia, que gerasse um aumento do volume global e nos fluxos dos diversos componentes de comércio em bens e serviços. Igualmente crítica era a mobilização doméstica de recursos para se investir inteligente e maciçamente em educação e treinamento e a confluência dos esforços de melhoria de qualidade de vida e de produtividade.

A visão limitada de nossas elites, os interesses cartoriais de amplos setores cujos interesses imediatos se resumiam ao *status quo* e uma abordagem curto prazista de política econômica que perdurou quase uma década impediram a implementação de uma nova estratégia. Ao se adiar o ajustamento e ao não se fazer a transição para um novo padrão produtivo e modo de inserção na economia mundial, aumentaram-se desmesuradamente os custos associados ao ajuste, à reforma do Estado e à reformulação de políticas industriais e de comércio exterior.

Neste início dos anos 90, temos menos graus de liberdade, e mudanças se impõem sob a luz de uma crise que já dura uma década. Há um crescente consenso em torno da noção de que o modo de desenvolvimento que se perseguia e a estrutura de incentivos econômicos utilizada se desatualizaram. Crê-se que a sobrevivência de nossa indústria se liga à conquista de competitividade internacional; nem todos estão cientes, contudo, do esforço de mobilização de recursos que isso envolve, nem das dificuldades e os custos associados à transição. Se resiste, particularmente, à necessidade de reestruturação competitiva, em que inúmeros segmentos estarão fadados a ver reduzida sua importância e, no limite, a desaparecer. Por fim, ainda que se fale em cooperação governo-iniciativa privada, não se tem claro como levar adiante tal relacionamento sem vê-lo reduzido a uma "ação entre amigos", privilegiando-se e reforçando o poder de mercado de empresas já dominantes.

É importante desde já esclarecer que, do meu ponto de vista, os atuais objetivos das políticas industriais e de comércio exterior estão basicamente corretos; há, porém, problemas não triviais de coordenação com a política macroeconômica: de desenho institucional de uma política de competição e sua integração com um processo de reestruturação industrial; de elaboração de programas específicos de modernização industrial com base no desenvolvimento tecnológico e de recursos humanos; e de implementação do processo de reforma regulamentária. Essas dificuldades têm caráter tanto conceitual quanto prático; está faltando capacidade de projetar uma visão do que será nossa indústria na virada do século, assim como há dificuldades bem menos reduzidas em termos de exigüidade de quadros para detalhamento de políticas, instrumentos e arranjos institucionais.

Comecemos pela questão mais genérica: que visão estratégica deve-se projetar para a indústria brasileira ao final da presente década? Primeira, uma indústria que se irá apoiar em medida substancialmente superior à atual tanto em exportações (do produto final) quanto importações (dos insumos que utiliza). Esse é o sentido exato e a implicação mais forte da noção de uma economia mais aberta. Conseqüentemente, vislumbra-se um padrão produtivo caracterizado por maior grau de especialização intraindustrial. Uma maior especialização é condição necessária para o desenvolvimento tecnológico do parque industrial. Do ponto de vista do produto, leva à sua atualização via melhoria da qualidade dos insumos; do ponto de vista do processo produtivo, possibilita a modernização tanto pelo acesso a bens de capital com combinações preço/desempenho superiores, quanto pelos recursos gerados pelas escalas normalmente associadas a graus maiores de abertura exportadora.

Segundo, em que devemos nos especializar? O Brasil tem vantagens comparativas herdadas que são significativas; devemos aproveitá-las, seja pelo desenvolvimento da agroindústria e do processamento químico-mineral, seja pela utilização intensiva de mão-de-obra não-especializada. A essas vantagens comparativas "naturais" normalmente se associa a produção de bens padronizados, os chamados *commodities*. Não cabe, no entanto, projetar para o final da década uma indústria centrada na produção de tais bens, pois uma combinação de competição e protecionismo crescentes diminui a probabilidade de que esse seja um padrão produtivo sustentável. Deve-se, portanto, ampliar nossos horizontes produtivos através da criação de vantagens comparativas que gradativamente mudem a base competitiva de nossa indústria, no sentido de produção de *specialties*, ou seja, produtos de maior valor, e que têm.por alvos mercados específicos. Não se pode nem se deve determinar *a priori* que produtos seriam esses; o leque, afinal de contas, é amplíssimo — desde filé de frango de corte especial a terminais financeiros sofisticados. O que há de comum, contudo, é que a produção de *specialties* geralmente se baseia no conhecimento especializado do operário, técnico, engenheiro, cientista ou gerente, que o aplicam na produção, no desempenho de produtos ou sistemas, no marketing, na distribuição ou ainda na assistência pós-venda.

É, portanto, através de investimento na melhoria dos níveis de educação e conhecimento da nossa população que faremos a transição progressiva para um novo padrão de produção, compatível com as possibilidades de uma economia industrial razoavelmente madura, que pretenda conquistar maiores espaços na economia mundial. No caso do Brasil, é impossível se dar ênfase suficiente à importância do investimento em formação e aperfeiçoamento de recursos humanos. Nesse sentido, ao se projetar onde deveríamos nos situar na virada da década, o "como" se especializar — isto é, de que modo estabelecer as bases de futura competitividade de nossa indústria — é provavelmente mais importante do que definir "em que" se especializar.

Quando se fala em projeção estratégica, pensa-se no longo prazo, num futuro um tanto quanto longínquo. Na realidade, há uma consideração de curto prazo que vem a ser crítica para o desenvolvimento industrial: a *estabilidade macroeconômica*. É importante enfatizar a crescente importância de um ambiente menos turbulento para o investimento, dada a rápida expansão de alternativas atraentes e seguras nos três grandes blocos econômicos do sudoeste da Ásia, da Europa e da

América do Norte. Inversamente, o investimento em ambientes instáveis como o nosso tem requerido retornos crescentes e a prazos cada vez menores.

As dificuldades macroeconômicas não têm apenas conseqüências sobre a indústria, mas também se ligam intimamente ao padrão de competição que aí prevalece. O custo do ajuste macroeconômico em curso, ou seja, a duração do processo recessivo e a perda de produto potencial não refletem apenas a severidade das políticas monetária e fiscal ou seu descompasso (isto é, uma política monetária relativamente mais rigorosa compensando inconsistências no campo fiscal); tal custo também é diretamente proporcional ao grau de rigidez dos preços praticados. Afinal de contas, *ao não se ajustarem os preços, ajustam-se as quantidades.*

Vivemos numa economia em que amplos setores se caracterizam por níveis incipientes de competição, em que empresas líderes exercem de modo sistemático seu poder de mercado, antecipando a inflação futura, defendendo margens e ajustando volumes de produção à queda de demanda. Flexibilidade estrutural (em termos de entrada de novos atores no mercado e saída dos menos eficientes) e aumento substancial do grau de competição são condições complementares do ajuste em curso. Na medida em que aumenta a competição em preços, os custos do ajuste são menores, mais bem distribuídos e se tornam mais suportáveis.

Uma *política de competição* é um elemento crítico não só do ajuste macroeconômico em curso, mas também do processo de modernização industrial. Tal política estabeleceria os parâmetros básicos de comportamento de mercado e a estrutura correspondente de incentivos. Teria um componente "passivo", baseado não apenas na reforma de comércio exterior, mas também na reforma regulamentária, na remoção de barreiras à entrada e à saída de atores do mercado, na "limpeza" sistemática de arranjos institucionais, políticas e práticas herdadas do passado, que ainda hoje privilegiam empresas dominantes à custa de novos produtores. O processo em curso de remoção de barreiras anticompetitivas deve ser acelerado, tendo-se em vista que continuamente subestimamos as dimensões reais de tais barreiras. Enfim, pode-se afirmar que há ainda muito o que fazer em termos de remoção de privilégios fiscais, financeiros e regulatórios, mesmo que não se conheçam os contornos precisos de tais obstáculos à modernização.

Uma política de competição passiva não é, contudo, suficiente para introduzir dinamismo competitivo no mercado. As regras de jogo vigentes, não-escritas, mas bem entendidas pelos atores (e há até bem pouco aceitas, senão consentidas abertamente), geraram práticas não-competitivas arraigadas. Fixação de preços, divisão de mercados, coordenação de políticas de venda e outras práticas restritivas são comuns na nossa economia. A necessidade de mecanismos que coíbam tais práticas é hoje ponto pacífico. Por outro lado, a competição das importações, apesar de sua importância potencial, continuará limitada por diversas barreiras (tais como falta de financiamento, canais de distribuição, assistência pós-venda). Há necessidade, portanto, de uma política de competição "ativa" (ou antitruste).

A dificuldade de se levar adiante tal política reside na sua implementação, pelo pequeno número de quadros com conhecimento suficiente para estabelecer instrumentos adequados e gerar ações administrativas eficazes. A experiência de outros países sugere que se focalize inicialmente em barreiras estruturais à competição (submetendo a detalhado escrutínio, por exemplo, fusões e incorporações em mercados já altamente concentrados) e em práticas mais danosas que são *de per si* ilegais na maioria dos países (como fixação de preços).

O aumento do grau de competição implica um processo de "destruição criadora" de natureza schumpteriana. Isso cria uma dificuldade infinitamente maior para que uma política de competição seja aceita. Se a entrada de novos atores gera uma turbulência competitiva e, logo, resistência de produtores já estabelecidos, a saída desses, quando em larga escala e concentrada no tempo, requer uma *política de reestruturação industrial.* Aqui, ainda engatinhamos. Dada a distância crescente entre a fronteira internacional de eficiência e o nível médio de produtividade de nossas empresas, não serão pequenas as necessidades de reestruturação industrial nos próximos anos.

Não se deve subestimar as dificuldades inerentes a tal processo. Em países onde a reestruturação industrial foi bem-sucedida, ela foi acompanhada de programas maciços de retreinamento e da presença de redes relativamente densas de seguridade social. Além da ênfase em mobilidade e melhoria de qualidade da força de trabalho, processos de reestruturação tiveram por base o estímulo ao investimento em novas áreas, a formação de novas empresas, inclusive *spin-offs* de empresas maduras ou em declínio, a realocação, enfim, de recursos entre setores. A chave, portanto, de um processo de reestruturação bem-sucedido é a criação de condições que facilitem a mobilidade de recursos. Inversamente, políticas e arranjos institucionais que bloqueiam tal processo não apenas não se sustentam a médio prazo, como também aumentarão os custos reais de reestruturação, quando esta não puder mais ser adiada.

A modernização industrial requer mais do que estabilidade macroeconômica e, ainda que fundamentais, políticas e mecanismos que estimulem a competição e facilitem a reestruturação industrial, particularmente ao removerem barreiras à mobilidade e à mudança estrutural na economia, não são *de per si* suficientes. Uma *política de desenvolvimento tecnológico industrial* que amplie a oferta de recursos e serviços tecnológicos é imprescindível. Nesse sentido, é fundamental que as decisões referentes à obtenção da tecnologia seja de responsabilidade da empresa; a ela cabe decidir como se atualizar tecnologicamente, com que parceiro, em que condições e com que objetivos. Deve-se partir do pressuposto de que nossos produtores já atingiram razoável grau de maturidade e sofisticação. Ao governo caberia facilitar o acesso à tecnologia, simplificando procedimentos, removendo barreiras à importação e garantindo que suas instituições de pesquisa, desenvolvimento, informação tecnológica e financiamento à inovação respondam efetivamente às necessidades da indústria.

A conquista da competitividade deve ser fruto, em última instância, de esforço de mobilização nacional no sentido do aumento de produtividade, da melhoria de qualidade e da introdução de métodos gerenciais mais modernos. Em outros países, a contemporaneidade industrial está sendo acompanhada de uma organização do trabalho menos hierarquizada, na qual trabalhadores detêm níveis crescentes de responsabilidade, correspondendo a investimentos privados e públicos cada vez maiores em educação e treinamento. *Não há desenvolvimento tecnológico sem melhoria contínua da qualidade dos recursos humanos.* Não há desenvolvimento sustentável sem aumento contínuo do conhecimento e sua aplicação na produção. Não são pequenos os desafios que o Brasil enfrenta nesse início de década; só um esforço conjunto da Nação em torno de um projeto nacional de desenvolvimento com eqüidade, com base numa economia estável, aberta e competitiva, possibilitará que se transite para a modernidade.

# 12. A fragilidade da proposta neoliberal em face do anacronismo da estrutura empresarial brasileira

*Luciano Coutinho**

## POLÍTICA INDUSTRIAL E DE COMÉRCIO EXTERIOR EM MEIO À CRISE?

### A necessidade de um horizonte de longo prazo

É indispensável reconhecer, de saída, que o fracasso da estabilização tentada em 1990 pelo Plano Collor restabeleceu o verdadeiro "buraco negro" de incerteza para as expectativas empresariais, o que impede a formação de um horizonte de cálculo econômico e inviabiliza a retomada do investimento produtivo. Política industrial significa, antes de tudo, um perfil de investimentos futuros, induzido por expectativas rentáveis de mercado (interno e externo) e, de uma forma ou de outra, apoiado e regulado pelo Estado, que deve utilizar as forças e as expectativas privadas para obter — do ponto de vista global — uma trajetória sustentável de crescimento na direção que a sociedade desejar e estabelecer por meios democráticos.

Por outro lado, a crise fiscal e financeira do Estado impede a prática de uma política ativa de fomento. Assim, fica difícil — ou mesmo heróico — pensar a política industrial, nesse momento dominada pela incerteza e pela opacidade do horizonte econômico. Resta a política comercial, mas é preciso adver-

* Professor de Economia da Unicamp e presidente do Sindicato dos Economistas. Foi secretário de Ciência e Tecnologia do governo Sarney.

tir que ela também fica constrangida pela perspectiva de uma recessão prolongada. A abertura comercial deve ser encarada como um instrumento coadjuvante, que tende a ser tanto mais eficaz quanto mais sólidas forem as perspectivas do crescimento econômico.

Abertura com recessão, por outro lado, não apenas pode ser desastrosa para alguns setores, mas, acima de tudo, deflagra violentas pressões por desvalorizações cambiais reais, incompatíveis com qualquer plano exitoso de estabilização.

Mais grave e equivocada ainda pode vir a ser a utilização de abertura comercial como tática casuística (e indiscriminada) para o controle de preços, sem se levar em conta as características estruturais e setoriais dos custos de produção.

Qualquer reflexão profunda sobre os temas de política industrial e comércio exterior deve passar, portanto, pela discussão prévia das reformas econômicas e institucionais de grande envergadura, necessárias para, ao mesmo tempo, garantir a estabilização e criar um horizonte mínimo de confiança econômica. A agenda dessas reformas há muito está colocada:

- Uma reforma tributária e fiscal abrangente que amplie a carga global para pelo menos 30% do PIB, com simplificação, ampliação do universo de incidência e redução das alíquotas "inviáveis" sobre os setores hoje sobrecarregados.
- Uma reforma financeira de profundidade que construa condições de financiamento de longo prazo para as dívidas pública e privada e para o mercado de capitais.
- A concretização de uma solução redutora substancial para a dívida externa com (e isso é mais importante) concomitante reorganização financeira do setor público, especialmente das grandes empresas estatais que carregam parcela substancial dessa dívida.
- Uma reforma do Estado que não apenas o desprivatize e suprima seus organismos obsoletos e apodrecidos, mas também o reequipe com novos meios e instrumentos adequados aos desafios do futuro.

Há uma quinta reforma, a "reforma do setor privado" — sobre a qual sequer existe consciência social —, que será, logo a seguir, objeto deste breve trabalho.

Antes, uma observação: a agenda de um "entendimento social" deve-se fundar na busca de consenso em torno das reformas supramencionadas, como tentativa de fixar um ponto de partida para sair da crise e de solidificar uma moldura para as expectativas de longo prazo. A discussão sobre a estratégia desejada de desenvolvimento a longo prazo parece ser essencial para desatar os nós e as contradições que se superpõem no calor da conjuntura de curto prazo.

## Estrutura empresarial e novo estágio de industrialização

Quais as características do modelo empresarial vitorioso na nova etapa da industrialização liderada pelo complexo de indústrias de base eletrônica, desde fins da década de 70?

Em primeiro lugar, a estrutura capitalista das economias mais dinâmicas apresenta uma forma de centralização do capital em grupos empresariais *multissetoriais*, em que a presença das indústrias líderes da inovação tecnológica é marcante. Por exemplo, todos os grandes grupos empresariais japoneses (os *keiretsu*) contêm dentro de si um "complexo eletrônico" que abrange bens de capital de precisão, de automação, de microeletrônica, de eletrônica de consumo, de informática, de processamento de dados, de telecomunicações, de *software*. Além disso, esses grupos contam com indústrias "convencionais" que ainda mantêm dinamismo de mercado, tais como automobilística e petroquímica. Os grandes grupos coreanos (os *chaebols*) copiaram esse tipo de estrutura, assim como, em menor escala, algumas grandes empresas européias. Enfim, a *centralização multissetorial* do capital industrial em grupos empresariais *com perfil concentrado em setores dinâmicos*, motores da inovação, caracteriza a estrutura capitalista moderna.

A segunda dimensão relevante dessas estruturas residem na forma de articulação entre o banco e a indústria. Nelas, a organização bancária funciona como pulmão financeiro do bloco capitalista multissetorial, cuja taxa de lucro (e de acumulação) é maximizada em nível do conjunto do grupo e não estritamente na esfera financeira*. Daí decorre a notável capacidade de financiar o risco pacientemente, ou seja, a capacidade de financiar e de capitalizar a longo prazo, sem que pressões de curto prazo para a maximização de lucros imponham decisões perversas. Fundamental para essa característica é a base de poupança estável, barata e abundante, montada diretamente sobre a massa de salários (do próprio grupo) através de sistemas de aposentadoria, pensões e seguros de longo prazo. Taxas agregadas de poupança, na ordem de 29 a 30% do PIB, com base nos sistemas mencionados permitem sustentar a dívida pública e o passivo bancário privado de longo prazo, com juros reduzidos, propiciando o fôlego para esperar a maturação de projetos, suportar fases desfavoráveis de reestruturação e correr riscos inovacionais.

A terceira característica importante das estruturas capitalistas avançadas reside na propensão a interagirem cooperativamente tanto no plano vertical quanto no horizontal. Na dimensão vertical é evidente que o funcionamento de sistemas do tipo *just in time* ou *kan-ban* exige elevada capacidade de coordenar uma rede de apoio, composta por vários fornecedores, especialmente por pequenas e médias empresas, de forma cooperativa e solidária. A mesma observação é válida para setores em que é crucial a existência de uma ampla rede de distribuidores. No plano horizontal, a proliferação de acordos, parceiros, alianças, especialmente no plano do desenvolvimento tecnológico, como forma de compartilhar riscos, impor padrões e ampliar fatias de mercado *vis-a-vis* acordos semelhantes efetuados por outros rivais. Em suma, há uma forte tendência à cooperação competitiva no plano horizontal e à cooperação associativa na dimensão vertical, que depende de um estilo de *management* que seja ao mesmo tempo descentralizado e com grande capacidade de coordenação geral de certas atividades críticas.

---

* A pletora de liquidez dos grandes grupos japoneses em face de sua forte posição competitiva e a conseqüente internacionalização dos seus grandes bancos e corretores vêm modificando, nos últimos anos, no plano internacional, mas não no plano doméstico, as estratégias de acumulação do grande capital financeiro japonês.

## O atraso anacronismo e a inadequação do setor privado brasileiro

A comparação da situação empresarial brasileira diante das tendências antes descritas nos coloca em estado de perplexidade — no mínimo —, tal a carência e as deficiências que saltam à vista se contrastadas no quadro existente nas economias industriais avançadas. Para começar, os nossos grupos empresariais têm um tamanho relativo muito pequeno quando comparados com os grandes blocos empresariais de países em desenvolvimento como a Coréia. Tomando-se o exemplo da *Samsung*, que faturou US$ 32 bilhões em 1989, ou o da *Goldstar*, que faturou US$ 20 bilhões, e comparando-os não simplesmente em tamanho, mas, principalmente, em termos de perfil setorial, com os "grandes" grupos nacionais, constataremos facilmente o significativo atraso da estrutura brasileira. Os grupos nacionais têm um perfil setorial pouco diversificado, em geral composto por atividades industriais convencionais, com a conspícua ausência dos setores novos, motores da inovação tecnológica. O único grupo nacional que buscava perseguir uma estratégia multissetorial sinérgica, com o desenvolvimento de vários segmentos de base microeletrônica, incluindo essa última, congelou seus planos de expansão nessa linha, retraindo-se para uma postura defensiva na ausência de um horizonte econômico confiável.

Em segundo lugar, não é necessário se estender a respeito do anacronismo e da distorção de funcionamento do sistema financeiro nacional, principalmente no que toca às suas relações "segregadas" *vis-a-vis* o capital industrial. É importante sublinhar, contudo, que a inadequação funcional do sistema financeiro não é o simples resultado de uma incapacidade intrínseca desse, mas deriva de uma conjugação de condicionamentos sistêmicos, a saber:

- do papel subordinado que jogou nos anos 80 como agente de giro da dívida pública indexada, de curto prazo;
- de regras institucionais e jurídicas ultrapassadas;
- da inflação crônica e estrutural, que cria incerteza e dificulta, sobremodo as operações financeiras ativas e passivas de longo prazo.

Por outro lado, não se pode deixar de sublinhar o significativo atraso brasileiro no desenvolvimento de um sistema de poupança e previdência privada, de investidores institucionais (em boa medida, em função da elevada concentração da renda e dos baixos níveis salariais de base) e de apontar, *pour cause*, o expressivo atraso no desenvolvimento de um amplo mercado de capitais.

O abismo existente no Brasil entre o sistema financeiro e o sistema produtivo se reflete claramente no baixíssimo grau de endividamento (*gearing-ratios*) do setor privado não-financeiro. As fontes externas de capital representam, em média, 50% do capital total em operação na indústria norte-americana, aproximadamente o mesmo para o caso da Inglaterra; 60% no caso da França e Itália; 67% no caso da Alemanha e 75% no caso do Japão. O Brasil se situa num pólo oposto ao do Japão em face da verdadeira fuga a qualquer tipo de endividamento bancário ao longo dos anos 80 (causada pela incerteza e pelos juros elevados), de tal forma que o endividamento bancário se reduziu apenas a 25% do capital industrial em operação.

A situação acima descrita ressalta a importância capital de uma reforma financeira de profundidade como componente propulsor de uma transição induzida pelo Estado em direção a uma estrutura capitalista concentrada, multissetorial, com perfil moderno. O reduzido nível de endividamento do setor privado brasileiro significa, potencialmente, a possibilidade de alavancar investimentos em escala muito maior (com grupos empresariais de maior porte e com perfil tecnológico dinâmico) e mais veloz, para reduzir as distâncias que nos separam das economias industriais avançadas. Aí reside a importância crítica de uma reforma financeira efetivamente modernizadora do capitalismo brasileiro (em geral, subestimada pela visão liberal-primitiva de que o setor privado é "moderno" *de per si* e de que o mercado representa, sempre, a forma mais eficiente de solução dos desafios econômicos). Vale repetir, uma reforma para modificar o padrão historicamente ultrapassado de relacionamento entre banco e indústria, transformando o grau e a forma da concentração capitalista no Brasil.

Em terceiro lugar se colocam os fatores subjetivos de natureza cultural que obstaculizam a adoção de estratégias empresariais cooperativas e participativas, capazes de impulsionar formas "coletivas" de eficiência. Muito embora se possa identificar o vivo interesse em adotar técnicas avançadas de gestão (do tipo *just in time*), em muitas empresas brasileiras os caminhos encontrados são freqüentemente autoritários e rígidos, com baixo nível de participação interativa e elevado grau de individualismo. Mais grave ainda é o predomínio de estratégias puramente patrimonialistas e desinformadas de diversificação dos grandes grupos empresariais que buscam absorver "bons negócios", os quais, embora individualmente rentáveis, não capturam qualquer tipo de sinergia interna para o grupo.

Para concluir, o anacronismo do setor privado brasileiro, notadamente em termos de debilidade de sua capacitação tecnológica e de sua musculatura financeira, deixa evidente que os gigantescos desafios do novo estágio de desenvolvimento industrial não poderão ser vencidos sem uma "reforma" do setor privado, isto é, sem uma política induzida pelo Estado, com instrumentos financeiros novos, capazes de acelerar, com um perfil tecnológico avançado, a concentração multissetorial dos grandes grupos empresariais brasileiros.

## O nacionalismo como opção progressista e a empresa nacional como veículo de inovação

A construção de uma base privada ágil e inovadora é condição *sine qua non* para o avanço industrial na atual etapa da evolução tecnológica. Inúmeros estudos recentes têm demonstrado que as empresas multinacionais não realizam P&D fora de suas economias de base, salvo para montar postos de observação (ou de vigilância) em outros países onde o desenvolvimento científico e tecnológico avançado recomenda a abertura de laboratórios de pesquisa capazes de acompanhar os progressos em andamento, para fortalecer (isto é, pela prática de um *sourcing* tecnológico internacional) suas estratégias próprias de desenvolvimento. Os países em desenvolvimento estão certamente excluídos dessas estratégias de descentralização restrita e, por conseguinte, a capacitação tecnológica nacional depende diretamente da existência de empresas nacionais fortes, financeiramente poderosas, habilitadas a produzir com máxima eficiência física, com elevada sinergia interna em tecnologias motoras, capazes de realizar atividades criativas de P&D que não se restrinjam à engenharia adaptativa ou mesmo à engenharia reversa de produtos e processos. É fundamental avançar criativamente na concepção e no desenho de produtos para poder dominar marcas, abrir espaços de integração para trás em componentes e insumos, atender a exigências específicas de mercado pela "customização" ou pela diferenciação de produtos.

As estreitas possibilidades de desenvolvimento e de acúmulo de capacitação tecnológica criativa nas subsidiárias das empresas multinacionais remete à empresa nacional a missão crucial de funcionar como veículo precípuo do processo de capacitação tecnológica nacional. A prática de inovação como principal forma de reação econômica às pressões competitivas requer que as empresas nacionais estruturem atividades correntes de P&D e estimulem "culturas" internas pró-criatividade de forma sistemática e permanente. Em vários setores, as escalas mínimas para entrada e prática de P&D são elevadas e exigem investimentos não-desprezíveis, que só podem ser bancados por grandes grupos empresariais. Se adicionarmos a esse quadro os fatores de incerteza inerentes às atividades de pesquisa, chega-se imediatamente à conclusão de que a concentração da estrutura capitalista nacional figura como condição necessária correlata ao processo de capacitação tecnológica do país. Modernização e centralização multissetorial da estrutura capitalista, com fortalecimento tecnológico da empresa nacional, emergem assim como condições gêmeas e indispensáveis ao avanço da industrialização brasileira.

Se o eixo da política industrial, nessa etapa de rápida mudança de paradigma tecnológico, se confunde ou se baseia na construção de capacitação e de criatividade tecnológica nacional, seremos forçosamente levados a concluir que não existirá política industrial autêntica sem a presença ativa da empresa nacional forte, com perfil setorial moderno e comprometida com a capacitação intelectual dos seus operários, técnicos, engenheiros, gerentes. Nesse sentido, não é possível pensar em política industrial sem colocar como condição preliminar a defesa e, mais do que isso, o robustecimento do poderio econômico da empresa nacional comprometida com o processo de capacitação tecnológica do Brasil. É esse o ponto que coloca o nacionalismo como única opção verdadeiramente progressista. Não se trata do mesmo nacionalismo dos anos 50 e 60 — legítimo a seu tempo —, que visava preservar para o Estado-nação (geralmente através da criação de grandes empresas públicas) o controle de áreas industriais pesadas, estratégicas para a construção do processo de industrialização, como foram os casos da siderurgia, da energia elétrica, do refino de petróleo, das telecomunicações. Trata-se, agora, de um objetivo distinto — de colocar na empresa nacional a missão de atuar como veículo primordial, embora não único, da inovação técnica acelerada que caracteriza a presente etapa histórica.

## A INADEQUAÇÃO DA PROPOSTA NEOLIBERAL BRASILEIRA: SEUS RISCOS E IMPLICAÇÕES

Sem proceder aqui a uma análise detalhada da "política industrial e de comércio exterior" do governo Collor para examinar o seu grau de consistência interna — o que tem sido efetuado por vários autores —, não podemos deixar de apontar para alguns equívocos básicos de sua concepção.

A primeira e mais grave deficiência reside na incompreensão da natureza historicamente atrasada da estrutura capitalista nacional e na incapacidade de entender que a morfologia dos grupos capitalistas (em geral, o grau e a forma da centralização de capitais) condiciona decisivamente a capacidade empresarial de inovar e/ou de seguir imitativamente trajetórias definidas pelos oligopólios líderes do mercado mundial. Crê-se, em síntese, que o setor privado brasileiro encontra-se capitalizado e apto a enfrentar os desafios da mudança tecnológica acelerada, sendo essencialmente necessário submetê-lo a um clima de pressões competitivas. Não é preciso se estender no argumento de que os grupos nacionais, muito embora dominem oligopolisticamente os mercados onde atuam, são relativamente pequenos e setorialmente concentrados em indústrias "velhas" ou tecnologicamente maduras, de baixa elasticidade de renda; são débeis do ponto de vista da acumulação de conhecimentos tecnológicos e estão precariamente estruturados para a prática criativa de atividades de P&D. No quadro recessionista, a abertura comercial de investimentos e de tecnologia tende a induzir, antes, a uma regressão industrial (em muitos casos, para o estágio comercial importador), em vez do pretendido avanço de eficiência e de capacitação do parque industrial brasileiro.

A segunda deficiência capital consiste na idolatria do mercado como mecanismo absolutamente perfeito e superior de decisão econômica. Sem atentar (nessa esfera) para o predomínio avassalador de formas "imperfeitas" (monopolísticas ou oligopolísticas) de competição, sem levar em conta o peso dos fatores institucionais, as externalidades e, principalmente, as inesperadas "rupturas" tecnológicas radicais, a visão neoliberal deposita no mercado e na iniciativa privada toda a orientação da política tecnológica. A utilização de mecanismos burocráticos discriminatórios de regulação e de proteção é considerada como sacrilégio a ser expurgado o mais rapidamente possível (vide o caso da desmontagem insensata e imprevidente da política nacional de informática) e deveria ser compensada por uma generosa política de fomento das condições gerais da infra-estrutura científico-tecnológica. Ocorre, entretanto, que a grave crise fiscal do Estado tende a inviabilizar o fomento pretendido e a encurtar o raio de ação dos instrumentos de apoio ao risco tecnológico (que ainda aguardam definição para os setores de ponta).

A subestimação da importância da regulação estatal, como mecanismo indutor e orientador das estratégias empresariais (e, portanto, das trajetórias dos mercados), constitui erro irreparável. No caso brasileiro, trata-se de induzir, através do Estado, o avanço do grau de concentração capitalista, com um perfil tecnológico dinâmico, estimulando as formas exitosas de cooperação interempresas, sem destruir a *competição* entre grupos e empresas rivais. Trata-se, ao contrário, de combinar concentração econômica e competição, aprofundando essa última, principalmente na sua dimensão de qualidade, com alto rendimento fabril, sofisticação e criatividade tecnológica dos produtos. Todavia, para induzir a concentração de capitais e, posteriormente, para regular e estimular o exercício de competição entre poucos protagonistas robustecidos, afigura-se indispensável a atuação regulatória poderosa e respeitada de um Estado *forte*, para desgosto dos neoliberais ideológicos.

A inadequação da proposta neoliberal do atual Governo para o desenvolvimento industrial e tecnológico do país fica evidenciado muito mais nitidamente pela *ausência* ou pela *negação* de certas reformas (ou de políticas ativas) do que pelo enunciado formal de sua política (com suas ambigüidades conceituais e inconsistências). A absoluta desconsideração da "necessidade" de induzir a centralização da estrutura capitalista nacional com critérios de sinergia tecnológica; a total ignorância e significativa ausência de qualquer formulação para uma reforma financeira (o que distorceu, desde o início, o sentido da radical reforma monetária que conseguiu derrubar a hiperinflação explosiva em março de 1990 e, por isso mesmo, a condenou ao fracasso); a rejeição ideológica à idéia de que a proteção à empresa nacional inovadora é indispensável e desejável revelam, com inequívoca clareza, a deficiência do projeto neoliberal.

A abertura indiscriminada ao investimento estrangeiro de risco, sem definição de uma política de suporte à empresa nacional, e as graves concessões já efetuadas nas áreas da propriedade intelectual e de "transferência" de tecnologia são elementos indiscutíveis de confirmação da natureza improvisada e imatura do atual projeto neoliberal. Esse, se combinado à imposição de uma política recessionista prolongada — como caminho contraproducente, destrutivo e perverso para a estabilização da inflação —, significará, de fato, a sua transmutação num projeto retrógrado, que conduzirá o Brasil à desindustrialização, à barbárie social, ao colonialismo econômico e tecnológico e, infelizmente, ao risco de um retrocesso político.

# 13. Balanço e lições de 1990 — um ano perdido com ilusões e sofrimento

*Plínio Arruda Sampaio Jr.**

Passado o momento de euforia e ilusão que tomou conta das elites após a eleição de Collor de Mello, as principais lideranças do país começam a cair na realidade. Em pouco tempo, os sonhos de grandeza, alimentados pelo triunfalismo oficial, estão sendo substituídos pelo reconhecimento das graves dificuldades que obstaculizam a superação da crise econômica brasileira. A perspectiva sombria, que coloca no horizonte próximo a ameaça de regressão econômica e da barbárie social, destacada pela grande maioria dos expositores, convida à adoção de uma atitude aberta e pragmática diante dos problemas nacionais. Com o objetivo de contribuir para o debate, aproveitarei a oportunidade para fazer um rápido balanço e extrair algumas lições dos últimos nove meses de política econômica.

Antes do que se poderia imaginar, vai se generalizando a opinião — mesmo entre as lideranças empresariais e políticas que até há pouco não aceitavam qualquer tipo de crítica ao Governo Federal — de que o primeiro ano da nova administração foi perdido com uma política antiinflacionária inócua. A subordinação da política econômica, de maneira míope, ao objetivo restrito de combate à hiperinflação impediu que o Governo aproveitasse o tempo ganho com o adiamento da explosão dos preços para preparar os passos subseqüentes que permitiriam uma estabilização duradoura e definitiva da moeda.

* Economista da Cebrap e professor da Unicamp.

O programa de estabilização — que, a princípio, muitos acreditaram ousado e corajoso —, com o tempo, foi revelando sua verdadeira natureza: um artifício desesperado para defender a riqueza financeira do grande capital e para atravessar o ano eleitoral.

O bloqueio da liquidez, abrindo uma série de brechas para conversões de cruzados em cruzeiros, como todos sabem, beneficiou prioritariamente as grandes empresas. O caráter limitado e restrito da desvalorização da dívida pública e de seu alongamento compulsório serviu apenas para ampliar, temporariamente, o raio de manobra para a sua administração, aliviando as despesas financeiras do Tesouro Nacional e diminuindo as pressões para seu refinanciamento. Tudo isso, mais uma atuação pesada do Banco Central contra os especuladores em dólar e ouro, foi adiando — à custa da agudização da desconfiança estrutural no Estado — o risco de uma fuga maciça e concentrada no tempo da riqueza financeira para ativos reais e moeda estrangeira. Nesse contexto, as perdas eventuais sofridas por algumas empresas devem ser entendidas como um sacrifício aleatório inevitável — uma forma de entregar os anéis para não perder os dedos.

Defendido como instrumento de modernização da estrutura produtiva e de intensificação do grau de concorrência do capitalismo brasileiro, o movimento de liberalização do comércio exterior transformou-se em expediente de curtíssimo prazo para administrar pressões inflacionárias localizadas. Desvinculadas de uma solução para o problema da dívida externa e de uma definição de políticas industrial e agrícola, as medidas liberalizantes não passaram de uma atitude irresponsável, cuja conseqüência prática foi permitir, sacrificando as reservas cambiais, o acesso das elites e das classes médias abastadas aos bens de consumo de luxo dos países centrais.

O recuo incondicional na proposta de definir unilateralmente o pagamento da dívida externa — que à primeira vista também parecia corajosa e inovadora — e a retomada dos pagamentos de juros aos credores privados revelam o peso que a comunidade financeira internacional ainda exerce sobre o núcleo de decisões.

Tudo isso evidencia o caráter profundamente conservador das forças sociais e econômicas que estão por trás do governo Collor. Contrariando a impressão inicial de grande parte da população, as medidas adotadas foram superficiais e insuficientes, atuando sobre os sintomas e não sobre as causas estruturais da crise. Em todas as frentes, os tímidos repentes reformistas revelaram-se rapidamente protelações conservadoras, pondo a nu a total impotência do Governo para transformar a sociedade e para preparar a chegada do novo. Por isso, a crise econômica está muito longe de ter sido superada. O país continua imerso numa situação de forte incerteza estrutural. Não deve causar surpresa a ninguém, portanto, que a inflação tenha voltado com toda força.

A incapacidade de redefinir o padrão de financiamento doméstico e internacional da economia brasileira levou o Estado brasileiro ao mais completo imobilismo, restando-lhe apenas, como último recurso para continuar protelando a explosão dos preços, o aprofundamento da recessão. A draconiana restrição monetária, fiscal e salarial — que constitui a essência da política econômica após o dia 15 de março — não promoveu uma contratação sem precedentes do mercado interno e apenas retardou a aceleração da inflação. Não foi um bom começo, para quem prometia o milagre de uma solução rápida e indolor para a aceleração dos preços. Insistir nesse caminho somente agravará ainda mais os efeitos nefastos da recessão e do desemprego.

Em suma, a impotência da nova administração diante dos interesses das grandes empresas deixou a política econômica a reboque de uma elite decadente e submissa ao capital estrangeiro, cujo único objetivo é a defesa a qualquer custo de sua riqueza, sem revolucionar as forças produtivas nem contribuir para a elevação da qualidade de vida do conjunto da população. Rigorosamente o oposto da imagem vendida diariamente pelos meios de comunicação. De nada adianta atacar as "elites atrasadas" contrapondo-as às supostamente "modernas", quando o atributo de modernidade é conferido aos grupos mais fortes e capazes de sobreviver à concorrência internacional e não àqueles que são capazes de estar na vanguarda das transformações da sociedade. No caso brasileiro, são exatamente os grupos econômicos fortes e poderosos, vinculados ao capital internacional, os mais comprometidos com o passado e aqueles que articulam e melhor representam o atraso.

O agravamento da crise econômica começou a inviabilizar, no entanto, a contemporização das transferências de recursos reais ao exterior com a defesa do valor e da rentabilidade corrente da riqueza velha, esteja ela na forma de capital produtivo ou financeiro. Assim, com a entrada do governo Collor, o risco de desvalorização do capital, que, na prática, a despeito da gravidade da crise, foi praticamente anulado durante os anos 80 pela onipresença de um Estado protetor e provedor e passou a ser uma realidade do dia-a-dia dos capitalistas brasileiros, alcançando, em alguns casos, até mesmo grandes empresas.

No entanto, a introdução do risco de destruição da riqueza velha — na forma de falência econômica, obsolescência acelerada dos meios de produção e de liquidação de ativos financeiros — não tem servido para abrir caminho para o aparecimento de riqueza nova, articulando-se com um processo que prepara as bases para a recuperação sustentada dos investimentos. Ao contrário, a inexistência de um plano de reorganização da estrutura capitalista, de modernização do parque industrial e de redefinição de nossa posição na divisão internacional do trabalho tem colocado a sociedade brasileira diante da ameaça de um processo selvagem de concentração e centralização de capital. A política econômica se transformou, assim, em instrumento de destruição das empresas e de agonia da população, fazendo, aos poucos e pelas mãos do Estado, o que o mercado faria rapidamente através da hiperinflação.

O apego a um ultramonetarismo fora do tempo e do espaço evidencia o problema básico do governo Collor: a completa falta de visão estratégica. A tentativa de camuflar a inexistência do planejamento de médio e longo prazos com a caricatura de um discurso modernizante — que coloca o mercado como princípio organizador da sociedade de maneira simplista e mecânica só ilude aqueles que desconhecem que a essência da crise consiste exatamente na completa distorção das regras de funcionamento dos mercados, através de uma série de medidas que, reforçando o patrimonialismo, fragmentam os mercados (mediante proteções, subsídios, barreiras à entrada etc.), aprofundando a dependência do capital privado em relação ao Estado e diminuindo o grau de concorrência da economia. Sua superação, portanto, só poderá ocorrer quando o Estado restaurar as condições de seu funcionamento. Por isso, o arremedo de neoliberalismo que orienta as ações do Governo deixa o país sem um horizonte de longo prazo que possa balizar as decisões de investimento das empresas, condenando o sistema industrial brasileiro à decadência.

Por mais paradoxal que possa parecer, a idéia simplória de restaurar o funcionamento dos mercados através de sua desregulamentação e da liberalização externa não nos leva a lugar algum; pelo contrário, destrói a capacidade de gasto e de produção do país. Seria irônico, se não fosse trágico, que, em nome do estímulo à livre iniciativa, o Estado esteja acabando com os próprios fundamentos do mercado: a existência de oferta e demanda.

A ignorância de outros aspectos básicos da realidade tampouco tem contribuído para o enfrentamento das dificuldades. A insistência na liberalização indiscriminada das relações internacionais, como alternativa de inserção na economia mundial, não leva em conta que o país está sendo marginalizado do processo de reestruturação da economia internacional. As portas dos principais mercados internacionais estão fechadas para o Brasil. Pelo menos, desde o início da década de 80, o país, como a grande maioria dos países periféricos, saiu da rota dos fluxos de capitais comerciais, financeiros, produtivos e tecnológicos. Nessas condições, os efeitos destrutivos da política de liberalização internacional são dramaticamente potencializados.

O desconhecimento da importância do Estado nas economias capitalistas retardatárias, principalmente em um contexto internacional tão adverso, e a insistência em colocar o capital privado como alavanca do desenvolvimento nacional simplesmente ignoram aspectos elementares das tarefas que estão colocadas para que possamos superar a crise e enfrentar as profundas transformações provocadas pela Terceira Revolução

Tecnológica. O capital nacional não possui base técnica e financeira para enfrentar os grandes conglomerados transnacionais e estes não estão dispostos a investir no desenvolvimento brasileiro.

Em suma, não levando em consideração as tendências da economia internacional, a profundidade do atraso do capitalismo brasileiro e seu caráter heterogêneo e excludente, o novo Governo simplesmente não percebe a gravidade dos efeitos destrutivos e perversos da terapia neoliberal sobre a sociedade brasileira. Submetidas a uma violenta recessão e a uma encarniçada concorrência internacional, as empresas brasileiras serão varridas do mapa. Por isso, não temos muitas alternativas. Se quisermos recuperar o dinamismo da economia, não podemos dispensar a presença do Estado, apoiando e sustentando o capital nacional, criando condições para uma interação saudável com o capital estrangeiro e, quando necessário, assumindo diretamente a responsabilidade pelos setores estratégicos na área de infra-estrutura e de desenvolvimento tecnológico. No entanto, mais do que a miopia de seus estrategistas, a falta de visão do governo Collor revela, na realidade, a incapacidade do grande capital de forjar um Projeto Nacional com poder de hegemonia sobre o conjunto da sociedade. A preservação do pacto político que mantém no poder grupos econômicos e sociais, atrasados, decadentes e descompromissados com o país constitui o principal entrave à promoção das reformas necessárias para restaurar o dinamismo da economia. É necessário que fique claro que o obstáculo reside no profundo enraizamento de uma mentalidade rentista e patrimonialista no espírito dos grandes capitalistas, na solidez de seus laços de solidariedade com os bancos internacionais e na sua total aversão a qualquer tipo de transformação social. Em outras palavras, são exatamente os setores mais poderosos da economia brasileira — aqueles que supostamente deveriam ser os mais modernos e avançados — que atravancam o desenvolvimento. Com isso, não se pretende fazer a apologia ingênua da pequena e média empresa, nem muito menos defender os privilégios das oligarquias, mas somente contestar um discurso que atribui equivocadamente ao grande capital, nacional e estrangeiro, papel de proa na rearticulação da economia. Isso não conduz, vale a pena insistir, à visão de que possamos prescindir do grande capital. Muito pelo contrário. O processo de monopolização — inerente ao desenvolvimento capitalista — torna inexorável a ocorrência de uma nova rodada de concentração e centralização do capital. Somente se deseja ressaltar que, se quisermos defender nossa economia e prepará-la para o século XXI, as relações do grande capital com o conjunto da sociedade precisam ser radicalmente redefinidas. A natureza dessa redefinição e sua profundidade, ao questionar o rentismo e o patrimonialismo nas suas relações com o Estado, na prática, impedem que o grande capital tenha uma posição de vanguarda e liderança na superação da crise brasileira.

A necessidade de uma radical alteração no pacto de poder é urgente, pois o país entrou em rota de decadência acelerada. Com efeito, se, durante a década de oitenta, ao custo do agravamento da crise e da exclusão social, o grande capital conseguiu que a política econômica empurrasse os problemas para a frente e evitasse um processo aberto e generalizado de desvalorização de capitais, agora isso não é mais possível. O progressivo estreitamento do campo de possibilidades impede que o Estado continue defendendo plenamente a riqueza velha. Assim, se na década de 80 a política econômica perdeu a capacidade de contemplar, ainda que de maneira restrita e limitada, os interesses gerais da população, nos anos 90 começa a perder a capacidade de atender plenamente até mesmo às pressões particularistas do grande capital. O imobilismo do Estado criou condições bastante propícias para que a privatização da coisa pública seja levada ao paroxismo, transformando o Estado em um balcão de negócios particulares e os grupos que o controlam em verdadeiras aves de rapina que devastam a população e a riqueza do país.

Passados os primeiros nove meses da posse do novo Governo, não há como deixar de ser tomado por uma profunda apreensão em relação ao futuro do país. As perspectivas sombrias não devem servir, no entanto, para justificar uma posição resignada e conformista, que, alimentando o desalento e o ceticismo, só contribui para reforçar o imobilismo e a aceitação passiva do trágico destino que ameaça a sociedade brasileira. Muito pelo contrário. Mais do que nunca o reconhecimento da gravidade da situação nacional deve servir de desafio para encorajar a ação das forças sociais comprometidas com a transformação da sociedade. A proposta de um Projeto Nacional, capaz de romper o impasse no qual nos encontramos e despertar a esperança de dias melhores, deve servir de fermento à mobilização e à articulação das forças progressistas da sociedade.

Os primeiros meses do governo Collor evidenciaram, de maneira inquestionável, algumas questões que devem ser levadas em consideração para que possamos quebrar o círculo vicioso da política econômica. Uma atrás da outra, com apenas um brevíssimo interregno, por mais de uma década se sucederam políticas que de diferentes formas só serviram aos interesses imediatistas e particularistas das elites.

Em primeiro lugar, é necessário rejeitar as soluções heróicas e voluntaristas que sempre tiveram efeitos desastrosos sobre a sociedade. Os problemas do país não serão resolvidos por obra e vontade de um grupo de iluminados. A superação da crise deve ser encarada como um lento e tortuoso processo político de articulação de um Projeto Nacional de reorganização do Estado e da economia. Tal projeto não pode ser concebido como um conjunto de recomendações técnicas, elaboradas por burocratas e economistas, desvinculados das forças políticas do país, mas como o resultado concreto de pressões objetivas que os grupos econômicos e sociais exercem sobre o Estado. Em outras palavras, a possibilidade de revertermos a decadência acelerada da sociedade brasileira dependerá da capacidade das forças econômicas e sociais de articular, através de tentativas e erros, um novo pacto de poder hegemônico que dê lastro político ao Projeto Nacional. Por isso, mais do que nunca, é indispensável rejeitar soluções autoritárias e sectárias, preservando o espaço de diálogo e de negociação democrática no país. Para as forças populares, o principal desafio está na superação de sua tradição corporativista. A capacidade de propor um Projeto Nacional, que expresse uma ampla aliança de grupos econômicos e sociais em favor dos interesses populares e do aprofundamento da democracia, constitui a tarefa imediata de todos os setores progressitas. É sobre essa base que devemos pensar o curto e o longo prazos.

Em segundo lugar, a retomada do processo inflacionário e o agravamento da crise econômica evidenciaram o caráter extremamente limitado das políticas de estabilização que não estão articuladas com um programa mais geral. Desvinculada de reformas estruturais e de políticas industrial, agrícola e comercial efetivas, a estabilização dos preços é sempre efêmera. A persistência de um estado de incerteza estrutural — provocado pela crise econômica e pela incapacidade do Estado de promover reformas e abrir horizontes de investimentos produtivos — solapa qualquer possibilidade de sucesso na luta contra a inflação, jogando os grandes detentores de riqueza contra a estabilidade da moeda.

Por fim, já é tempo de abandonar a visão simplista e ideologizada que entorpece o conhecimento do papel estratégico do Estado na economia brasileira. A distorção existente nos mecanismos de funcionamento dos mercados, o raquitismo do capital nacional e a sua falta de iniciativa simplesmente inviabilizam uma saída para a crise brasileira sem uma forte intervenção do Estado na economia. Isso coloca como prioridade absoluta a redefinição do padrão de financiamento do setor público e sua desprivatização. Como não há uma relação de exterioridade entre o capital privado e o Estado, mas uma unidade complexa e contraditória, não há como recuperar a capacidade de financiamento e de intervenção do Estado sem promover uma profunda redefinição nas relações patrimoniais, fiscais e institucionais do setor público com o capital privado. É por isso que os bancos internacionais e as grandes empresas resistem tanto à redefinição do padrão de financiamento público.

A experiência de 1990 mostrou as sombrias perspectivas que se colocam para a sociedade brasileira diante de um Governo que — imobilizado por seu extremo conservadorismo — não consegue promover as reformas necessárias para o restabelecimento do dinamismo da economia. O estreitamento do raio de manobra para continuar adiando o enfrentamento da crise acabou reforçando o caráter antipopular e antinacional da política econômica, que se revela impotente para impedir a destruição da estrutura industrial, arbitrar a reorganização da estrutura capitalista brasileira e reverter a progressiva desestruturação do Estado. Assim, o desenvolvimento da crise ganha novo ímpeto e muda de qualidade, dando início a um processo autofágico de liquidação violenta da riqueza velha.

Por mais paradoxal que possa parecer, a história brasileira mostrou que, em momentos de profundas e revolucionárias mudanças na economia internacional, a sociedade só conseguiu superar as crises econômicas quando os interesses populares foram, mesmo que precariamente, contemplados pelo pacto de poder. Isso não significa que a recuperação do desenvolvimento requeira inexoravelmente reformas de conteúdo popular e democrático. Como é da tradição brasileira, não há dúvida de que reformas de conteúdo conservador — desde que de alguma maneira contemplem a questão social, mesmo repondo a exclusão — possam revigorar o dinamismo da economia. Somente se enfatiza que a natureza da crise impõe a necessidade de transformações nas relações inerentes ao capitalismo que não são possíveis de ser efetuadas sem uma ampla coalisão de poder que, de alguma maneira, mobilize a energia transformadora das massas populares. Insiste-se apenas que o conservadorismo empedernido não oferece qualquer tipo de alternativa ao país. Por isso, se quisermos fugir da decadência acelerada, é urgente que o Governo abandone sua postura autoritária e reacionária.

Para quem pretende viver num país mais justo e democrático, é imprescindível ampliar ao máximo a presença dos interesses populares nas políticas e nas reformas que permitirão a retomada do desenvolvimento. Somente um Projeto Nacional que priorize o combate à miséria e à exclusão social, bem como a expansão do mercado interno, será capaz de viabilizar uma integração soberana na economia internacional e dar início a um processo de construção da cidadania e da democracia no Brasil — os dois pilares fundamentais da verdadeira modernidade. Cabe aos setores populares, em aliança com outros segmentos da sociedade, inclusive com uma parcela das grandes empresas comprometidas com o futuro, um papel central nas transformações sociais e econômicas, que abrirão ao Brasil as portas de acesso aos benefícios da Terceira Revolução Industrial.

# 14. Abertura da economia, competitividade industrial e transparência da política econômica*

*José Tavares de Araújo Jr.***

Os três expositores deste painel, Mauro Arruda, Antonio Castro e Luciano Coutinho foram unânimes em rejeitar a política de abertura às importações que está sendo executada pelo governo Collor. Concordo que essa política seja passível de muitas críticas — é simplória, açodada, desvinculada da política cambial, inadequada à conjuntura recessiva etc. —, mas ela contém um mérito inquestionável: o de haver encerrado o regime de proteção indiscriminada que vigorou no país durante os anos 80.

O objetivo do meu comentário é destacar algumas características básicas do regime comercial que seria compatível com o perfil atual da indústria brasileira. Tal regime deveria conferir, de forma transparente, níveis seletivos e temporários de proteção, coerentes com as condições heterogêneas de competitividade do sistema produtivo e subordinados aos objetivos gerais da política macroeconômica. Um ponto de partida útil à abordagem desse tema é a proposta de reforma tarifária apresentada ao Governo em 13.12.90 pela Abinee — Associação Brasileira da Indústria Eletroeletrônica***.

---

* Comentário apresentado no painel sobre política industrial do Fórum Nacional, em 29.11.90.

** Professor de Economia da Faculdade de Economia de Administração (FEA) e pesquisador do Instituto de Economia Industrial da Universidade Federal do Rio de Janeiro (UFRJ).

*** Participei, como consultor, da elaboração da proposta da Abinee. As opiniões aqui emitidas são, entretanto, de minha exclusiva responsabilidade e não coincidem necessariamente com as da Associação.

A proposta consiste de um cronograma para a redução gradual, entre 1991 e 1994, das alíquotas do imposto de importação de 1275 itens tarifários que interessam à Abinee*. Ela é conveniente aos propósitos do meu comentário, por dois motivos principais: primeiro, porque exprime a avaliação direta dos empresários sobre sua capacidade atual de enfrentar a concorrência de produtos importados; segundo, porque resulta de um amplo esforço conciliatório realizado no interior da Abinee, envolvendo não só fabricantes de componentes e de bens finais, mas também empresas que produzem a mesma mercadoria com níveis diferentes de eficiência.

O histograma 1 mostra a distribuição das alíquotas sugeridas para 1994, cuja média é 18,4%, a moda 20% e o limite superior 40%. Embora seja convergente, em linhas gerais com a orientação oficial**, a proposta da Abinee contém duas pecualiaridades: a primeira é que as trajetórias de redução das alíquotas entre 1991 e 1994 são bem mais heterogêneas que as do Governo, posto que refletem as especificidades das condições de produção vigentes na indústria; a segunda é que as alíquotas superiores a 20% não se destinam apenas aos bens fabricados em estágio de indústria nascente, mas a todos aqueles que, segundo as previsões da indústria, não forem competitivos em 1994. Cabe notar ainda que o trabalho foi feito sob as hipóteses de que o Governo mantenha nos próximos anos uma taxa de câmbio real estável e não defasada e que eventuais práticas desleais de comércio sejam diligentemente coibidas através de instrumentos *antidumping* e de direitos compensatórios.

* Atualmente, a Nomenclatura Brasileira de Mercadorias tem cerca de 12 mil itens. Às vezes um item corresponde a um produto específico (por exemplo 7321.11.02.00 — fogareiro), mas, na maioria dos casos, significa um grupo de bens similares (por exemplo, 8470.40.00.00 — máquinas de contabilidade).

** Como se sabe, a proposta de reforma tarifária anunciada pelo Governo em 26.6.90 pretende estabelecer, até 1994, uma estrutura de proteção nominal com dois patamares uniformes: 40% para as indústrias nascentes e 20% para as demais.

Histograma 1 — Proposta de estrutura tarifária para a indústria eletroeletrônica em 1934.

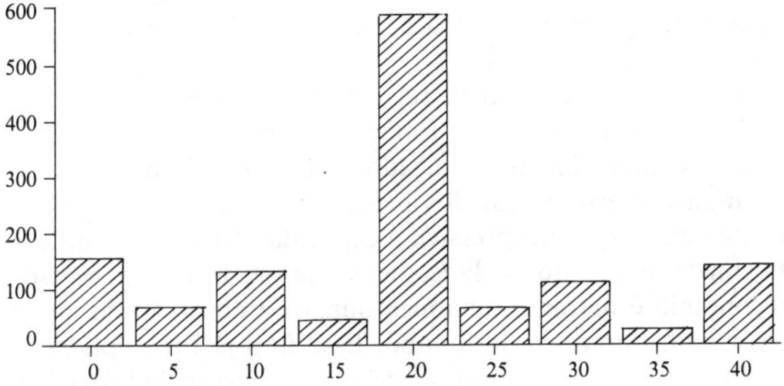


*Fonte:* Abinee

Dos 1275 itens que formam o universo tarifário da indústria eletroeletrônica, cerca de 900 foram considerados competitivos pelos empresários. O número não é exato porque vários dos 170 itens que ficariam com alíquota zero em 1994 não são fabricados no país. A maioria dos 419 itens com alíquotas inferiores a 20% refere-se a componentes, enquanto que os 545 itens com alíquotas iguais a 20% são, quase todos, bens finais. Entre os 311 itens com alíquotas superiores a 20% há cerca de 150 cujos fabricantes não chegaram a um consenso quanto ao nível de proteção desejável, o que levou a Abinee a optar pela alíquotas mais elevada. Encontram-se nesse grupo alguns produtos da Zona Franca de Manaus e um subconjunto que advém de um conflito paradoxal entre firmas nacionais e subsidiárias estrangeiras. O paradoxo reside no fato de que as subsidiárias adotaram, sistematicamente, atitudes mais protecionistas do que as firmas nacionais.

Esses dados ratificam os resultados obtidos por Araújo Jr. et al. (199) quanto aos níveis de competitividade da indústria brasileira. Uma das principais evidências registradas naquele estudo diz respeito à atualização tecnológica dos segmentos de base do sistema produtivo, o que gera condições favoráveis ao desempenho do conjunto da economia. Tais evidências, aliadas às do documento da Abinee, sugerem que os setores não habilitados a enfrentar a concorrência de bens importados representam, atualmente, cerca de 10 a 15% da capacidade produtiva instalada no país.

Dois corolários podem ser extraídos dessa conclusão. O primeiro é bem conhecido. Embora os investimentos em pesquisa e desenvolvimento realizados pela indústria brasileira sejam muito inferiores aos dos países industrializados e, conseqüentemente, seja inexpressiva a capacidade inovadora de nossas empresas quanto ao lançamento de produtos e processos, a economia é bastante dinâmica quanto à absorção de inovações geradas no resto do mundo. Esse fato já foi amplamente documentado na literatura sobre o crescimento industrial do país entre o pós-guerra e o final dos anos 70. A única novidade que está sendo agregada aqui é a de que, mesmo após os anos turbulentos da década de 80, essa característica não desapareceu e, portanto, é falsa a crença tão difundida recentemente de que o parque industrial esteja em vias de ser sucateado.

O segundo corolário é que o escopo do debate sobre liberalização de importações é, de fato, muito reduzido. Em rigor, o que está em discussão é se vale a pena ou não proteger uma pequena fração do sistema produtivo, posto que nem os mercantilistas mais radicais apoiaram o protecionismo supérfluo.

Além de escolher os setores a serem protegidos, uma segunda — e mais difícil — tarefa que a política aduaneira deve cumprir é a de definir os níveis adequados de proteção e seus respectivos prazos de vigência. Dada a inexistência de métodos inequívocos para aferir o grau de acerto dessa decisão, a alternativa é, tal como ocorre nas democracias contemporâneas, prover a sociedade da maior quantidade possível de informações sobre os custos da proteção vigente e seus respectivos beneficiários. Nesse sentido, as seguintes providências são indispensáveis:

- Estabelecer que a estrutura tarifária será submetida periodicamente (a cada três anos, por exemplo) a uma revisão geral.

- No semestre anterior a cada revisão, o Governo divulgaria um levantamento minucioso dos níveis de proteção efetiva vigentes no país, o que serviria de base para o debate público sobre a escolha dos setores a serem protegidos na rodada seguinte.
- Considerando-se que os procedimentos anteriores só têm sentido se a taxa real de câmbio for estável, e admitindo-se, tal como sugere a proposta do Governo, que os setores competitivos sejam contemplados até 1994 com alíquotas não inferiores a 20%, caberia anunciar, a partir do instante em que a política macroeconômica tivesse assegurado as condições para a estabilidade cambial, um cronograma para a eliminação gradual dessas alíquotas. Tal proteção só se justifica como um expediente transitório, para que as firmas locais ajustem suas estratégias de concorrência à nova situação do mercado. Além disso, convém lembrar que, em virtude dos custos que incidem sobre as importações (fretes, seguros, taxas portuárias e impostos locais), uma tarifa de 20% permite uma diferença entre preços internos e externos da ordem de 40%.

É evidente que a eficácia dessas medidas aumentaria na medida em que os critérios de transparência são estendidos aos demais instrumentos de política econômica, em particular àqueles que afetam o desenvolvimento industrial, como as condições de financiamento, a concessão de subsídios, os procedimentos de compras do Governo e os gastos em ciência e tecnologia.

# Referência bibliográfica

ARAÚJO Jr., J.T.; HAGUENAUER, L.; MACHADO, J. M. "Proteção, competitividade e desempenho exportador da economia brasileira nos anos 80". *Pensamiento Iberoamericano*, nº 17, 1990.

# 15. Necessidade de melhor compatibilização entre objetivos de curto e longo prazos

*Eugênio Staub**

A avaliação conjuntural mostra que os objetivos de curto e longo prazos precisam de melhor compatibilização.

Ninguém pode discordar que o objetivo de curto prazo é necessariamente o de ajuste macroeconômico e de estabilização. Ninguém ignora que esse ajuste impõe sacrifícios a todos. É mister, todavia, que esses sacrifícios sejam minimizados e que se abra a perspectiva para programa mais amplo.

O objetivo de longo prazo, menos urgente, mas mais importante, é o do crescimento econômico, única forma de resgatar nossa crescente dívida social.

Diante disso, parece-nos ser urgente e importante nos debruçarmos sobre a formulação de um plano de desenvolvimento para o Brasil, que nada mais seria que um planejamento estratégico do país, destinado a determinar os cenários e os objetivos de médio e longo prazos.

Entendo que muitas das decisões que hoje estão sendo tomadas não contemplam a visão de futuro que necessariamente precisamos ter.

Se não, vejamos.

Não há dúvida de que o Brasil precisa voltar a crescer, mesmo que seja a um ritmo um pouco abaixo da taxa histórica de 7% ao ano, digamos 5 a 6% ao ano. A essa taxa, a economia brasileira dobraria de tamanho em cerca de doze anos.

---

* Empresário, presidente do Grupo Gradiente.

Não há dúvida de que nossa indústria deverá ser o dobro do que ela é hoje nesse prazo aproximado.

Como será o perfil dessa indústria? Poderemos abrir mão de indústrias básicas como siderurgia, petroquímica? Poderemos abrir mão dos setores dinâmicos como a indústria automobilística? Poderemos abrir mão de setores de tecnologia mais avançada como a eletrônica e a informática? Creio que a resposta é certamente não.

A indústria brasileira terá que ser mais produtiva, mais competitiva — certamente que sim. Terá que ser forte e bem distribuída setorial e regionalmente — certamente que sim. O que não poderá ocorrer é a destruição mais ou menos aleatória do parque industrial brasileiro no período de ajuste, porque iremos precisar dele na fase de crescimento.

Por tudo isso, creio que, em nível de política industrial, há necessidade de colocar certas questões.

Em primeiro lugar, é preciso resolver o problema da incerteza dos agentes econômicos sobre o futuro. É necessário responder a certas dúvidas, como: Qual o perfil de nossa indústria no ano 2000? Qual o seu grau de proteção e competitividade? Que prazo teremos para atingir esse grau de competitividade? Como financiaremos os investimentos necessários à expansão e ao aumento de produtividade?

Em segundo lugar, é preciso lembrar que competição não é um fim em si mesmo. Mais importante é o aumento de emprego e salário real. Não se pode condicionar que a existência de certa indústria dependa apenas de ser competitiva — nenhum país faz isso.

Em terceiro lugar, a abertura da economia, postulado que ninguém pode questionar — ela é necessária —, deve conduzir à correção de distorções existentes, mas de uma forma progressiva e sem matar o paciente. É preciso curá-lo, extirpando as doenças existentes. Deve-se, pois, tomar muito cuidado com a política de câmbio e tarifas, dois dos mais importantes instrumentos do comércio exterior e da política industrial.

Em quarto lugar, importa reconhecer que cabe à indústria papel estratégico na formulação do plano estratégico — um novo padrão de indústria mais competitiva exige serviços de apoio mais eficiente. É o conceito da competitividade sistêmica desenvolvido pelo IEDI, de São Paulo.

Finalmente, precisamos melhorar a comunicação entre setores responsáveis do empresariado e o Governo. Precisamos de muito mais diálogo. Sabemos existirem distorções no setor empresarial privado e em muitas áreas industriais. Mas não é possível realizar controle da inflação e retomada do crescimento sem que haja uma boa base de entendimento entre as entidades e figuras mais representativas da classe empresarial e o nível superior do Governo. As estratégias precisam ser definidas para execução conjunta, que é a única forma de alcançar o resultado desejado sem desperdício de tempo e esforços.

# 16. A infra-estrutura conceitual da política industrial

*Piero Sierra**

Para ser eficaz, uma política industrial deve ser conseqüência e não postulado. Uma política simplesmente enunciada, sem passar pelo crivo da respondência a uma análise realística do quadro nacional e mundial, serve tanto quanto estabelecer as cores das paredes do trigésimo andar, antes de saber se o terreno pode sustentar o prédio ou se vai faltar concreto para as fundações. Até mais do que de metas coerentes, a realização prática da política industrial precisa de ferramentas confiáveis, geridas com coerência no dia-a-dia.

O tempo à disposição não permite propor nem defender soluções detalhadas. Tentarei, pelo menos, esboçar algumas escolhas fundamentais que o Brasil deve enfrentar seriamente antes de se lançar em programas ambiciosos, uma vez que qualquer escolha verdadeiramente estratégica determina alguma renúncia. Na economia nada sai de graça.

Aqui estão, a meu ver, algumas das perguntas que devemos nos colocar. A primeira pergunta é sobre o mecanismo do desenvolvimento que almejamos:

- Num país de grande e crescente população, da qual somente 50% é plenamente desenvolvida, podemos escolher entre desenvolver ainda mais esses 50% e absorver gradativamente o restante da população, ou tentar desenvolver os demais,

* Empresário, diretor superintendente do Grupo Pirelli.

através de investimento direto? Em ambos os casos o investimento final é o mesmo — cerca de US$ 50.000 por pessoa absorvida —, mas o mecanismo escolhido levará a políticas industriais diametralmente opostas. Eu sou a favor da primeira solução, mas é legítimo argüir sobre a outra.

- Todas as metas industriais repousam sobre uma fundação-mestra, isto é, a previsão do crescimento demográfico, o que não permite escapar à pergunta fundamental: o país vai (ou pode) aceitar o crescimento previsto como dado, ou vai o país adotar uma postura crítica em relação ao assunto? Muitos elementos da política industrial, como, por exemplo, as prioridades e os custos do ensino (básico, avançado ou especializado) estão diretamente ligados a essa decisão.
- Mas, além das ideologias declaradas e até dos sistemas políticos adotados, uma política industrial não tem possibilidade de funcionamento se ela tiver como base elementos contrários às atitudes mentais implícitas dos governantes e da sociedade. Uma dessas é a atitude em face do lucro, que pode ser visto como mecanismo básico da promoção do investimento e do bem-estar, mas que pode também ser visceralmente interpretado por alguns qual patologia do sistema a ser combatida. Esse ponto tem influência direta sobre a maneira de se conseguir o desenvolvimento: através da geração espontânea induzida ou da geração forçada? A geração espontânea tem funcionado. Da segunda, não se tem notícia.
- Finalmente, existe um grupo de respostas a perguntas básicas que, juntas, podem ser definidas como "visão do mundo econômico". Nada mais do que essa visão pode determinar a definição da política industrial. Em particular:

— A atual tendência para a globalização industrial deve ser considerada em inevitável aceleração, ou pode ser vista qual fenômeno temporal de influência tópica e passageira? Se a tendência for permanente, como eu acredito que seja, não adianta tentar retardar o processo através de defesas artificiais. Elas estarão condenadas de saída. Melhor participar do processo.

— O abastecimento do mercado. Privilegiar a origem do trabalho ou a origem do capital? Obviamente, favoreço a proteção prioritária do emprego e da produção nacional, que beneficia a maioria. Mas nem todo mundo compreende a profunda oposição entre os dois conceitos.

— Uma outra escolha está entre a maximização do bem-estar econômico geral e a proteção de outros aspectos importantes, mas imponderáveis, qual o grau de dirigismo econômico embutido no sistema do poder. Prefiro a maximização do bem-estar geral, refletindo a escolha dos países da Comunidade Européia, que deu certo.

— Um dos principais pilares da política industrial sadia deve ser a clara escolha entre o encorajamento à especialização em termos internacionais e a tentativa de se fazer bem todo o possível e o imaginável. Eu acho a segunda alternativa inviável. Quantas vezes ouvimos frases como "a agricultura é prioritária", "o parque industrial deve ser modernizado", "devemos proteger as indústrias nascentes", "devemos ser competitivos", "queremos investimentos estrangeiros" etc. Frases como essas não constituem políticas. Singularmente, elas podem ser interessantes, mas proferidas em conjunto não passam de boas intenções sem conteúdo de risco e, portanto, sem potencial de ganho. No meu parecer, uma forma de especialização controlada e crescente é inevitável para se ter sucesso.

— No processo de definição das prioridades industriais, é erro freqüente o de se considerar só o produto acabado. "Vamos importar carros", "não vamos importar computadores" etc. Na realidade, cada indústria final é a ponta do *iceberg* de sistemas completos de fornecedores intermediários, a partir dos insumos básicos. Fica bem claro, conseqüentemente, que as escolhas estratégicas devem se basear sobre o estudo de ciclos completos, em que liberações, incentivos ou desincentivos devem ser em cadeia para terem sentido.

— Menos claro é o problema dos grupos econômicos. Se a tendência atual continuar, poderão os grandes grupos supranacionais se reforçar, sem diluir as vantagens originais?

E, se não for assim, que interesse existiria em se aliar a potências maiores em troca de benefícios? A decisão sobre esse assunto deve ser tomada com clareza e rapidez, porque toda a política industrial pode fracassar se for baseada em equívocos ou numa aposta errada. Eu apostaria no sucesso de uma grande aliança econômica, com foco em parceiros de comprovado sucesso, mas depois de exaustiva negociação.

Antes de terminar, acho importante gastar algumas palavras sobre as ferramentas e a gestão da política industrial, uma vez que, mesmo com metas explícitas, o dia-a-dia da gestão pode acionar mecanismos implícitos de políticas industriais virtuais, completamente opostas aos pronunciamentos estratégicos. Tais elementos são:

- a lógica burocrática, que se auto-alimenta sem referência ao mundo externo;
- a política de câmbio, que fica absolutamente central a respeito das importações e exportações e de toda a política industrial; por isso, ela deve ser calibrada permanentemente para manter o equilíbrio desejado e não pode mudar violentamente, mesmo em face das pressões e de outras finalidades;
- a estabilidade e a coerência das regras e procedimentos, que são fundamentais para atrair e manter os investimentos de qualquer procedência. Não adianta exigir investimentos nos discursos e afugentá-los na prática.

Uma curta exposição como esta necessariamente arrisca cair na superficialidade, mas a soma dos exemplos feitos leva a dois recados inequívocos: primeiro, que não se faz estratégia sem escolhas precisas e até renúncias e, segundo, que, quanto menores as expectativas ilusórias, tanto melhor será o resultado. Perguntas postas com coragem e clareza levam a soluções claras e corajosas. Nada seria pior do que falar uma coisa e fazer outra.

# 17. A necessidade de priorizar a eficiência modal

*André Franco Montoro Filho**

O objetivo deste III Fórum Nacional é fazer uma avaliação do ajuste macroeconômico realizado (ou pretendido) pela administração Fernando Collor. Especificamente, neste painel, avaliar a política industrial é, portanto, o ajuste em uma perspectiva de médio e longo prazos.

Uma questão preliminar, que normalmente se coloca ao se iniciar a discussão a respeito de política industrial, é se é possível pensar, planejar e especialmente implementar uma política de médio e longo prazos, em uma situação conjuntural desestabilizada, como a presente situação brasileira. Um grande número de economistas responderia negativamente: os desequilíbrios macroeconômicos de curto prazo tornam inócua e desinteressante qualquer tentativa de pensar, quanto mais de agir, em uma perspectiva de médio e longo prazos.

Uma, ainda que ligeira, verificação do interesse dos analistas, em particular, e da opinião pública, em geral, indica que o curto prazo domina a discussão. A leitura de jornais, inclusive de artigos assinados, o noticiário de rádio e televisão, e mesmo os debates em eventos mais técnicos, mostram claramente a proeminência, quase absoluta, dos problemas de inflação, desemprego, crise cambial, déficit público, juros e correlatos.

---

* Professor titular e vice-diretor da FEA/USP, presidente da FIPE e PhD em Economia, Universidade de Yale.

Reformulando e aprofundando essa questão, podemos indagar se é a instabilidade conjuntural que impede (ou dificulta) o crescimento e o desenvolvimento, ou se é a falta de perspectivas de crescimento que gera a instabilidade conjuntural. É evidente que existem influências recíprocas, quase gerando um círculo vicioso. Mas qual a origem do processo e, especialmente, como rompê-lo?

É possível verificar que esse clima de insegurança, de crise, de instabilidade tem sua origem, cronológica, no início dos anos 80. Um grande número de estudos destaca, majoritariamente, duas razões centrais para explicar esse fenômeno:

- Esgotamento do padrão anterior de crescimento, baseado na industrialização substitutiva de importações e na presença abrangente do setor público na atividade econômica produtiva.
- Falência (ou quase) financeira e funcional do setor público, com destaque para a questão do seu financiamento e dos efeitos da crise da dívida externa.

Esses dois fatores são, para a grande maioria, elementos essenciais para explicar as dificuldades que impediram que a economia brasileira repetisse, durante a década de 80, seu elevado padrão histórico de crescimento. Nessa perspectiva, é possível inferir que o esgotamento do padrão de crescimento anterior e sua não-substituição por algum outro geraram um ambiente de insegurança, de falta de perspectivas (ao menos imediatas) e, nessa direção, a instabilidade de curto prazo. Evidentemente não é correto afirmar que todas as causas da instabilidade macroeconômica dos anos 80 derivam dos mencionados fatores. Mas existem fortes argumentos para se aceitar que eles constituem importantes elementos explicativos.

Como corolário desse argumento, encontra-se uma importante conclusão que contraria a tese de que é necessário estabilizar antes para programar a política industrial depois. Em sentido contrário, verifica-se que a discussão ampla da política industrial, ou seja, das perspectivas e padrão ou paradigma de longo prazo é fundamental, se não indispensável, para se conseguir a estabilização da economia brasileira.

Mas o que seriam as linhas-mestras desse novo paradigma de crescimento? Essa visão de longo prazo deve ser elaborada a partir de dois referenciais:

- É possível manter o padrão anterior, ou ele se esgotou, seja por razões internas, seja por razões externas?
- O modelo ou padrão anterior foi um sucesso ou um fracasso ou, mais rigorosamente, esteve mais perto do sucesso ou mais do fracasso (e complementarmente em que aspectos)?

A opinião, hoje quase consensual, é a de que o padrão anterior não pode mais ser mantido. É preciso reformulá-lo. Reconhece-se que houve um virtual esgotamento do processo de substituição de importações, seja por razões internas, seja pelas novas características globalizantes da economia mundial. Verifica-se também a capacidade de o setor público manter o mesmo estilo de ação do paradigma anterior, qual seja um Estado protetor e produtor com presença abrangente no processo produtivo. Essa incapacidade é derivada, de uma parte, das enormes dificuldades financeiras do Governo, inclusive com o esgotamento do processo de endividamento externo; de outra parte, o próprio desenvolvimento da sociedade civil e de movimentos sociais organizados passa a exigir um outro estilo de ação governamental.

A questão se o padrão anterior foi mais sucesso ou mais fracasso é relativamente controversa. A controvérsia se amplia caso o objetivo seja realizar uma avaliação global dos múltiplos aspectos econômicos, políticos e sociais. Não é esse nosso objetivo. O que nos interessa já é suficientemente amplo. Nos restringiremos aos aspectos relativos ao sucesso do processo de industrialização da economia brasileira.

Nessa perspectiva, verificamos que um grande número de estudos, muitas vezes acompanhado de sólida documentação empírica, indica que o processo de industrialização baseado na substituição de importações foi altamente exitoso. É exatamente esse êxito que justifica propostas de maior abertura na economia brasileira ao comércio exterior, com a natural contrapartida da redução do grau de proteção conferido à empresa doméstica.

De fato, seria muito difícil propugnar por uma inserção ou integração competitiva da economia brasileira na economia mundial, caso não se aceitasse que exista, no Brasil, uma base produtiva, já instalada, capaz de responder, com sucesso, aos desafios da competição internacional e dos requisitos de eficiência, modernização e progresso tecnológico inerentes a essa maior integração.

Nessa direção, é possível também argumentar que o grau de "dirigismo", ou seja, extensa regulamentação e normatização das atividades produtivas no Brasil, e a presença abrangente do setor público tornaram-se desfuncionais em vista do relativo sucesso do padrão anterior de crescimento. Nesses termos, as propostas de desregulamentação e privatização estão coerentes com a avaliação positiva do modelo pretérito.

Não é, entretanto, unânime essa avaliação exitosa do processo de crescimento. Alguns analistas entendem que, apesar de a economia (ou indústria) brasileira ter progredido, ela ainda não amadureceu o suficiente para enfrentar a concorrência internacional, especialmente nas circunstâncias atuais de rápido desenvolvimento tecnológico. Nessa perspectiva, apenas o Estado Nacional teria condições de enfrentar os grandes grupos econômicos multi ou transnacionais. Esses estudiosos, coerentemente, criticam as próprias bases de um novo paradigma de crescimento, centrado na abertura ao comércio exterior e na abertura (desregulamentação, privatização) interna. Por outro lado, é argumentado que se mais de 50 ou 60 anos de proteção à indústria privada não foram suficientes para prepará-la e amadurecê-la, por que insistir nesse modelo. Nessa direção, levantam-se dúvidas sobre a capacidade da iniciativa privada nacional e/ou sobre a capacidade e eficácia dos mais variados governos e políticas adotadas, por várias décadas, no Brasil. Aqui, também, é natural concluir que alguma forma de reformulação do aparelho do Estado e do estilo de intervenção seria necessária. Nesse contexto, com uma presença ainda mais acentuada do setor público.

É interessante observar que alguns outros analistas, apesar de aceitarem as premissas de esgotamento e sucesso, agem de forma incoerente, pois, a partir de um discurso de abertura, na prática defendem a manutenção da proteção. Contraditoriamente pregam mudanças, liberalização e abertura, mas querem preservar tudo e todos, com a manutenção das práticas e políticas anteriores. Querem mudanças sem que nada mude. Evidentemente, essa posição não é apresentada dessa forma elementar. Artifícios e argumentos aparentemente bem elaborados são apresentados, mostrando as dificuldades e problemas. Pregam moderação e cautela nas mudanças, apontam os riscos de alegadas "excessivas velocidades" e requerem tempo para adaptação.

Mesmo a maioria dos analistas que se colocam do lado coerente de uma avaliação exitosa do padrão anterior de crescimento reconhece que, em alguns aspectos, esse êxito foi bastante reduzido ou mesmo que houve algum fracasso. Um dos mais visíveis aspectos nos quais não se obteve sucesso foi o relativo à disseminação generalizada do progresso. Ao contrário, uma das características perversas do modelo de crescimento do Brasil foi seu caráter concentrador. Indícios mais evidentes dessa característica são a má e deteriorada distribuição de renda (e saber), a heterogeneidade, tanto tecnológica como organizacional, da estrutura produtiva nacional, a não-criação de um mercado de massa interno e a péssima qualidade de muitos serviços públicos, incluindo os de caráter social.

Esses problemas assumem uma importância crucial quando se verifica que a grande mudança, quiçá revolução, que se observa no mundo hoje é o surgimento de um novo paradigma tecnológico, em que o conceito de eficiência passa a ser global (eficiência sistêmica) e em que se requer que todos sejam eficientes, ou seja, que toda a cadeia produtiva e de comercialização seja eficiente. Isso necessariamente implica, entre outros aspectos, a habilitação profissional e formal da mão-de-obra e a boa qualidade dos serviços públicos. Esse talvez seja o grande desafio da modernização da economia brasileira.

As Diretrizes da Política Industrial anunciadas pelo governo Collor e sua implementação até o momento se colocam claramente na linha de aceitar o esgotamento do padrão anterior e seu relativo sucesso como premissas básicas da nova política industrial. Como é do conhecimento geral e amplamente já divulgado e discutido, o que nos dispensa de comentários adicionais, um grande número de medidas já foi tomado ou anunciado, tanto em relação à maior liberalização de comércio exterior, como internamente, na área de desenvolvimento tecnológico, melhoria de qualidade, desregulamentação e privatização. Mas, especificamente em relação ao problema da adequação sistêmica da economia brasileira, não foi concedida a ênfase necessária. Como argumentamos, uma condição indispensável para a modernização da economia brasileira para sua maior eficiência e competitividade é que a modernidade se propague por toda a economia, por todos os setores e por todas as regiões. Infelizmente, pouco se caminhou nessa direção.

Por essas razões, assume particular importância e urgência políticas e estratégias visando a difusão tecnológica como forma de aumentar a média de "eficiência tecnológica" através de redução na dispersão, ou seja, aproximando a moda da média. Nesse sentido, a política tecnológica não deve se preocupar apenas com as tecnologias de ponta, mas ter sempre a preocupação que esse padrão tecnológico se espalhe por toda a economia.

Nesse aspecto particular, o problema brasileiro tem semelhanças com os problemas da economia soviética. Lá, e com muito maior ênfase que no Brasil, as tecnologias de ponta foram prioridades nacionais, e substancial avanço foi obtido. No entanto, essa tecnologia não se espraiou por toda a sociedade, o que acabou gerando enormes desequilíbrios. As políticas atuais, centradas na *perestroika*, têm, como um de seus grandes objetivos, exatamente corrigir esses desequilíbrios. E lá, como aqui, tem-se procurado utilizar as forças de mercado e a abertura comercial para incentivar o processo de modernização econômica.

Outros instrumentos e programas podem e devem ser contemplados. Em primeiro lugar, políticas de defesa do consumidor, incluindo normas, legislação, direitos e punição. Essa política não deve se concentrar na questão de preços (isso é outro problema), mas sim na qualidade dos bens e serviços, respeito a prazos e condições de contrato, seriedade das partes etc.

Nessa mesma ótica, política e legislação, visando coibir práticas desleais de comércio e abuso do poder econômico, têm nítidos efeitos positivos para o objetivo de modernização. Em segundo lugar, programas de qualificação da mão-de-obra, inclusive com educação formal, se tornam indispensáveis, assim como a melhoria, maior eficiência e qualidade dos serviços públicos em muito contribuem para se obter a eficiência sistêmica da economia nacional. Por fim, e para esse mesmo objetivo, um programa coerente de gastos públicos, especialmente na infra-estrutura e na área social, impõe-se como absolutamente prioritário. E essas tarefas não se esgotam no Governo Federal. Os governos estaduais têm, nessa área, uma tarefa insubstituível.

# 18. Eficiência coletiva — uma estratégia alternativa para as PMEs

*Henrique Rattner**

## INTRODUÇÃO

No debate corrente sobre a retomada do crescimento econômico no Brasil, pouca ênfase é dada ao papel das PMEs (pequenas e médias empresas), que constituem os principais agentes de geração de empregos e o aumento da renda das populações urbanas. Apesar do crescimento e da expansão contínua das grandes unidades de produção, as PMEs ainda representam a maior parcela dos estabelecimentos de produção industrial e de serviços, com participação no produto social, ou seja, geração de empregos, salários e impostos. Por outro lado, o processo ininterrupto de concentração e centralização de capital parecia anunciar o declínio e o eventual desaparecimento das PMEs, devido à superioridade incontestável — tecnológica, financeira e administrativa — das grandes corporações e conglomerados. Essa hipótese não foi confirmada na vida econômica real. Apesar da elevada taxa de mortalidade de pequenas firmas, verifica-se também um processo contínuo de criação de PMEs, com base tecnológica e estreitos vínculos com grandes firmas às quais aquelas estão subordinadas, em situação de complementaridade ou relativamente independentes. Assim, crescimento e "sucesso" de PMEs em mercados oligopolísticos abertos à competição internacional requerem do empresário

* Professor da Faculdade de Economia e Administração (FEA) da USP.

muito mais do que as virtudes schumpterianas convencionais. Para se tornarem aptos a inovar, planejar e lucrar, os empresários e executivos das PMEs, além de se organizarem e atuarem em padrões coletivos, devem também conquistar a hegemonia política ou, pelo menos, uma participação significativa nos centros de tomada de decisão e de poder do Estado. Neste texto, trataremos da primeira condição — a "eficiência coletiva".

Apesar da multiplicação de esforços e experiências positivas, a própria heterogeneidade das PMEs, divididas em inúmeros ramos e unidades industriais, comerciais e de serviços, tem resultado — na ausência de um sistema bem estruturado de promoção, orientação e apoio por parte do Estado — em representações fragmentadas e politicamente inexpressivas. Além dos fatores e condições setoriais específicos que possam explicar a dinâmica de sobrevivência das PMEs, há outros, de natureza mais geral, tais como o problema da sucessão ou a transmissão do controle, pela geração dos fundadores das empresas. Esse parece ser o momento mais crítico na trajetória de pequenas firmas, porque requer arranjos e providências institucionais diferentes, no período em que o carisma do fundador e, com esse, a espontaneidade e as relações informais dos empregados tendem a desaparecer. A fase de sucessão potencializa a vulnerabilidade, a fraqueza, o isolamento e a falta de poder político das PMEs. Enfatizando as deficiências administrativas e tecnológicas, enquanto se faz caso omisso da capacidade de ter acesso a créditos, empréstimos, assistência técnica e oportunidades para compras e vendas, a crise de sucessão induz e condiciona uma ética de negócios conservadora, destacando o esforço individual, a austeridade e a independência do *entrepreneur*, com efeitos negativos para o pensamento e a ação política coletiva. Entretanto, experiências da história econômica recente bem como inferências lógicas de análises econômicas e políticas reforçam a hipótese de sobrevivência das PMEs pela adoção e implantação de uma estratégia de desenvolvimento baseada em "eficiência coletiva".

## POR UMA ESTRATÉGIA ALTERNATIVA

O novo paradigma técnico-econômico surge em um momento histórico em que se verifica o esgotamento das potencialidades do paradigma anterior (fordismo), incapaz de induzir um processo dinâmico de acumulação e reprodução do capital, cada vez mais centralizado nos grandes conglomerados que operam em escala global e transnacional. Desenvolvidos pelos conglomerados para servirem às suas necessidades de crescimento e expansão, os novos produtos e processos são introduzidos para superar os obstáculos criados à acumulação pela redução da oferta e dos custos crescentes de matérias-primas, energia e mão-de-obra. Contudo, os eventuais ganhos dessa reorganização do sistema produtivo e do progresso técnico tendem a agravar os processos de polarização, diferenciação e exclusão entre países ricos e pobres e as desigualdades sociais e regionais dentre esses últimos.

Obedecendo os padrões tecnológicos e organizacionais aos objetivos e necessidades dos grupos e centros hegemônicos, as estratégias e diretrizes alternativas são descartadas ou simplesmente ignoradas, com graves conseqüências para os países de desenvolvimento "tardio".

Entretanto, esses impactos e tendências do novo paradigma técnico-econômico não são inevitáveis ou irreversíveis. Os países periféricos e, particularmente, os de industrialização recente, sob a condição de que haja vontade política e consciência social de seus atores hegemônicos, podem aproveitar e participar da incorporação das novas tecnologias, posto que tenham alcançado um certo grau de desenvolvimento científico-tecnológico e industrial. Essa capacidade tecnológica autônoma permite inventariar e selecionar inovações, determinar o âmbito de sua difusão e as necessidades de adaptação e desenvolvimento, de acordo com os problemas específicos e diferentes daqueles dos países centrais.

Seria necessário, portanto, formular e elaborar uma estratégia alternativa que partisse da identificação dos problemas, substancialmente diferentes daqueles que deram origem e impulso à difusão dos padrões do novo paradigma nas sociedades desenvolvidas.

Estratégia endógena significa, portanto, a mobilização e o desenvolvimento das capacidades científico-tecnológicas em função de objetivos, necessidades e prioridades determinados mediante processos democráticos, pelos próprios atores sociais de cada sociedade. Em outras palavras, a modernização das estruturas sociais e produtivas requer mais do que mera cópia e importação de padrões e metas tecnológicas e organizacionais dos grandes conglomerados. Para superar o estágio atual das políticas industrial e tecnológica que funcionam como meros reflexos de impulsos exógenos, é indispensável a democratização das decisões e diretrizes nas áreas de economia, ciência e tecnologia. A problemática social e política, ou seja, a distribuição do saber, do poder e da liberdade entre os diversos atores sociais é inseparável dos padrões técnico-econômicos e das práticas democráticas emergentes na sociedade.

## A EFICIÊNCIA COLETIVA

As características básicas do novo paradigma técnico-econômico tendem a mudar as normas e os limites da competição industrial nos mercados internacionais, ao abrirem "janelas de oportunidade" para os países de industrialização recente, menos comprometidos com o paradigma anterior (fordismo), devido ao seu processo de industrialização "tardio" (Perez, 1985, Piore e Sabel, 1984). Alguns dos empecilhos anteriores ao desenvolvimento, tais como amplos mercados e pesados investimentos em bens de capital, podem ser superados pela introdução e difusão do novo paradigma, que oferece possibilidades de combinar a produção centralizada em grande escala com a manufatura secundária descentralizada.

Essa tendência oferece também novas oportunidades às PMEs, que constituem a maior parcela da capacidade produtiva, da geração de empregos e, portanto, de renda no Brasil. Pequenas empresas sempre tiveram dificuldades de acesso à tecnologia, seja pelos altos custos de "entrada" no ramo, seja pela complexidade de negociação de contratos de transferência de tecnologia de empresas estrangeiras. As políticas de fomento industrial convencionais, promovidas pelas diferentes agências governamentais, concentraram-se nas empresas individuais e nos seus projetos, geralmente contempladas com financiamentos ou empréstimos, com baixas taxas de juros. As pequenas empresas, contudo, têm grandes dificuldades para elaborar o projeto e preencher os formulários, de acordo com as normas e os requisitos das agências financiadoras, bem como para oferecer as garantias exigidas (Rattner et alii, 1978 e 1985).

Em conseqüência, o valor e o número de projetos apresentados e eventualmente apoiados por agências de financiamentos oficiais são proporcionalmente insignificantes quando analisados à luz de seu peso e presença na economia nacional. E um eventual resultado positivo dificilmente vai repercutir nas outras empresas ou no ramo como um todo. Uma proposta alternativa, em busca de efeitos multiplicadores na aplicação de recursos escassos, enfatizará e dará prioridade a projetos de inovação tecnológica elaborados por grupos ou associações de empresas do mesmo ramo e localizados na mesma região geoeconômica. Assim, os serviços contratados com centros de P&D, baseados nas universidades, teriam um grande efeito multiplicador. A assessoria técnica para a seleção de matérias-primas, maquinário, equipamentos e recursos energéticos apropriados, bem como a orientação para o *design* e a normatização dos produtos (volume, dimensões, peso etc.), o monitoramento sistêmico dos insumos (novos materiais) e as mudanças conjunturais nos mercados interno e externo; o acompanhamento da legislação fiscal e tributária — tudo isso poderá ser suprido por equipes interdisciplinares, a um custo relativamente baixo, pelo rateio entre as empresas participantes dos consórcios. Uma vez criados consórcios ou associações de cooperação tecnológica, os bancos de desenvolvimento ou os fundos especiais para programas de PMEs forneceriam apenas os recursos "germinais" para instalar o serviço. Após um período variável de decolagem, as empresas associadas assumiriam os encargos para manter e expandir os serviços proporcionados por institutos técnicos, públicos ou privados.

Os efeitos multiplicadores seriam extremamente significativos para as empresas, que teriam acesso, a um custo muito baixo, a tecnologias "duras" e "brandas", e também para os institutos de pesquisa e desenvolvimento, que normalmente funcionam com capacidade ociosa, devido à falta de uma demanda adequada e líquida. Finalmente, a sociedade como um todo seria beneficiada pela criação de empregos, expansão econômica e recuperação de localidades ou regiões estagnadas.

Um aspecto importante na implantação dessa estratégia é configurado pela presença de certos equipamentos e serviços facilmente acessíveis na região, permitindo uma aglomeração setorial de empresas e economias de escala, geralmente disponíveis apenas nas grandes organizações. A criação de mercados de trabalho e de consumo alternativos tenderia a reduzir a pressão migratória sobre as áreas metropolitanas, repercutindo, a médio prazo, na estrutura e na dinâmica das economias locais e regionais. Experiências recentes em países desenvolvidos como a Itália, Holanda, Japão e Alemanha (Amin, 1989, Brusco, 1986) parecem confirmar a natureza inovadora de redes de PMEs, adotando tecnologias tradicionais ou de ponta, para se integrarem aos mercados mutantes. Os governos locais têm uma função importante, ou seja, suprir melhor com infra-estrutura, serviços de educação e saúde e facilidades de treinamento e reciclagem.

As PMEs dificilmente podem atingir o nível de especialização flexível, mas podem compensar sua fraqueza individual pela associação em base setorial.

Estudos recentes em países desenvolvidos reforçam a tese de aglomerações setoriais ocorrerem com mais chances de êxito em cidades de pequeno ou médio porte, evitando-se, assim, as deseconomias das aglomerações metropolitanas. Maior ênfase e prioridade em programas e projetos de desenvolvimento devem ser atribuídas à aglomeração, mediante cooperativas, consórcios etc. de PMEs, e a uma divisão de trabalho interempresas através de subconcentração e do aporte de especialistas experientes. O conceito básico subjacente, conforme apontado por Schmitz (1989), é expresso pelo termo de "eficiência coletiva", que impulsiona e favorece uma estrutura industrial local e verticalmente integrada e reforça a capacidade de lidar com inovações e mudanças nos mercados. Sendo assim, a "eficiência coletiva" da força de trabalho se torna mais importante do que o controle sobre o desempenho (performance) do operário individual exageradamente enfatizado nas práticas *tayloristas*, separando a concepção e o planejamento do trabalho de sua execução. A força de trabalho deve ser tratada como um recurso a ser desenvolvido a longo prazo, em vez de ser considerada um custo a ser reduzido a curto prazo.

Um conceito similar ("eficiência coletiva") pode ser ampliado à associação ou à aglomeração de PMEs capacitadas — por integração sistêmica e inovações incrementais proporcionadas por institutos universitários de P&D ou centros de assistência técnica — a aumentarem de forma significativa sua produtividade e, assim, o seu desempenho econômico-financeiro.

Fator fundamental para a operação exitosa de estabelecimentos industriais é constituído por sua organização sistemicamente integrada que envolve fornecedoras subcontratadas de peças, componentes e outros insumos, unidades de serviços especializados tais como pesquisa mercadológica e processamento de dados. Essa forma de interação transforma o processo de produção em um fluxo contínuo de operações, coordenadas e controladas por computador de grande porte, ligado às estações de trabalho, localizadas nos diferentes departamentos e setores de produção, como unidades integradas. Quanto aos impactos espaciais, ou seja, a organização e a administração territorial, o novo paradigma oferece possibilidades de inverter, ou ao menos sustar, a tendência à concentração da população em áreas metropolitanas. À medida que uma proporção crescente da produção for realizada em pequenas e médias unidades, eficientes e dinâmicas, absorvendo mão-de-obra e capazes de desenvolver sua própria tecnologia, criam-se mercados alternativos e reduz-se o poder de atração exercido pelas áreas metropolitanas. Os novos distritos ou cidades industriais, oferecendo melhores condições de trabalho, salários e eventualmente melhor qualidade de vida, repercutirão a médio e longo prazos nos padrões administrativos e nas práticas políticas, criando condições objetivas para a desconcentração econômica e a descentralização do poder político, características fundamentais de uma sociedade democrática.

## OBSERVAÇÕES FINAIS

A discussão precedente enfatiza a relevância do novo paradigma no processo de industrialização em países em desenvolvimento capitalista "tardio". Até que ponto esses países teriam capacidade de embarcar na especialização flexível e na integração sistêmica depende das condições estruturais e políticas específicas de cada sociedade (Lyberaki, 1989). Apesar de um processo de integração sem precedentes na economia internacional, a maioria dos países de industrialização recente (NICs) parece incapaz de entrar, por esforço próprio ou por políticas keynesianas convencionais, numa nova fase de expansão e crescimento econômico. Alguns desses países necessitarão de políticas de ajustamento diferentes, enquanto outros exigirão mais do que meras mudanças marginais. As evidências crescentes de que não existe um caminho único de desenvolvimento reforçam a demanda por mais pesquisas teóricas e empíricas sobre os processos de polarização e diferenciação ao longo da dinâmica de acumulação de capital e sua centralização e integração em nível global. Sem pretender trilhar por especulações prospectivas arriscadas, parece válido presumir que a próxima década irá requerer um elevado grau de mudanças estruturais e ajustamento das economias dos NICs, a fim de se tornarem bem-sucedidas entidades políticas viáveis. A capacidade de se adaptar à concorrência internacional e de absorver seus impactos demolidores no mercado interno pode ser mais bem desenvolvida por conjuntos ou associações de PMEs, caracterizados por interesses setoriais e regionais comuns. O fator central para seu êxito e até sua sobrevivência continua sendo as políticas industrial e tecnológica do Governo, em nível macroeconômico, particularmente em relação às dimensões e ao potencial do mercado interno. Para atender à demanda insatisfeita ou às necessidades básicas da maioria da população — uma condição *sine qua non* para níveis de consumo mais elevados e melhor qualidade de vida —, a especialização flexível, capacidade de inovação e integração sistêmica podem induzir a um aumento significativo da "eficiência coletiva" ou da produtividade. Entretanto, essa forma de reestruturação da indústria não pode ser deixada à iniciativa individual ou às forças do mercado somente.

A intervenção do Estado mediante promoção, financiamento e coordenação seletivos de programas e projetos de ajustamento em nível local, regional e nacional constituirá a base para um projeto de desenvolvimento sustentável e viável. A associação de PMEs parece inevitável à luz da problemática de sobrevivência em mercados de concorrência imperfeita. Os inúmeros obstáculos e fatores adversos só podem ser enfrentados e superados por atitudes e medidas coletivas e por grupos de pressão políticos.

As PMEs têm dificuldade de acesso à máquina burocrática, e os programas oficiais de apoio às pequenas firmas freqüentemente fracassam porque as agências e as instituições envolvidas não têm capacidade ou vontade de se aproximar à multitude de clientes potenciais. Finalmente, os custos financeiros e administrativos de lidar com PMEs individualmente são extremamente elevados, quando comparados com a quantidade de recursos envolvidos. Obviamente nem todas as empresas concordarão em participar, abrindo mão de sua soberania ilusória. Contudo, hesitações ou resistências de algumas PMEs serão pouco relevantes. Para o êxito do paradigma de eficiência coletiva, não é necessário que todas as empresas do ramo e da região se associem, mas somente aquelas que assim o desejem o farão (Murray et alii, 1987).

Ademais, além do esforço visando aumentar a produtividade, a qualidade e a flexibilidade em níveis intra e interempresas, esforços persistentes e programados devem ser desenvolvidos para melhorar a eficiência coletiva mediante integração regional e estreita cooperação internacional entre os NICs, contribuindo e se inserindo na tendência à pluripolarização da economia mundial.

Várias agências estatais teriam um papel central na detecção da vocação de cada região e no diagnóstico de sua situação, numa perspectiva dos mercados nacional e internacional; na identificação de indústrias "sol poente" e "sol nascente" e, por último mas não o menos importante, na formulação e execução de políticas e diretrizes de um processo de desenvolvimento integrado e sustentável.

# Referências bibliográficas


AMIN, A. *Flexible specialization and small firms in Italy; myths and reality*. Antipode, 1989.

BARROS, F. J. O. R. et alii. *Pequenas e médias indústrias*. IPEA, Rio de Janeiro, 1973.

BRUSCO, S. "Small firms and industrial districts: the experience of Italy". In KEEBLE, D. & WEEVER, E. (eds.) *New firms and regional development in Europe*. Groom Helm, Londres, 1986.

CTAE-UNICAMP. *As pequenas e médias indústrias no Estado de São Paulo*, 1979.

LYBERAKI, A. Small firms and flexible specialization in Greck industry. University of Sussex, 1989. (Tese de doutorado em Filosofia.)

MURRAY, R. et alii. *Cyprus industrial strategy*. Report of UNDP/UNIDO Mission. IDS University of Sussex, 1987.

PEREZ, C. "Microeletronics, long waves and structural change: new perspectives for developing countries". *World Development, 13*(3): 441-463, 1985.

PIORE, M. J. & SABEL, C. F. *The second industrial divide: possibilities for properity*. Basic Books, Nova York, 1984.

RATTNER, H. et alii. *Pequena e média empresa no Brasil*. Ed. Símbolo, São Paulo, 1978.

RATTNER, H. et alli. *Pequena empresa: o comportamento empresarial na acumulação e na luta pela sobrevivência*. Brasiliense, São Paulo, 1985.

SATO, A. K. *Pequenas e médias empresas no pensamento econômico*. UNICAMP, Campinas, 1977. (Mimeo.)

SCHMITZ, H. Small firms and flexible specialization in LDCs. IDS, Sussex, 1989. (Mimeo.)

TAVARES, M. C. & TEIXEIRA, A. *Internacionalização do capital e as MNCs da indústria brasileira*. FEA-UFRJ, 1981. (Texto para Discussão nº 1.)
TAVARES, M. C. et alii. *Estrutura industrial e empresas líderes*. FINEP, Rio de Janeiro, 1978, p. 82.
TAVARES, M. da C. *As pequenas e médias empresas industriais no Estado de São Paulo*. CTAE-UNICAMP, 1979.

# Parte IV

# O Papel da Agricultura na Nova Estratégia de Desenvolvimento

# 19. O papel estratégico do setor agrícola no contexto da reestruturação da economia brasileira

*Guilherme Dias**

O passado recente (década de 80) indica que o setor produtivo agrícola apresentou grande flexibilidade, recompondo sua estrutura de oferta em função de um menor dinamismo no mercado externo (agravado por uma guerra de subsídios entre Estados Unidos e MCE) e de uma acelerada recomposição do mercado doméstico depois de 1984. A participação das exportações no valor total da produção agrícola recuou de um máximo de 32% (em 1984) para 25% (em 1989).

A substituição da importação de insumos atingiu os limites previstos com custos reais decrescentes na segunda metade da década. A abertura de novas reservas de calcário permitiu a correção de solos de cerrado no Brasil Central a custos mais baixos; novas variedades de soja tropical, milho e trigo tornaram viável a incorporação de dez milhões de hectares num sistema de cultivo intensivo e competitivo. O mais significativo é que mais da metade dessa área veio de terras já ocupadas com cultivo extensivo de baixa produtividade. A fronteira agrícola deixou de ter o seu papel histórico, o latifúndio deixou de ser o controlador do processo de expansão agropecuário.

Numa planilha de custo dos investimentos necessários para uma unidade de produção de *agricultura intensiva*, a terra representa menos de 20%, a mão-de-obra (grande parte qualificada) pouco mais de 20% e *os insumos comprados do setor*

* Professor de Economia da Faculdade de Economia e Administração (FEA) da USP.

industrial, mais de 50% do custo total. Esses projetos representam o processo de acumulação dominante; por outro lado, temos uma *agricultura tradicional*, cuja função é reproduzir a miséria na fronteira pré-amazônica e em todo o Nordeste. Nesse último sistema de produção, vamos encontrar 55% da mão-de-obra ativa no setor agropecuário e pouco mais de 20% da produção anual.

Com esses indicadores, podemos afirmar que o setor agrícola tem um papel estratégico como *produtor básico de bens de salário*. A montante, possui uma *forte ligação com o setor produtor de bens de capital e insumos intermediários da indústria química*; a jusante, uma forte ligação com o setor de serviços de *transporte e distribuição*, também com o setor manufatureiro de *alimentos, têxtil, madeira, celulose, papel* e, no nosso caso específico, com os *derivados de petróleo*.

Se a estratégia de crescimento da economia brasileira for definida no sentido de compatibilizar abertura comercial com expansão da oferta de bens de consumo de massa, o *setor produtivo agropecuário moderno fará parte de um dos núcleos dinâmicos mais importantes*. A abertura comercial tem a função de gerar uma maior flexibilidade entre o caminho de expansão da demanda por bens de consumo e o de transformação de nossa capacidade produtiva. Também contribuiria com uma maior competição para acelerar a renovação tecnológica do setor agroindustrial.

Qualquer projeto nacional de desenvolvimento no contexto de um processo de democratização tem de levar em consideração nossas características históricas de centralização política e administrativa e o aspecto concentrador do nosso processo de acumulação capitalista. O papel de uma reforma agrária tem de ser analisado nesse contexto, o que pode explicar em grande parte o fracasso de sua negociação durante a Constituinte.

O Estado representado pelo Executivo Federal centralizador, que teve o papel de administrar a concentração e a transferência do excedente agrícola para promover a industrialização do país, passou, na década de 70, a administrar a modernização da agricultura. O processo de industrialização seguia, no entanto, o seu caminho concentrador, com um ciclo de investimentos na produção de longo prazo de maturação. O Estado Central, responsável direto por muitos desses investimentos, jamais poderia ser favorável durante a década seguinte, década de realização daqueles investimentos, a um processo de redistribuição de renda e desconcentração de capital como está implícito num projeto massivo de *reforma agrária*. Como vimos acima, *a modernização da agricultura foi suficientemente bem-sucedida* no sentido de estabelecer uma forte ligação entre o investimento agrícola e os novos setores dinâmicos da indústria. A crise externa, esgotando a capacidade de investimento do setor público, já comprometia suficientemente o modelo de crescimento.

A agricultura brasileira comanda entre *12 e 15% da renda nacional*, seguramente menos da poupança nacional, visto que metade da sua população economicamente ativa está inserida num processo de reprodução de miséria. A inserção da agricultura do modelo de crescimento não se faz pela demanda final derivada de sua renda, mas sim por *investimentos na expansão de sua capacidade produtiva com forte ligação com a indústria de bens de capital e insumos intermediários*. O financiamento desses investimentos *tem de ser feito com poupança do setor urbano*. Nesse sentido, qualquer transformação em sua estrutura produtiva precisa ter um forte conteúdo de inovação tecnológica. A reforma agrária, que pode ser consistente como o atual estágio do nosso desenvolvimento capitalista, é aquela que tem no seu bojo uma *transformação da base técnica da agricultura de reprodução da miséria muito diferente, portanto, daquilo que concentrou a atenção do debate na Constituinte* — a possibilidade de desapropriar a terra produtiva, ou seja, abalar o princípio jurídico institucional da parte moderna da agricultura.

A estratégia perseguida de desconcentrar a renda num curto espaço de tempo só poderia ser um caminho de crescimento se houvesse uma crise de demanda na indústria de bens de consumo de massa, mas esse não é o nosso caso, porque deixamos de investir na expansão da capacidade produtiva desse setor em meados da década de 70.

O caminho de um crescimento com redistribuição de renda, coerente com o processo de democratização, passa exatamente por um ciclo de investimentos na atualização tecnológica desse setor de bens de consumo de massa e expansão de sua capacidade produtiva. *A agroindústria alimentar é um desses setores, o que abre uma perspectiva otimista para a produção agrícola brasileira.* O outro é o referido acima como reforma da base técnica da agricultura da miséria, no qual, no entanto, o desafio tecnológico ainda é muito grande, porque a alternativa mais promissora é a tecnologia de irrigação no Nordeste. Nas avaliações feitas até agora sobre nossos investimentos pioneiros, parece que ainda há dúvidas sobre sua viabilidade técnica numa estrutura de pequenas propriedades; a experiência da *Índia e da Espanha*, que combinaram reforma agrária com irrigação, é um exemplo extremamente significativo de sucesso nesse caminho de desenvolvimento, mas infelizmente pouco estudado entre nós.

## IMPLICAÇÕES PARA O SISTEMA DE INCENTIVOS

Na década de 80, o fator dinâmico mais importante ficou com a disponibilidade de novas tecnologias geradas pelo sistema de pesquisa pública (Embrapa e empresas estaduais) seguido pelo setor privado. Essa nova tecnologia se caracterizou tanto por um componente genético (novas variedades) como por ganho de eficiência no uso dos insumos modernos (uso mais eficiente de fertilizantes e corretivos, maquinário agrícola mais eficiente).

Ocorreu também uma racionalização na organização da propriedade agrícola empresarial de todos os tamanhos. Dois fatores contribuíram para esse processo:

- Racionamento do volume de crédito subsidiado, elevando substancialmente o custo do dinheiro.
- Esgotamento do processo de crescimento extensivo, encerrando um ciclo em que o processo de acumulação na agricultura foi dominado pela ocupação de terras de fronteiras com

tecnologia tradicional, iniciando outro no qual o domínio de nova tecnologia de produção predomina como forma de acumulação.

Nessa nova estrutura, o setor de serviços de *apoio à produção e comercialização* desempenha um papel estratégico muito importante, assim como a indústria de abastecimento (beneficiamento, transformação e marketing). Esse fato novo tende a provocar uma concentração regional da frente de expansão dessa agricultura mais intensiva. No nosso caso particular, esse fenômeno se dá nas regiões de ocupação mais tradicional, com melhor infra-estrutura de transporte, e na região Centro-Oeste. Isso tem implicações para uma política de fomento à produção agropecuária, por dois caminhos: de um lado, a concentração da agroindústria numa região passa a ser precondição para uma expansão acentuada da agricultura; de outro, passa a existir uma especialização regional da própria produção agrícola. Entre os instrumentos de incentivo da produção agrícola precisamos incluir a própria política industrial e os serviços de infra-estrutura requeridos por ela.

*Os instrumentos tradicionais de incentivo (preço mínimo, crédito e estoques reguladores) devem ser reservados aos produtos de menor transformação industrial (milho em relação ao algodão, por exemplo), com menor acesso ao mercado internacional e/ou de grande importância para a cesta básica de consumo.*

O estímulo para a indústria produtora de insumos agrícolas não pode ser feito por proteção tarifária elevada e muito menos por contingenciamento físico. A dimensão do mercado doméstico já é suficientemente grande para prescindir de condições especiais, além da proteção natural e a uma taxa de câmbio mais elevada que a predominante em 1989.

Há uma questão de ordem estrutural na formação de preços agrícolas que diz respeito à inadequada estrutura de tributação. *A carga tributária* de impostos indiretos sobre produtos básicos de alimentação é excessiva, ao mesmo tempo que é injustificada a isenção do Imposto de Renda sobre o lucro da atividade produtiva. A inversão dessa estrutura tributária contribuiria para a redução do custo da alimentação no setor urbano, induzindo também um maior emprego de mão-de-obra ou um aumento de salário no campo.

Nos problemas conjunturais relativos à política de estabilização estão sempre na ordem do dia o desemprego e a necessidade de conter os preços de alimentos para evitar a corrida de preços e salários. Parece recomendável considerar um sistema mais específico do que o *seguro-desemprego*, um subsídio explícito ao custo de alimentação, para evitar controles mais drásticos sobre os preços de mercado, que sempre determinam quedas na renda do produtor, no salário do trabalhador rural e um desestímulo à produção dos gêneros básicos de alimentação.

Na questão da liberalização comercial é importante observar a lentidão das negociações em torno da Rodada Uruguai e o desapontamento daqueles que esperavam maiores concessões dos países desenvolvidos, com fortes sistemas protecionistas para suas agriculturas. A acumulação de novos excedentes vai recriar as condições para o retorno de elevados subsídios às exportações. A necessidade de um maior ajustamento fiscal nos Estados Unidos volta a provocar expectativa de elevação da taxa de juros no mercado internacional, com imediato impacto depressivo sobre a cotação das *commodities*, reconstituindo a condição de forte instabilidade nesses mercados, como vigorou nos últimos vinte anos. Nessas circunstâncias, é temeroso adotar uma política de liberalização comercial sem o necessário complemento de um sistema de salvaguardas bem definido para proteger o mercado doméstico dessas distorções acentuadas.

# 20. A reforma agrária dos anos 90

*Francisco Graziano Neto**

A superação dos problemas agrários brasileiros parece contar com uma receita certa: a reforma agrária. Desde a época de 50, dos políticos à academia, se propõe a quebra da estrutura fundiária como passo indiscutível no desenvolvimento nacional.

Pouca gente no Brasil é contra a reforma agrária. E os contrários, com medo do julgamento popular, não admitem a sua posição. Afinal, foi isso que vimos na campanha presidencial. Até a UDR era a favor da reforma! Mas de qual reforma agrária necessita o Brasil?

Partindo-se do diagnóstico mais comum, que analisa a agricultura isoladamente e enxerga o campo atrasado, o latifúndio improdutivo e o camponês pobre, a solução vem de imediato: eliminar os latifúndios, distribuir lotes aos "sem-terra" e levar assistência técnica aos novos agricultores.

As lutas sangrentas pela terra e as queimadas na Amazônia fornecem um tempero medieval que estimula esse gosto reformista tradicional. A isso se junte a perplexidade do povo: como passar fome em um país tão farto, onde se plantando tudo dá? Dessa forma, o distributivismo agrário virou paradigma.

Ora, os tempos mudaram e nossa agricultura não suporta mais interpretações e propostas antigas. Há, hoje, uma profunda integração entre agricultura e indústria, que resultou na formação do complexo agroindustrial. Nesse processo capi-

---

* Professor de Economia Rural da UNESP.

talista, os latifúndios se transformaram em grandes empresas, e os camponeses geraram um vigoroso proletariado rural, quando não se transformaram em pequenos empresários familiares.

Quem dá o dinamismo da economia rural e caracteriza o campo são os setores modernos, tecnicamente avançados. Desapareceram os latifúndios? É óbvio que não. Mas aqueles que permanecem ociosos, especulando e servindo de palco à violência, não cabem mais na história. Sua relevância permanece apenas nas regiões mais distantes e no obsoleto cadastro de terras do Incra.

Tal cadastro, responsabilidade do Incra, executa a classificação dos imóveis rurais do país segundo as normas estabelecidas no Estatudo da Terra e legislação complementar. Seus dados mostram, conforme apontava o Plano Nacional de Reforma Agrária da Nova República, que os imóveis rurais considerados como latifúndios apropriavam 409 milhões de hectares. Mais que isso, tais latifúndios apresentavam, em 1972, cerca de 25% de sua área aproveitável não-explorada, ociosidade essa que aumentou para 41% em 1984.

Saber que os latifundiários detêm quase metade do território nacional e deixam cada vez mais ociosa grande parte de suas terras, num país onde a fome e a miséria grassam, seria razão suficiente para manter a ideologia e a chama de uma reforma agrária distributivista. Mas a realidade não é bem essa. Embora seja possível encontrar imensas propriedades rurais ociosas e que ainda mantêm uma estrutura interna de poder quase feudal, a análise mais isenta e cuidadosa permite questionar o raciocínio que enxerga no latifúndio o traço marcante de nossa estrutura agrária atual. Se não, vejamos.

Embora os dados do Incra mostrem que os latifúndios representam perto de 26% dos imóveis rurais brasileiros e ocupam quase 70% da área total cadastrada no país, as mesmas estatísticas permitem descobrir que 58,2% desses latifúndios têm área *menor* que 100 hectares e 89,8% não atingem 500 hectares.

Ao analisarmos as estatísticas, verificamos que o Sudeste e o Sul do país apresentam percentualmente *mais* latifúndios que no Nordeste. No Estado de São Paulo, 30% dos imóveis rurais são latifúndios; somando-se São Paulo, Paraná e Rio Grande do Sul, cerca de 25% das propriedades rurais são consideradas como latifúndios.

O resultado dessa pequena análise é imediato: esses "latifúndios" em nada se assemelham aos famosos latifúndios consagrados no conceito histórico popular. Não haveriam "coronéis" (nem generais!) capazes de comandar um exército formado por quase setecentos mil latifundiários, cujos imóveis sequer têm cem hectares de área, ou mais de um milhão de latifúndios com área menor que quinhentos hectares.

Como acreditar nesses dados? Como compreender que existam *pequenos* latifundiários, algo que negue a própria origem etimológica da palavra: *lato-fundis?*

Dentre os latifúndios, aqueles que ultrapassam o tamanho de seiscentos módulos rurais denominam-se "por dimensão". As estatísticas do Incra para 1978, data do último recadastramento, apontam a existência de 305 latifúndios "por dimensão", cuja área total ocupava 40,4 milhões de hectares, resultando numa área média de 132 mil hectares cada latifúndio. Ao verificar sua distribuição geográfica, deparamo-nos com incrível paradoxo: São Paulo ocupa o terceiro lugar entre os Estados com mais latifúndios "por dimensão". Em primeiro lugar vem a Bahia, com 68 desses imóveis; depois o Amazonas, com 34, seguido de São Paulo, com 33.

É inacreditável que o Estado mais desenvolvido da Federação tenha uma quantidade de latifúndios "por dimensão" maior que a soma desses latifúndios encontrados em Roraima, Ceará, Rio Grande do Norte, Rio Grande do Sul, Paraíba, Alagoas, Sergipe, Espírito Santo, Rio de Janeiro, Santa Catarina, Amapá e Minas Gerais. É, ainda, simplesmente aterrador verificar que em São Paulo se encontram mais latifúndios "por dimensão" que em Goiás e Mato Grosso juntos.

Serão verdadeiras essas informações? Exprimem a realidade da agricultura do Estado mais importante, rico e dinâmico do país? Vamos mais adiante. As mesmas estatísticas indicavam a existência de 3,4 milhões de hectares de terras "aproveitáveis não-exploradas" na agricultura paulista. Ora, sabendo-se que a área cultivada em São Paulo aproxima-se de 6,5 milhões de hectares, aquelas terras ociosas representam um fabuloso estoque fundiário.

Baseado nessas informações e pressupondo que 1/3 dos trabalhadores rurais do Estado deveria receber seu quinhão de terra, o PNRA estabeleceu as metas da reforma agrária em São Paulo: 106 900 famílias seriam assentadas entre 1985 e 1989, o que exigiria a desapropriação de "apenas" 1,67 milhão de hectares de terra ociosas dos latifúndios.

Aquilo que parecia fácil, dependendo apenas da vontade política dos dirigentes da Nação, revelou-se, entretanto, tarefa árdua. A execução do PNRA se deu em meio a uma das maiores celeumas, carregada de acusações, difamações e até de conflitos armados e mortes.

Desejo contribuir para o debate nesse Fórum Nacional defendendo a tese de que inexiste farta disponibilidade de terras ociosas para redistribuição agrária no país e que o cadastro rural do Incra está eivado de deformações, de tal forma que o torna imprestável para o planejamento agrário. Por isso, o PNRA era impossível de ser executado.

Sendo verdade, a reforma agrária brasileira deve ser recolocada noutros termos, e a solução para a miséria rural exigirá novas propostas. A concepção distributivista da reforma agrária necessitará ser superada, possibilitando o aprimoramento do pensamento agrário no Brasil.

A demonstração de minha tese é feita quase que por absurdo. É simplesmente inverídico que a agricultura paulista mostre-se mais "latifundiária" que a do resto do país; não é crível que tenha aumentado a ociosidade da terra exatamente nos anos da maior transformação tecnológica pela qual passou a agricultura brasileira; não se pode aceitar que pequenas propriedades — verdadeiros sítios — sejam taxadas como latifúndios, confundindo o estudo da problemática agrária no país.

Basta saber que em São Paulo nenhum dos latifúndios "por dimensão" sofreu ação desapropriatória, a maioria deles pelo fato de sequer terem sido localizados, eram áreas fictícias, griladas, cadastradas no passado para facilitar sua venda. Sobre os demais Estados, especialmente no Norte e no Nordeste, fica a suspeita de uma situação pior, pois suas estruturas agrárias são menos consolidadas jurídica e economicamente.

É incontestável que essa modernização recente da agricultura possa ter ocorrido de forma mais distributiva, num processo socialmente mais justo. Assim como é um truísmo que o fortalecimento da democracia exige melhor distribuição da renda que a gerada pelo perverso modelo econômico brasileiro. Mas a história não anda para trás, nem o futuro se constrói com premissas falsas.

De fundamental, quero expressar um princípio para direcionar uma política fundiária e uma reforma agrária alternativas àquela do PNRA: a *regionalização*. É simplesmente impossível trabalhar com a questão agrária brasileira de forma agregada. A diversidade nas relações de produção exige formas de intervenção variadas, que respeitem as características predominantes das agriculturas regionais. Nesse sentido, conhecendo melhor a realidade da agricultura nacional, se poderá concluir que a tributação, a desapropriação, a regularização e a colonização, entre outras, são ações de política fundiária igualmente relevantes, dependendo de onde venham a ser empregadas.

Na região pré-Amazônica, entre os Estados de Tocantins, Mato Grosso, Pará, Amazonas e Maranhão, certamente há muita terra desocupada, embora com florestas naturais, que poderiam ser desapropriadas para serem distribuídas aos trabalhadores rurais, tanto os da própria região como aqueles trazidos de fora. Grandes projetos de assentamento rural poderiam, nessa região, ser implantados, beneficiando milhares de famílias e diminuindo os conflitos fundiários existentes. A distância dos centros consumidores exigiria um planejamento completo da produção, que deveria incluir o cooperativismo e a agroindústria no sistema. Tais projetos de reforma agrária poderiam ainda servir como anteparo ao deslocamento populacional mais ao norte, auxiliando no controle da devastação florestal da Amazônia.

Em São Paulo, Paraná, Santa Catarina e Rio Grande do Sul, assim como em quase todo o Centro-Sul do país, a distribuição de terras via desapropriação de latifúndios improdutivos certamente terá pequena eficácia numa política fundiária conseqüente. A redistribuição de terras nessas regiões do capitalismo avançado somente pode ser pensada na hipótese de uma reforma agrária socialista, na qual se propusesse a coletivização dos meios de produção. Fora disso, outros instrumentos de política fundiária precisariam ser elaborados visando melhor distribuição da riqueza e da renda no campo. O aumento na tributação das terras e uma forte progressividade do imposto em função do tamanho da propriedade seriam, sem dúvida, política eficaz na redução da concentração fundiária. As políticas sociais vinculadas a saúde, educação, emprego, moradia e transporte contribuiriam fortemente para elevar o padrão de vida dos trabalhadores rurais.

No Nordeste, no Centro-Oeste, em cada região, enfim, devem-se formular políticas adequadas às suas realidades agrárias, compatíveis com os recursos de cada ecossistema e coerentes com os seus problemas econômicos. Esse é o desenho geral de uma política moderna de reforma agrária para o Brasil.

Não é científico nem racional conceber uma política fundiária homogênea numa agricultura tão diversificada como a brasileira, distinta quanto às suas relações sociais de produção e variada quanto aos ecossistemas naturais. Sendo assim, o planejamento fundiário deve incorporar elementos que brotem da diversidade, assumindo uma postura realmente democrática. Além disso, o planejamento da política fundiária somente será seguro a partir de um cadastro rural confiável e atualizado, coisa que o país não dispõe no momento, como procuramos mostrar nesse trabalho.

Um recadastramento geral será a melhor oportunidade para realizar aperfeiçoamentos no sistema cadastral e no próprio formulário da Declaração do Proprietário. Há que se conseguir maior rigor na documentação que serve de comprovante da propriedade ou da posse do imóvel rural, impedindo o cadastro de áreas meramente griladas. As áreas de domínio público, bem como as reservas indígenas, os parques e as reservas florestais, deverão ser cadastrados, coisa que atualmente não se verifica, levando a um incrível desconhecimento do volume de terras públicas do país.

Finalizando, resta colocar uma questão fundamental: as massas trabalhadoras urbanas, compostas pelo operariado da indústria e do comércio, somadas à classe média em geral, compõem uma população significativamente maior que a rural, exigindo níveis elevados de produtividade do trabalho na agricultura para que o abastecimento das cidades seja normal. Essa situação é distinta daquela encontrada nas décadas de 50 ou 60, quando a questão agrária poderia ser pensada apenas do ponto de vista dos trabalhadores rurais.

Hoje, os milhões que habitam os centros metropolitanos exigem novas soluções para o problema agrário. É retrógrado imaginar uma reforma agrária massiva pela qual as propriedades seriam repartidas entre os trabalhadores rurais, fortalecendo uma classe média no campo. A democratização da posse da terra poderia se dar à custa do colapso no abastecimento alimentar das cidades, e a melhoria nas condições de vida obtida no campo certamente não compensaria a crise gerada na sociedade. Esse raciocínio não é forçado, desde que se considere a existência de uma agricultura industrializada e não-latifundiária.

Cenários alternativos poderiam ser montados para auxiliar nessa reflexão, reconhecidamente difícil. Mas, para que o exercício intelectual seja frutífero, será preciso abandonar as posições conservadoras, de direita ou de esquerda; nem a modernização capitalista da agricultura deu conta de acabar com as miseráveis condições de vida da população, nem a reforma agrária concebida no PNRA se configura numa solução para essa miséria.

Romper com esse conservadorismo significa escapar, mais uma vez, do maniqueísmo, traduzido no dilema da política agrícola *versus* a reforma agrária. Da forma como essa questão tem sido colocada, a política agrícola interessa apenas aos grandes proprietários rurais, enquanto que, para os trabalhadores "sem-terra ou com pouca terra", é a reforma agrária a única exigência. Política agrícola é coisa para rico e reforma agrária é assunto de pobre. A política é de direita e a reforma é de esquerda.

Ora, essa questão é absolutamente falsa. Embora a oligarquia procure, estrategicamente, fugir da discussão sobre a reforma agrária relevando a necessidade da definição *prévia* de uma política agrícola mais favorável ao campo, há que se entender que os pequenos e médios agricultores dependem, efetivamente, de uma política agrícola que contenha mecanismos de proteção de sua renda, para não sucumbirem ao processo de industrialização da agricultura. Além disso, aos trabalhadores rurais não interessa a falência nem o endividamento dos produtores agrícolas. A definição de mecanismos de política governamental que auxiliem na capitalização do setor agrícola trará reflexos no emprego e nos salários, beneficiando os trabalhadores. Enfim, o crescimento econômico é preferível à crise.

Em síntese, a alternativa aqui defendida é o estabelecimento de uma *política integrada de desenvolvimento rural*, na qual a melhor distribuição de terras deve ser buscada conjuntamente com o apoio à produção rural existente.

Não há como imaginar a redução da pobreza rural e o abastecimento das populações metropolitanas sem a formulação de uma política agrícola que privilegie o investimento produtivo na infra-estrutura da produção agropecuária (especialmente em armazenagem e eletrificação rural) e em setores estratégicos, como a produção de sementes selecionadas e a pesquisa em tecnologias apropriadas. Ao mesmo tempo, o uso de mecanismos de política fundiária deve cuidar da democratização do acesso à terra e da melhoria das condições de trabalho no meio rural.

Para a formulação dessa política de desenvolvimento rural, será necessário enxergar a produção agropecuária com novos olhos, analisar suas transformações recentes, compreender seus problemas atuais. Essa é a responsabilidade dos planejadores: ao traduzirem os anseios e as necessidades do povo, terem competência para elaborar políticas concretas, realizáveis e eficazes.

Fazer isso significa escapar do tecnocratismo e fugir do populismo. A grande tarefa de realizar a reforma agrária brasileira não pode ficar sujeira a enganações. Ou a esquerda brasileira mostra competência para realizar as mudanças que a Nação exige, ou o capitalismo brasileiro, em sua expansão, produzirá uma massa de marginalizados, excluídos da sociedade moderna.

Essa competência pressupõe clareza no entendimento da realidade econômica do país e na compreensão da aspiração da massa dos trabalhadores, rurais e urbanos. A reforma agrária é uma necessidade inquestionável para reduzir as diferenças sociais do Brasil, democratizando a sociedade. Mas ela não se fará com pressupostos falsos e idéias antigas. Os latifúndios se modernizaram. A agricultura se industrializou. Resta agora, ao pensamento progressista, se superar.

# Parte V

# Desenvolvimento Regional e Meio Ambiente

# 21. Idéias para a modernização do Nordeste

*Gustavo Maia Gomes**

"Como está o Nordeste e em que medida pode a região se inserir na nova economia nacional?" A pergunta me foi feita acompanhando o convite para que participasse do *Fórum Nacional.* Já que estive envolvido diretamente com essa questão, durante mais de um ano, coordenando um conjunto de pesquisas realizadas para o Banco do Nordeste, tenho minhas respostas, que submeto ao debate mais amplo.

O Nordeste não está bem. Como pode estar bem uma região (ou seja: o povo de uma região) onde a esperança de vida ao nascer é de apenas 58,8 anos? Quer dizer: é de quase vinte anos a menos do que a média de vida alcançada, hoje, no Japão, nos Estados Unidos e na Europa Ocidental.

Como pode estar bem uma região onde a mortalidade infantil (em crianças de até um ano, 1980) é de 121,4‰, ou seja, quinze vezes maior do que a registrada nos países capitalistas desenvolvidos?

Como pode estar bem uma região onde a taxa de alfabetização (cinco anos e mais, 1985) é de apenas 53,1%? Em outras palavras: onde a taxa de alfabetização é pouco mais da metade do que deveria ser — se a comparação for feita com "países industriais com economias de mercado", na classificação do Banco Mundial?

---

* É PhD em Economia e professor da Universidade Federal de Pernambuco (UFPE) e coordenador da área de Planejamento da Fase de Transição para o governo Joaquim Francisco.

## BALANÇO

Não, o Nordeste não está bem. A verdade, contudo, é que esse "não estar bem" já vem de longe. De uma certa forma, portanto, seria melhor perguntar sobre a dinâmica do que sobre a estatística da situação nordestina, ou seja: têm melhorado ou piorado as condições de vida no Nordeste?

A resposta é que, nos primeiros vinte anos de implementação da política de desenvolvimento regional (1960-1980) — que foram, também, anos de rápido crescimento econômico para o Nordeste —, a situação melhorou significativamente.

A esperança de vida passou de 43,5 para 51,5 anos; a mortalidade infantil diminuiu de 154,9 para 121,4‰ nascidos vivos; a taxa de alfabetização passou de 34,2 para cerca de 50%. Além disso, o emprego total se expandiu muito e se modernizou, naqueles vinte anos, enquanto a incidência da pobreza na população total diminuiu, numa estimativa do professor Maurício Romão, da UFPe, de 61 para 38%.

Infelizmente, os dez anos seguintes, de estagnação econômica, contaram uma história diferente, e o fato é que a década de 80 não se perdeu apenas a si própria; no Nordeste, ela destruiu boa parte do progresso que havia sido obtido nos 20 anos anteriores: o emprego cresceu muito menos e as relações mais precárias, informais, passaram a dominar as mudanças nos mercados de trabalho; a pobreza recrudesceu, quase voltando a alcançar, em 1988, os níveis de 28 anos atrás.

É verdade que outros indicadores sociais, como que indiferentes à crise, continuaram a melhorar, embora muito mais lentamente. Para o conjunto deles, contudo, a década de 80 deixou sua marca profunda no Nordeste.

Mas não apenas no Nordeste. Toda a sociedade brasileira tem sofrido com essa crise, que parece interminável — e não é por outra razão que hoje sentimos necessidade de buscar soluções, de produzir "idéias para modernizar o Brasil". E o Nordeste.

## SAÍDAS

Nesse contexto mais amplo, portanto, o problema do Nordeste é o mesmo do Brasil. Tanto a região quanto o país sofrem de pobreza generalizada e de desigualdades sociais chocantes. Como se isso não bastasse, há pelo menos dez anos deixamos de estar resolvendo aqueles problemas. De um momento para outro, passamos a ver nossos males serem agravados. O país perdeu a esperança — e o Nordeste, mais ainda.

Perdeu a esperança, mas, felizmente, não a perdeu por completo. Disso dá testemunho, entre tantas outras coisas, este *Fórum Nacional*. Aqui estamos discutindo estratégias para sair da crise, retomar o crescimento, melhorar as condições de vida de nosso povo, a fim de fazê-lo voltar a caminhar na direção da esperança. E, nesse ponto, cabe relembrar a segunda parte da pergunta a que estou tentando responder: "Como pode o Nordeste se inserir na nova economia nacional?"

Para mim, a resposta é claríssima: o Nordeste precisa assumir um papel ativo no esforço de modernização nacional. Esse esforço terá de se balizar pela ênfase na eficiência produtiva; na competitividade; na abertura para o exterior; na quebra dos cartórios; no desmonte das corporações (inclusive, as encasteladas nas empresas estatais); na desregulação radical da economia; no estímulo à produção e à assimilação de novas tecnologias; na ampliação do papel do mercado como mecanismo alocador de recursos e no saneamento financeiro do Estado. Saneamento financeiro esse que permita ao setor público redefinir seu papel na sociedade brasileira, abandonando o modelo estatizante, paternalista e empregador, para poder realizar intervenções profundas nas áreas sociais — de saúde, educação, habitação, saneamento e reforma agrária, sobretudo —, dentro de uma visão produtivista e não merámente assistencial.

É pelo mesmo caminho que o Nordeste precisa seguir. Mas essa não será uma tarefa fácil. Entre outras coisas, porque, para colocar o Nordeste numa rota de modernização, será preciso derrotar o discurso dominante na região. Discurso que se considera a si próprio "de esquerda" e "progressista", mas que representa, talvez, o que há de mais reacionário no pensamento econômico brasileiro contemporâneo.

O mais grave é que a influência da ideologia dominante se espalha por todos os recantos, por quase todos os políticos e pela maioria dos órgãos de desenvolvimento da região. Vencer essa formidável coligação de forças não será fácil. Mas será essencial.

## TESES ANTIMODERNIZANTES

Para se ter uma idéia de quão difícil será essa batalha pela modernização do Nordeste, considerem-se as sete teses seguintes, que representam alguns dos bastiões do pensamento dominante (conservador, mas auto-intitulado progressita) na região. Até a mim, que, sendo nordestino, já deveria estar acostumado a ouvir coisas tais, proposições desse tipo causam desânimo.

1. *"Somos uma região explorada pelo Sudeste"* ou, como diz uma publicação do Banco do Nordeste (embora o Banco venha assumindo posições mais avançadas, ultimamente): "Em síntese, a conclusão mais importante é que, de fato, o Nordeste é que vem contribuindo para o desenvolvimento econômico das regiões mais ricas, ao contrário do que imaginam as elites econômicas e técnicas do Centro-Sul". De onde se conclui, como seria de esperar: "Desse modo, somente através de políticas econômicas compensatórias e de uma ação efetiva do Governo Federal, que realmente 'priorizem' o desenvolvimento da região, a sociedade brasileira poderá resgatar sua imensa dívida com relação ao Nordeste". (Banco do Nordeste do Brasil, "Nordeste: entrada e saída de recursos, 1980-85", Fortaleza, 1987.)
2. *A tese do crescimento perverso*, tão bem ilustrada num documento oficial da Sudene: "Dotado de expressivo potencial humano e econômico, o Nordeste tem, no entanto, como marca herdada do processo de formação sócio-econômica regional a pobreza absoluta da maioria da população. *Essa situação foi profundamente agravada nas últimas décadas, em razão do estilo de crescimento* adotado no país e na região e da exclusão política das classes populares". (Sudene, "Uma política de desenvolvimento para o Nordeste". Recife, 1986. Grifos meus, G.M.G.)

3. *"O crescimento industrial do Nordeste tem efeitos limitados sobre a região e é marcado pela dependência e complementaridade."* Ou, como explica Tânia Bacelar, "dependência, antes de mais nada, em relação à expansão industrial liderada pelo Sudeste (...). Essa dependência se verifica em relação: I) aos recursos que financiaram esse crescimento; II) aos mercados para onde se destina a produção nordestina; III) ao fornecimento de insumos; e IV) à compra de equipamentos".
E continua: "Em função da dependência da compra de insumos e equipamentos e da significativa dependência de mercados externos (...), pode-se concluir pelos limitados efeitos dentro do Nordeste do crescimento industrial desses últimos anos". (Tânia Bacelar, in: MARANHÃO, S. (org.). *A questão Nordeste.* Rio de Janeiro, Paz e Terra, 1984, pp. 75-78.)
4. *"A indústria nordestina deveria produzir para o mercado local e utilizar técnicas intensivas em trabalho"*, tese que está muito clara, por exemplo, na seguinte citação: "Para que o processo de industrialização (do Nordeste, G.M.G.) seja não apenas um 'motor' de crescimento, mas também sirva de instrumento de homogeneização social, é necessário que essa industrialização se vincule amplamente ao mercado regional (...). Isso exige que se estabeleça um regime de reserva de mercado — um protecionismo regional — (sic) para que as indústrias que se localizem na região adotem opções tecnológicas compatíveis com uma significativa criação de emprego". (Celso Furtado, "O Nordeste: reflexões sobre uma política alternativa de desenvolvimento", *Revista de Economia Política*, vol. 4, nº 3, 1984.)
5. *"As transformações no setor agrícola agravaram os desequilíbrios e os problemas sociais na região"*, segundo afirma, inclusive, um recente documento do Governo Federal: "O desempenho do setor agrícola e a natureza das transformações nele ocorridas serviram não só para limitar o crescimento econômico da região, mas, sobretudo, para acentuar os seus já graves desequilíbrios e problemas sociais." (Presidência da República, Secretaria de Desenvolvimento Regional. "Plano de ação governamental para o Nordeste, 1991-2000". Brasília, agosto de 1990, pp 5-7.)

6. *"As experiências de irrigação que têm, aparentemente, dado certo, na verdade não se vinculam à economia regional. Simplesmente transformam as suas áreas de atuação em enclaves."* Afirmativas como essas são repetidas amiúde. No painel dedicado às perspectivas do Nordeste do último Congresso da Anpec (Associação Nacional dos Centros de Pós-Graduação em Economia, Fortaleza, dezembro de 1989), mais de um expositor e várias pessoas do público expressaram pontos de vista como o resumido acima. Outra versão comum da mesma tese afirma que a irrigação não traz benefícios à região, já que se tem produzido bens para a exportação e não para o consumo local.
7. *"Como a maioria dos pobres no Nordeste é integrada por pequenos produtores rurais, a política agrícola deve ser dirigida para eles."* Essa é a própria concepção do Programa de Apoio ao Pequeno Produtor Rural no Nordeste — PAPP. O público-meta do programa é claramente identificado com os pequenos produtores rurais, com seus hábitos e culturas específicos, e predominantemente localizados no semi-árido.

## REVER O DISCURSO

Como se pôde notar, as teses dominantes estão infiltradas nas próprias equipes governamentais, até naquelas do presente Governo Federal, que, em princípio, deveriam ser mais refratárias àquele espírito de consevadorismo disfarçado de preocupação social.

Isso constitui mais uma prova de que, se o Nordeste quiser se engajar no esforço nacional de modernização, a região (através de seus líderes) tem de repensar o próprio discurso. É urgente fazer uma crítica contemporânea, pós-*perestroika*, a teses como as enunciadas acima. Uma maneira de começar com essa crítica é sugerida nos próximos parágrafos.

1. *Ao contrário da idéia de que a região é explorada pelo Sudeste do país, a verdade é que o Nordeste recebe transfe-*

*rências correntes e capital das outras regiões.* Essa ocorrência é normal e sua demonstração, empírica, muito simples: basta lembrar que o Nordeste é amplamente deficitário no seu comércio com as demais regiões brasileiras.

Como apenas uma parcela diminuta desse déficit é financiada por entrada de capital estrangeiro e pelo superávit que a região tem no seu comércio internacional, deduz-se que a maior parte do financiamento ocorre por meio de transferências correntes e movimentos de capital (através do Governo Federal e do setor privado) de outras partes do Brasil para o Nordeste.

Reconhecer isso em nada enfraquece a posição da região. Ao contrário, políticas de atenuação de desequilíbrios regionais são seguidas em vários países do mundo (e até entre países pertencentes à Comunidade Européia). O que os nordestinos devem fazer, dentro de uma postura modernizante, não é esconder os fatos, mas brigar para que uma parte cada vez maior do financiamento de seu déficit seja coberta com recursos aplicados em investimento e não em consumo. Ou seja: que mais dinheiro ingresse na região na forma de investimentos privados ou recursos federais (Finor e Fundo Constitucional, por exemplo) carimbados para investimento e que *menos* dinheiro vá para o Nordeste através da expansão do emprego público improdutivo ou da multiplicação de programas assistencialistas e eleitoreiros. Para justificar as transferências que recebe, o Nordeste precisa assumir o compromisso de que cada cruzeiro aqui investido tenha o maior retorno econômico possível. Ou seja, cabe às lideranças nordestinas reconhecerem que os recursos que ingressam na região, como resultado da política de desenvolvimento, têm um custo alternativo. Eles não podem, portanto, ser simplesmente desperdiçados. Por essa razão, os investimentos financiados por aqueles recursos devem ser competitivos em termos nacionais e internacionais.

Será essa resposta econômica que constituirá o argumento maior do Nordeste em defesa de seus recursos, os do Finor ou outros quaisquer. Nada dessa estória de que o Brasil tem uma "dívida imensa" com o Nordeste e que, portanto, o país está obrigado a transferir perpetuamente recursos para a região, sem que essa precise prestar contas sobre o retorno econômico dessas transferências.

O Nordeste não tem que exibir sua miséria para conseguir esmolas; ele tem que apresentar seus projetos, explorar suas potencialidades, para se tornar uma região cada vez mais atrativa para novos investimentos. E para poder viver sem transferências o mais cedo possível.

## CRESCIMENTO

2. "*O crescimento econômico é a única via pela qual a região pode superar a miséria da maioria de seus habitantes.* Não existe essa estória de "estilo de crescimento" ou de "crescimento concentrador". A tese de que a pobreza absoluta aumentou no Nordeste "em razão do estilo de crescimento" constitui uma agressão aos fatos — e é simplesmente falsa. A pobreza não aumentou no Nordeste enquanto a região estava crescendo economicamente. Ao contrário, ela reduziu — e muito. A pobreza aumentou (e muito) quando o Nordeste parou de crescer.

As evidências sobre a pobreza devem ser distinguidas do que temos aprendido a respeito da distância proporcional entre as rendas dos pobres e a dos ricos. Fatores histórico-estruturais produziram uma distribuição de renda muito desigual, no Brasil e no Nordeste, e continuam produzindo a piora na distribuição *relativa* da renda (quando medida pelo coeficiente de Gini), tanto nas fases de crescimento quanto nas de recessão. Não é o crescimento, portanto, que é concentrador.

Na verdade, se a evolução da renda for monitorada por indicadores outros que não o coeficiente de Gini (tais como a renda real média dos 40% mais pobres, ou o número de pobres na população total), a relação que aparece é exatamente a oposta: o crescimento (mesmo na época da ditadura, com o arrocho salarial e a repressão aos sindicatos) é altamente desconcentrador, no Brasil, no Nordeste e em todas as demais regiões. Concentradora, sim, é a falta de crescimento.

A *versão modernizante* da tese número 2, portanto, é esta: *pobreza se cura com o crescimento econômico — ou não se cura de jeito nenhum.* A política regional tem de ser orientada, aberta e agressiva para a maximização da taxa de crescimento do produto. Os ajustes de percurso, se necessários, serão feitos "por fora", com a utilização da capacidade do poder público de fazer a reforma agrária, construir escolas, hospitais, redes de esgotos, implementar programas de treinamento, programas emergenciais de emprego, tudo o que for necessário. Mas sem prejudicar o crescimento.

3. Outra das teses dominantes no pensamento regional afirma que a industrialização do Nordeste é "marcada pela dependência e complementaridade". Realmente, *o crescimento industrial do Nordeste* é *"marcado pela dependência", mas não tanto quanto o crescimento industrial do Japão e da Alemanha o foram, no imediato pós-guerra — e ninguém pareceu especialmente preocupado com isso.*

Ainda hoje, em aspectos importantes (mercados e fornecimento de insumos, sobretudo energia), o crescimento industrial do Japão continua "dependente", sem que isso signifique que ele seja falso, perverso, desequilibrado, instável, ou algo assim. Ou que tenha tido "limitados efeitos" dentro do Japão, como se afirma para o caso da indústria nordestina. Ou seja, como se afirma para o setor que foi o principal responsável pelo que houve de crescimento econômico e de modernização da economia nordestina, nos últimos trinta anos. A maior parte dos empregos de médios e altos salários criados no Nordeste desde 1960, por exemplo, foi seguramente gerada no setor público (um caso à parte) e na indústria.

Na verdade, a caracterização da nova indústria nordestina, como sendo formada principalmente por capitais externos à região, é estritamente verdadeira. Também é verdadeiro que essa nova indústria vende uma parcela significativa de sua produção (e compra parte importante de seus insumos) fora do Nordeste.

O problema é que, após constatarmos isso, declaramos, intimamente reconfortados com o nosso próprio derrotismo, que a indústria nordestina é "dependente". Esse é um termo carregado de valoração subjetiva, que sugere haver algo errado com essa indústria. Pode até haver, mas não porque a indústria do Nordeste venda seu produto no Sul ou compre insumos fora da região.

Se a industrialização do Nordeste já fosse um processo completado, até que se poderia lamentar sua "dependência". Mas a moderna indústria nordestina está apenas no seu início. Em se tratando de uma indústria em formação, as objeções resumidas na palavra-símbolo "dependência" são absolutamente fora de propósito.

Pior do que isso, no contexto em que são, geralmente, formuladas, aquelas objeções dão uma nota de reacionarismo às avaliações feitas sobre o que está acontecendo no Nordeste. Afinal, a região está se industrializando e isso representa uma transformação importante. "Mas, se há mudança, sou contra", dizem os eternos descontentes.

E por que "complementaridade" é também apresentada num contexto negativo? Numa época em que economias nacionais altamente desenvolvidas, como as da Europa Ocidental, resolvem se tornar mais "complementares" umas das outras, soa absolutamente estranho estar se reclamando que a nova indústria nordestina seja "complementar" à indústria de São Paulo. É para ser mesmo e, quanto maior, melhor.

## INDOLÊNCIA

4. A tese de que a indústria nordestina deveria ser "protegida" da competição nacional, de modo a poder se dedicar — num clima de indolência budista — a produzir bens para o mercado local, usando técnicas intensivas em trabalho, representa outra das idéias preferidas da ortodoxia dominante.

A primeira parte da tese nem merece comentário, quando o mundo das economias autárquicas desmorona sobre as suas próprias cabeças (inclusive no Brasil) e quando se torna cada vez mais evidente que a industrialização fechada termina por gerar problemas sérios de falta de dinamismo. A segunda parte da proposição, entretanto, parece ser mais respeitável, devido às suas raízes na economia neoclássica.

Neoclassicismos à parte, contudo, é o caso de se perguntar: que tipo de estrutura industrial emergiria no Nordeste, se fosse implementado esse modelo de política centrado na escolha de técnicas "intensivas em trabalho" e incentivador apenas das indústrias que produzissem para o mercado local? Emergiria uma estrutura especializada na produção de pentes, velas, sabões em barra, farinha de mandioca, estopas, chapéus de palha, vassouras de piaçava e bonecos de barro.

Seria mesmo assim que se caminharia para reduzir a distância entre as regiões? Com São Paulo produzindo fibras óticas e Pernambuco empregando todos os seus barrigudinhos para fabricar palitos de dente?

Absurdo. A indústria que deve se instalar no Nordeste é aquela que vislumbre, na região, oportunidades de maximizar sua taxa interna de retorno de forma independente, no longo prazo, de toda a política de desenvolvimento regional. *Quanto mais avançada for a tecnologia que essa indústria traga para o Nordeste, melhor. Mesmo que ela seja intensiva em capital como, provavelmente, será.*

A intensidade de capital incorporada às novas tecnologias constitui, em larga medida, um problema menor, pois não cabe à indústria gerar diretamente os postos de trabalho que resolvam o problema do emprego no Nordeste. Essa é muito mais uma tarefa para o setor moderno de serviços, cuja expansão é induzida pelo crescimento industrial.

Desenvolvimento se faz assim, não através da demarcação de subpaíses que se refugiem atrás de suas fronteiras, temerosos do mundo, eternos dependentes de favores governamentais.

## AGRICULTURA

5. As teses dominantes sobre a agricultura têm todas o mesmo ranço contra a mudança, como se estivéssemos satisfeitos

com a situação atual no campo. (E talvez muitos estejam; afinal, pobreza dá voto, logo deve ser preservada.) Se não estamos satisfeitos, deveríamos ter, pelo menos, uma boa vontade inicial com o que está mudando.

Essa boa vontade nos permitiria reconhecer que as transformações recentes do setor agrícola, ou pelo menos parte dessas transformações, representam um processo mais amplo que pode levar à eliminação da pobreza rural no Nordeste. Coisa que jamais ocorrerá pela via da intensificação dos modelos tradicionais.

Essa tese não é gratuita. Os dados dos últimos quinze anos sobre a agricultura do Nordeste mostram que, a despeito de todos os programas "voltados para o pequeno produtor" e para suas formas seculares de fazer agricultura (predominantemente no semi-árido, e sem água), as culturas alimentícias e tradicionais (mandioca, feijão, milho, algodão) tiveram sua área colhida aumentada e sua produção reduzida, o que significa dizer que os agricultores tradicionais ficaram mais miseráveis.

Tudo o que representa a tradição na agricultura nordestina está, assim, em decadência. Seria muita falta de sorte se o que está se transformando, no meio rural nordestino, fosse sinônimo de mais miséria. Felizmente não é, e a condenação genérica dessas transformações constitui apenas mais uma demonstração de conservadorismo do pensamento dominante. As mudanças associadas, por exemplo, à agricultura irrigada privada são altamente promissoras: elas têm trazido renda para pequenos e médios agricultores, salários para contingentes significativos de trabalhadores e emprego para muitos. Da mesma forma, a introdução de mudanças tecnológicas decisivas na agricultura nordestina (como a representada pelo cultivo de soja, nos cerrados do oeste baiano e sul do Piauí e Maranhão) abre possibilidades extraordinárias para a criação de riquezas.

É verdade que a expansão sem medida da cana-de-açúcar, no começo dos anos 80, respondeu exclusivamente aos incentivos do Governo, com efeitos duvidosos sobre a situação das populações rurais. Mas isso não é verdade para outras

transformações. Trata-se, portanto, de identificar essas últimas — e favorecer sua multiplicação.
*Condenar generalizadamente toda e qualquer mudança que esteja ocorrendo no campo, em nome de um modelo ideal de mudança jamais explicitado* (seria a marcha — à-ré — para o socialismo?) *representa uma atitude reacionária, derrotista e míope.*

## IRRIGAÇÃO

6. Algumas das teses antimodernizantes podem ser descartadas sumariamente. O preconceito contra a agricultura irrigada é um exemplo claro. Se a agricultura irrigada em Petrolina (PE) e Juazeiro (BA) tem o caráter de enclave (ou seja, de uma atividade econômica sem vinculações com a região onde ela se exerce), como se explica que as taxas de crescimento populacional nas microrregiões de Petrolina (3,2% ao ano) e Juazeiro (4,4% ao ano) sejam as mairoes de seus respectivos Estados? E como se explica o surto de prosperidade econômica visivelmente em curso nessa região?
Combater a irrigação, como tantos consideram elegante fazer, é prestar um desserviço ao Nordeste. A irrigação, nas áreas onde ela for possível e viável, representa uma clara possibilidade — na verdade, a única possibilidade — de modernização tecnológica para o semi-árido nordestino. Felizmente, as evidências vão se acumulando de que ela pode ser, efetivamente, uma solução ou, pelo menos, parte de uma solução, como os estudos do Banco do Nordeste e os do prof. Hermínio Souza, da UFPe, demonstram.
Ocorre que, como a montagem da infra-estrutura de irrigação custa caro, a agricultura irrigada tende a ser viável apenas com o cultivo de produtos de alto valor por unidade ou peso. Muito naturalmente (já que a população nordestina continua pobre) boa parte desses produtos será exportada para o resto do Brasil ou do mundo.
Tanto melhor, ao contrário do que alegam os eternos descontentes, pois o produto exportado não é doado ao estrangeiro;

é vendido. Logo, ele representa renda para os que o produzem. Ocorre, dessa maneira, um paradoxo: a uva, o melão, a manga, que os nordestinos produzem mas não consomem, se transformam em seu alimento. Já o pé de milho esturricado pela falta de chuva não constitui alimento algum; é apenas o símbolo da miséria.

## IDÉIA FALSA

7. Chega, enfim, à sétima das teses antimodernizantes: a que identifica como modelo ideal da política agrícola aquele que termina implicando conservar o pequeno produtor de milho, feijão e mandioca como pequeno produtor de milho, feijão e mandioca.

Essa tese reproduz um pouco da polêmica de Lênin com os populistas russos, no começo do século, com a grande diferença de que, no Brasil, os que gostariam de ser identificados com as posições de Lênin na verdade repetem os argumentos dos populistas, na sua reação contra a penetração do capitalismo no campo.

O paradoxo, para os que se pretendem progressistas e "de esquerda", é que, se Lênin visitasse o Nordeste brasileiro hoje, iria protestar contra essa tentativa de deter a história que se apresenta como uma política agrícola favorável aos pobres do campo. E iria explicar aos seus supostos aliados que, freqüentemente, a melhor coisa que a política econômica poderia fazer seria favorecer a transformação de uma parte dos camponeses assalariados.

Na verdade, a idéia de que a melhor maneira de contribuir para reduzir a pobreza no campo se resume em criar programas aos quais somente os pequenos (e miseráveis) produtores tenham acesso é tão óbvia que só pode mesmo ser falsa. *O que cura a pobreza é a expansão da produção com o aumento da produtividade. O resto é conversa-fiada.*

Portanto, a idéia obsessiva de programas "voltados para o pequeno produtor", num contexto de modernização do Nordeste, deveria ser encontrar formas de associar os pequenos produtores aos ganhos de produção e produtividade, tornados possíveis graças à revolução tecnológica que, paralelamente, o mesmo programa deveria estar trazendo para a região. Somente dessa maneira o programa contribuiria de forma eficaz para solucionar a pobreza rural no Nordeste. Não é o que ocorre com os programas do tipo PAPP, contudo, cuja auto-avaliação é feita de acordo com o número de pequenos produtores atendidos praticamente a qualquer custo e, freqüentemente, mantendo as suas condições de atraso tecnológico.

Enquanto o Banco Mundial estiver disposto a comprar a paz no campo entregando-nos dinheiro sem retorno, poderemos continuar a dar nossas esmolas disfarçadas de programas de desenvolvimento rural, integrado ou desintegrado. Quando secar a fonte financeira, contudo, perceberemos que não ficou nada: nossos pobres estarão tão pobres quanto antes.

Há mais, muito mais, o que discutir, debater e remover do caminho, a fim de permitir que o Nordeste se aproxime do que tantos nordestinos desejam: a transformação da região numa economia moderna, socialmente equilibrada, de alta produtividade, capaz de remunerar condignamente o trabalho de seu filhos. Ou seja, uma economia semelhante àquelas dos outrora odiados (mas, hoje, nem tanto) países capitalistas, industrializados, com economia de mercado. "Com economia de mercado", como fariam questão de enfatizar alguns recém-convertidos.

produtores e os ganhos de produtividade [illegible] dos possíveis graças à revolução tecnológica que, paralelamente, o mesmo processo de crise está trazendo para a região. Como se disse, a receita do programa [illegible] de forma eficaz para solucionar a pobreza rural no Nordeste. Não é o que ocorre com o programa [illegible] PAPP, contando com muito avanço, no [illegible] de [illegible] pequenos produtores [illegible] de [illegible] interessados, [illegible] e [illegible] [illegible].

[illegible] Banco [illegible] [illegible] disponível com [illegible] de tempo [illegible] [illegible] da nossa [illegible] mas de [illegible] [illegible] de [illegible]. Quando [illegible] a fonte [illegible] [illegible] que não [illegible] nos os pobres [illegible] antes.

[illegible] mais, muito mais, o que [illegible] [illegible] [illegible] que o Nordeste se aproxime [illegible] [illegible] [illegible] de [illegible] uma economia moderna [illegible] e equilibrada, de [illegible] produtividade, capaz de [illegible] [illegible] de seu [illegible] [illegible] uma economia [illegible] [illegible] (mas, hoje, [illegible]) países capitalistas. [illegible] [illegible] [illegible] na [illegible]. Com economia de mercado [illegible] [illegible] de [illegible] algumas [illegible] críticos.

# 22. Desenvolvimento e meio ambiente

*Henrique Brandão Cavalcanti**

## INTRODUÇÃO

Quero prestar um depoimento sobre certos aspectos de uma questão que polariza as atenções do mundo contemporâneo e que interessa em especial a países como o Brasil: "desenvolvimento e meio ambiente".

"O desenvolvimento econômico terá de ser encarado, a partir de agora, como um compromisso entre a necessidade de aumentar a produtividade do homem, para assegurar seu bem-estar e dignidade, e a necessidade de reduzir ao mínimo o aspecto predatório que o progresso assumiu no passado, quando se pensava que a natureza poderia suportar qualquer castigo a ela imposto pela leviandade humana e (ainda assim) sobreviver. Um dos principais resultados a obter nesta conferência advirá de uma consciência maior da relação que exixte entre desenvolvimento e meio ambiente."

Essas palavras foram pronunciadas em 6 de junho de 1972, pelo chefe da delegação brasileira à conferência das Nações Unidas sobre o meio ambiente, em Estocolmo. Como interpretação do conflito potencial entre desenvolvimento econômico e proteção do ambiente, o discurso do então ministro Costa Cavalcanti provocou reações negativas de grupos ambientalistas

* Consultor de empresas. Foi presidente da Siderbrás e Secretário Geral dos Ministérios do Interior e de Minas e Energia.

e de nações industrializadas, cujo objetivo era excluir das considerações ambientais e apreciação de aspectos sociais e econômicos relevantes.

A tese defendida em 1972 pelo Brasil e outros países em desenvolvimento foi consagrada, entretanto, dezoito anos após, com a decisão de realizar nesta cidade, em junho de 1992, a Conferência das Nações Unidas sobre o meio ambiente "e o desenvolvimento". De certa forma, a evolução do pensamento internacional nesse intervalo já havia ensejado, em 1983, a criação da Comissão, com igual título, presidia pela ilustre primeira-ministra da Noruega, sra. Gro Harlem Brundtland, e da qual fez parte o professor Paulo Nogueira Neto, por tantos anos secretário do Meio Ambiente do Governo Federal. É leitura obrigatória a quantos se dediquem ao assunto o relatório final da Comissão, intitulado "Nosso futuro comum", publicado pela Fundação Getúlio Vargas.

A pauta da Conferência de 1992 compreenderá assuntos de maior relevância tanto no plano mundial como local. Mudanças climáticas, rarefação da camada de ozônio, biodiversidade, recursos de água potável, gerenciamento de rejeitos, biotecnologia e, além de outros, proteção e controle dos recursos do solo, abrangendo os problemas de desmatamento, secas e desertificação.

Um eminente cientista francês, René Dubos, ao preconizar medidas práticas para a proteção ambiental, dizia: "Think globally, act locally". (Pensar globalmente, agir localmente.) Poderíamos, é claro, interpretar a expressão "localmente" como significando áreas diretas de atuação, como, por exemplo, comunidades ou países. E, nesse contexto, proponho que examinemos alguns aspectos do panorama internacional, nele inserido o Brasil.

## ASPECTOS INTERNACIONAIS

A evolução dos setores industriais no período 1965-1980, tanto nos países desenvolvidos como nos outros, revela uma tendência nítida para o crescimento dos setores químicos, plásticos e de máquinas e equipamentos. Vale lembrar que já existem no mercado mais de setenta mil substâncias químicas sintéticas, cujo número aumenta em mais de mil por ano. Muito pouco ainda se conhece a respeito de sua toxidez (efeito sobre a saúde humana), embora casos se conheçam das conseqüências de sua presença na natureza sobre outros organismos vivos. Além dos produtos sintéticos, dois outros fatores representam possíveis ameaças para a saúde e o bem-estar, em decorrência da atividade econômica, nela incluídos o processo de ocupação do território e a exploração de recursos naturais: concentração de metais pesados no solo e na água e efeitos do desequilíbrio de ciclos químicos sobre a atmosfera.

O mais divulgado entre os exemplos de contaminação por metais pesados em nosso país é o mercúrio utilizado para o amálgama nos garimpos de ouro. Cádmio, chumbo, antimônio, cobre, zinco e mesmo alumínio são elementos cuja concentração vem sendo acelerada pela tendência à acidificação, podendo causar danos sobre a fauna e a vegetação.

Seis elementos químicos (carbono, nitrogênio, enxofre, oxigênio, hidrogênio e fósforo) representam 95% da massa da matéria viva sobre a Terra. Essas substâncias, cuja quantidade é fixa, circulam pela biosfera, em ciclos biogeoquímicos, dos quais os três primeiros (C, N e S) apresentam sinais de desequilíbrio em função da atividade humana. Isto é, a emissão de gases compostos dessas substâncias pela queima de combustíveis fósseis, pela redução de minérios e mesmo pelo aumento na exploração agrícola e pecuária ultrapassa em alguns casos as emanações naturais, podendo provocar fenômenos como o da chuva ácida e o do chamado "efeito-estufa".

Parece haver uma coincidência entre o aumento da taxa de $CO_2$ na atmosfera acima de 300 ppm, observada de maneira constante nos últimos anos, e a elevação da temperatura média do globo. Ao permitir a passagem da luz solar no sentido da Terra e ao impedir a saída da radiação infravermelha no sentido inverso poderá o $CO_2$ provocar um aquecimento progressivo da atmosfera, mudanças climáticas afetando diversamente os vários continentes e latitudes e fazendo subir o nível dos oceanos, comprometendo assim as atividades agrícolas, modificando o regime de chuvas e ventos, afetando as cidades litorâneas e mesmo países e ilhas de baixa altitude.

A depleção da camada de ozônio, na parte superior da atmosfera, vem sendo observada com inquietação pela capacidade que a mesma possui de absorver a radiação ultravioleta, atenuando a incidência de câncer da pele e protegendo as plantações. A causa desse fenômeno é atribuída a substâncias como os carbo-flúor-cloretos e gases assemelhados, com aplicações na indústria da refrigeração e como solventes, aerossóis e espumas plásticas.

Tanto a questão do "efeito-estufa" como a da camada de ozônio motivaram intensa movimentação dos meios científicos e governamentais, propiciando a realização de conferências internacionais de alto nível e a assinatura de acordos e protocolos visando à redução de emissões, o controle da fabricação e venda de produtos, antes mesmo que a interpretação científica desses fenômenos viesse a ser aceita de maneira inequívoca.

Um reflexo importante das possíveis mudanças de clima induzidas por um aumento da temperatura média global de 2°C até o ano 2100 seria a redução no produto agrícola em valores que representariam até 3% do PIB mundial. Para compensar essa perda de produtividade nas atuais áreas irrigadas, seria necessário investir pelo menos US$ 200 bilhões em novos sistemas de irrigação. Convém mencinar que os 270 milhões de hectares de áreas irrigadas correspondem, de acordo com certas fontes, a 18% da área total cultivada e contribuem com um terço da colheita mundial.

Outra conseqüência de interesse para as regiões tropicais seria um aumento da precipitação média anual, favorecendo, entretanto, pela maior convecção, mais a intensidade do que a freqüência e a distribuição das chuvas. O cenário de acréscimo de 2°C até 2100 é considerado o mais benigno dentre os quatro adotados como referência pelo Painel Internacional sobre Mudanças Climáticas, exigindo para sua consecução a redução drástica e imediata das emissões de $CO_2$ pelos países industrializados, com a substituição do petróleo e do carvão pela energia nuclear, gás natural e fontes alternativas, eliminação do uso dos CFC, modificação das práticas agrícolas para diminuição das emissões de metano, crescimento moderado do consumo de carvão e petróleo pelos países em desenvolvimento.

## POSIÇÃO DO BRASIL

A partir desses grandes temas vinculados à problemática dos países industrializados, mas nem por isso menos relevantes para as diversas regiões do país, é dever do Governo elaborar um relatório da situação ambiental, até julho de 1991, descrevendo, de maneira pormenorizada e abrangente, as condições, os riscos e as perspectivas peculiares ao Brasil, nessa matéria.

Nesse sentido, há que se distinguir a situação nos quadros urbano e rural que, por sua vez, poderiam ser desdobrados em florestal e agropastoril.

É provável que as áreas não urbanas compreendam mais de 85% do território pátrio, ainda carentes de um plano de ocupação racional e de um zoneamento econômico-ecológico voltado para a proteção dos recursos naturais e para as atividades econômicas sustentáveis.

Poucas são as outras nações, com a importância econômica, demográfica e territorial do Brasil (classificado entre os dez primeiros em qualquer das três categorias), que se encontram no momento presente diante de tarefa comparável, em termos ambientais. Talvez, *mutatis mutandis*, somente a China e a União Soviética. Isso porque o agente principal responsável pelo impacto continua a ser o homem e, em nosso caso, é um brasileiro que, na média, possui conhecimentos e recursos patrimoniais e financeiros limitados. Trata-se, pois, de uma pessoa nem sempre disposta ou preparada para exercer o papel de gestor racional do ambiente que o envolve, possuindo não raro uma tradição extrativista e pouco habituada a controlar os rejeitos que sua condição e sua atividade costumam gerar.

Se a maior parte dos recursos hídricos, florestais e minerais do país permanece inexplorada na Amazônia, regiões existem onde a oferta de tais recursos é escassa ou irregular, negando a seus habitantes condições mínimas de sustentação e mesmo de sobrevivência.

Mais de 70% dos habitantes residem nas cidades e quase 40% nas áreas metropolitanas. Conseqüentemente, a visão que temos do espaço territorial em seu conjunto e em sua diversidade também é restrita.

As causas para a migração interna aí estão, associando-se, portanto, aos motivos que a induzem. A intensa movimentação individual não esconde, todavia, sua vinculação a classes sociais definíveis. Mais de 20% da população se deslocou de sua origem para novo domicílio nos últimos dez anos e, em grande parte, para as áreas metropolitanas. Em que pese a pobreza encontrada em áreas rurais, as situações de conflito social mais graves poderão hoje estar na periferia dessas grandes aglomerações. A agressão mais séria ao meio ambiente pode bem ser a própria violência de um ser humano contra outro.

## CONFERÊNCIA DE 1992

Virão ao Rio em 1992 delegados e participantes da Conferência em número de dez mil e muitos mais para tomarem parte em eventos paralelos. Encontrarão um Brasil diferente, mais evoluído em matéria ambiental, mas também um governo e uma sociedade enfrentando enormes desafios em suas facetas econômicas, sociais e institucionais, dentre os quais destacaria os três seguintes:

1. A preservação de ecossistemas ameaçados, nas diversas zonas biogeográficas do país, sem prejuízo do uso racional de seus recursos naturais e do bem-estar das populações ali presentes.
2. A estabilização dos assentamentos humanos, compreendendo a implantação de infra-estrutura física e social compatível com a proteção do ambiente, a elevação do nível cultural e ocupacional de seus habitantes e a estrutura institucional que garanta a essas comunidades melhores condições de progresso e segurança.
3. A aplicação de critérios ambientais à atividade econômica, na cidade e no campo, abrangendo localização, processo produtivo e práticas operacionais condizentes com a minimização de impactos negativos.

A enumeração desses tópicos não diverge, em grandes linhas, do programa ambiental do governo Collor. O tratamento da questão foi elevado ao nível mais alto da administração federal, criando-se para isso uma secretaria específica na Presidência da República. Ao consolidar o Ibama como órgão executor da política, propõe-se o Governo a reformular o Programa Nacional do Meio Ambiente de 1981 e a fortalecer o Sistema Nacional correspondente, desenvolvido na prática a partir de 1983. Tomou assim as primeiras providências para a inserção de unidades ambientais na estrutura de ministérios e secretarias e para a introdução de critérios ambientais no processo decisório.

Essa orientação comprova a necessidade de uma abordagem sistêmica para o tema ambiental, requerendo o exame simultâneo dos aspectos sociais, econômicos e institucionais que a envolvem. Há casos em que prevalece, de maneira absoluta, a opção por conservar o ambiente como a defesa da integridade do patrimônio nacional a que se refere o art. 225, §4º da Constituição, incluindo a Amazônia, o Pantanal Mato-grossense, a Mata Atlântica e a Zona Costeira, além da Serra do Mar.

Outras e mais freqüentes, entretanto, são as instâncias em que se faz indispensável uma análise de encargos e benefícios, como, por exemplo, a exploração de recursos naturais não-renováveis, levando-se em conta a provável evolução tecnológica aplicável a tais insumos.

Lembro que o patrimônio natural, definido pela Comissão Econômica das Nações Unidas para a Europa, consiste de bens materiais, com valor econômico, e de bens ambientais, compreendendo serviços qualitativos, de caráter intangível, assim como aspectos estéticos, paisagísticos e culturais inerentes a esse patrimônio. Uns como outros podem ser preservados, utilizados com ou sem regeneração, ou desperdiçados.

Nossa preocupação maior, e a do mundo em geral, é por sua destruição ou desperdício, que a ninguém favorece. Afirmaria que a degradação anual a que estão sujeitos o solo, a vegetação, a fauna e a qualidade do ar e da água em nosso país deve exceder o crescimento médio do PIB no período. Em muitos casos, a degradação ocorre sem que sequer saibamos o que estamos perdendo, seja pela ausência de indicadores apropriados a serem incluídos nas contas nacionais, seja pela escassez de dados sistemáticos sobre a situação dos recursos não-renováveis, dos elementos cíclicos constituintes do solo, ar e água e dos ecossistemas e seus organismos vivos.

A contabilidade ambiental exige a utilização de diversas unidades de medida, expressas em termos monetários, físicos ou qualitativos, existindo copiosa bibliografia sobre o assunto. Roberto Repetto e John Pezzey, do World Resources Institute, sugerem, por exemplo, a mensuração da produtividade ambiental, relacionando indicadores de produto com indicadores de insumos nacionais e de resíduos gerados.

Passemos ao exame dos três tópicos antes mencionados. A abordagem de cada um deles pressupõe a definição de linhas de ação destintas e a identificação de instrumentos apropriados, sujeitos, evidentemente, à indispensável coordenação. Um só instrumento não é suficiente para a resolução simultânea de todas essas questões.

Assim, ecossistemas e cidades requerem um efetivo entrosamento entre os níveis federal, estadual e municipal, e a atividade econômica uma interação eficaz entre Governo e iniciativa privada, sendo indispensável, em todos os casos, a participação ativa e direta da sociedade, sob suas diversas formas de organização espontânea. Algumas dessas providências acham-se em curso, embora com as naturais limitações oriundas da carência proverbial de recursos humanos, financeiros e materiais.

## Preservação de ecossistemas

O Brasil ostenta uma rica variedade de espécies de flora e fauna, em circunstâncias únicas na superfície do planeta e exige esforços especiais não somente para sua proteção como também para a ampliação considerável dos conhecimentos científicos ora disponíveis. Determinadas regiões, como a Amazônia e o Pantanal, despertam significativo interesse para pesquisadores nacionais e internacionais, em face da particularidade das condições naturais que apresentam, dos reflexos de seu comportamento sobre o clima e da hidrografia dos países vizinhos, seu potencial de recursos minerais, vegetais e aquáticos. É preciso assinalar, entretanto, o número restrito e quase simbólico de especialistas brasileiros ora em atividade nas áreas de ciências naturais, como botânica e zoologia. Para exemplificar, o Brasil possui mais de 1600 espécies de aves, ou seja, cerca de 20% da fauna alada do mundo. Infelizmente, não dispomos senão de onze cientistas em nível de doutorado em ornitologia. O controle de áreas de proteção ambiental é outro desafio gigantesco diante da enorme extensão que apresentam.

Ademais, algumas dessas áreas são remotas e se encontram em unidades da Federação das mais carentes, financeira e institucionalmente. Pelas oportunidades de exploração do extrativismo que aí remanescem, continuam essas regiões a atrair correntes migratórias dispostas a subsistir em condições adversas e desenvolvendo atividades às vezes predatórias, com reflexos negativos sobre os recursos naturais de água, solo e vegetação, assim como sobre a população indígena, ameaçada em sua integridade.

É preciso, contudo, não esquecer que vivem na Amazônia cerca de dez milhões de pessoas que merecem tratamento condigno, em termos de trabalho e de serviços básicos.

Retirados os efeitos da aplicação inadequada de incentivos fiscais e exercendo-se maior controle sobre a colonização desordenada de áreas virgens, é forçoso admitir-se a conveniência de serem aproveitados os recursos da própria região, mormente aqueles que apresentam boas condições de sustentação e passíveis de aplicação de tecnologias evoluídas. Todos sabem que a Amazônia detém mais de 100 milhões de quilowatts de energia hidrelétrica inaproveitada, uma das maiores províncias minerais diversificadas no globo e um potencial imenso em termos de silvicultura. Integrar essas economias ao grande mercado nacional deve ser um objetivo concreto e do qual não podemos nos afastar.

Sob uma ótica mais ampla, cabe reconhecer que, de outra forma, a sociedade brasileira, já com dificuldades para se prover até mesmo de serviços essenciais de educação, saúde e saneamento, teria que arcar com pesados ônus para cumprir um programa de proteção de ecossistemas, cujo valor é nitidamente crescente no conceito internacional.

Complementarmente, adotando-se a técnica de mercados hipotéticos, proposta por Ronaldo Serôa da Mota, do IPEA, em recente artigo, seria o caso de se avaliar como poderia a comunidade mundial colaborar com o Brasil para a preservação desse patrimônio de inestimável importância ambiental e quanto estaria disposta a pagar pela manutenção de grandes áreas protegidas de ecossistemas representativos. É bom ressaltar que as áreas de "patrimônio nacional" referidas na Constituição correspondem a mais de 3% das terras na superfície do planeta e a elas devem ser acrescentadas zonas características do cerrado e da caatinga, para sua singularidade.

Nicholas von Behr, poeta e naturalista de Brasília, observou certa vez, jocosamente, que a Amazônia passou de pulmão a ar-condicionado do mundo. Fazia menção à função oxigenadora, antes formulada como vital para a humanidade, hoje substituída pela de atenuadora do "efeito-estufa". Essas funções, entretanto, não lhe são exclusivas, o mesmo não ocorrendo com a magnífica biodiversidade que lhe é própria, constituindo-se essa em precioso repositório, cuja relevância é bem mais pressentida nos países desenvolvidos e por seus contingentes de cientistas, pesquisadores e amantes da natureza. Insisto no aspecto perturbador de nossa ignorância a respeito desse patrimônio.

Poderíamos comparar o Brasil, nesse particular, a um proprietário de grande mansão, abrigando em seu sótão uma preciosa coleção de obras de arte, de renomados mestres. Ele mesmo não se dá conta do valor desse acervo, mal o conhece porque raramente sobe até a cobertura. Mas o mundo tem notícia dessa coleção, desejaria apreciá-la com freqüência, não contesta sua propriedade, mas reagiria diante do perigo de sua destruição ou deterioração.

## Estabilização dos assentamentos humanos

Um plano de ocupação racional do território brasileiro provavelmente não restringiria a liberdade mais constante de nossa história política: o direito de ir e vir. Tentaria, é óbvio, compatibilizar a base de recursos naturais e a capacidade de sustentação econômica das diversas regiões, com o respectivo contingente populacional, levando em conta o nível cultural e tecnológico vigente e demais aspectos determinantes de natureza física e institucional.

Mesmo sem exercer diretamente o controle sobre as migrações, cabe orientá-las mais concretamente, estabelecendo incentivos não somente pela ampliação da infra-estrutura e dos serviços básicos, mas também agindo sobre os demais fatores de produção. A adoção de um modelo de *laissez faire* seria a própria negação do papel federal na estruturação da malha urbana do país, como parte de sua competência constitucional de ordenação do território, de redução dos desequilíbrios regionais e, por outro lado, de elevação do nível e da expectativa de vida das populações nas chamadas regiões periféricas.

A efetivação desse plano dependeria tanto do sentimento de solidariedade e de unidade nacional, como de uma visão mais realista do que seja a verdadeira qualidade de vida nas aglomerações urbanas. Estamos hoje, nessas grandes cidades, estritamente na defensiva, exigindo do Governo medidas corretivas, dispendiosas e estéreis e esquecendo o mérito inegável das providências preventivas, para tornar o fenômeno migratório, legítimo e desejável, mais inteligente e mais humano. Para que tal ocorra, é indispensável que se unam, sob a égide federal, os Estados que perdem e os que atraem população, que se examinem as causas e que se atue sobre elas. É preciso entender melhor os motivos que propiciam a decisão individual de migrar, para que se informe o processo de orientação das populações.

A qualidade de vida das cidades, onde mora a maioria dos brasileiros, é tão importante quanto a preservação da flora e da fauna. Para melhorá-la, faz-se mister desenvolver novas formas de planejamento, novas estratégias e instrumental adequado. Não posso conceber um governo local que cuide de mais de quinhentos mil habitantes. Não vejo como adensar ainda mais zonas residenciais de baixa renda, onde a manutenção de prédios e instalações e o pagamento de serviços decorrentes dessa mesma concentração, como é o caso dos esgotos, excedem em muito a capacidade de pagamento dos moradores. Não percebo como se possa obrigar essa mesma população carente a se submeter a longos e custosos deslocamentos de casa para o trabalho.

Em outras palavras, há que repensar em nosso país, assim como em outros de situação similar, a problemática dos assentamentos e, portanto, do ambiente urbano.

## Critérios ambientais aplicáveis a atividade econômica

Em 1984, as Nações Unidas, as lideranças empresariais e a Câmara de Comércio Internacional convocaram uma Conferência realizada em Versalhes, na França, para examinar aspectos relevantes e recomendar providências para o estímulo do gerenciamento ambiental nas atividades econômicas, particularmente na agropecuária e na indústria extrativa e de transformação. Uma das conclusões desse encontro, ao qual compareceram cerca de quinhentos representantes de mais de setenta países, inclusive chefes de Estado e presidentes de grandes organizações, foi a de que haveria passado a época do conflito entre o poder público e a iniciativa privada, em matéria ambiental. Isso porque se ao Governo cabe regulamentar e zelar pelo cumprimento dos dispositivos legais, ao produtor de bens e serviços compete responsabilidade ainda maior, pois que decorre de sua atividade cotidiana, sujeita às dificuldades operacionais, acidentes, erros de projeto, obsolescência de processos, práticas inadequadas e outros problemas que lhe permitem avaliar mais concretamente a natureza e a intensidade do impacto sobre o ambiente.

Tal afirmativa, embora aponte claramente para uma tendência, não se transformou até agora em realidade concreta nos países industrializados, pois que perdura a invariável dicotomia entre a rentabilidade e o interesse comum, representada a primeira pela sustentabilidade econômica e o segundo pela manutenção do emprego e do equilíbrio ecológico.

Armand Pereira, da Organização Internacional do Trabalho, descreve, por sua vez, o dilema dos países em desenvolvimento e a necessidade da avaliação dos *trade-off* para compatibilizar, na prática, critérios de proteção ambiental exigidos pelo desenvolvimento sustentado e requisitos de ampliação do emprego e da renda. Pesam sobremodo, nessa avaliação, a exploração de recursos naturais, a escassez de capitais, a limitada capacidade tecnológica e a questão da pobreza.

O equilíbrio entre desenvolvimento e meio ambiente interessa tanto à agricultura como à indústria. De acordo com a FAO, a produção de cereais no mundo passou de 700 milhões para 1,8 bilhão de toneladas, entre 1950 e 1985, superando o percentual de crescimento demográfico no período. Além da ampliação da área cultivada, houve também enorme expansão da produtividade, graças ao uso de novas variedades de sementes e ao aumento em nove vezes do uso de fertilizantes e em 32 vezes do uso de pesticidas. A área irrigada mais do que duplicou. O reverso da medalha indica, no entanto, que cerca de 30% da superfície terrestre sofre de desertificação moderada a grave e que o desmatamento e a ausência de medidas de observação ameaçam 500 milhões de hectares na África, Ásia e América Latina. O uso indiscriminado de produtos químicos pode afetar a saúde humana, extinguir espécies da fauna e poluir águas subterrâneas.

Semelhante crescimento observou-se na indústria, onde a produção de manufaturados aumentou sete vezes desde 1950. Essa evolução ocorreu sem maiores preocupações com o ambiente até o final dos anos 60, ocasião em que a opinião pública nos países industrializados, assustada com a poluição crescente dos lagos e rios e com a qualidade do ar nas grandes cidades, obrigou os respectivos governos a adotarem medidas severas de controle de emissões e efluentes. As providências iniciais se revelaram bastante dispendiosas, demandando em certos países valores em excesso de 2% do PIB, para tratar os rejeitos gerados. Gradualmente se constatou a vantagem em se modificar os processos industriais a fim de gerar menos rejeitos, reciclar os produtos intermediários, diminuir os insumos e o consumo de energia. Essa transformação radical na ótica da indústria representa uma nova revolução tecnológica, para a qual os preceitos ambientais desempenham um papel catalítico semelhante ao da corrida armamentista ou das conquistas espaciais.

## CONCLUSÃO

Para finalizar, faria referência a uma definição proposta pela Comissão Brundtland para o conceito de desenvolvimento sustentável (tradução livre): "Satisfazer as necessidades do presente sem comprometer a possibilidade de as futuras gerações exercerem o mesmo direito".

A preocupação pelas gerações futuras não se restringe às questões do meio ambiente e está implícita no que tange à educação. Não obstante, em se tratando de um dever fundamental do pai para com os filhos, desperta o pensamento filosófico de autores como Hans Jonas, ao contestar a capacidade da ética tradicional em assumir essa responsabilidade para com as gerações subseqüentes, renovando de certa maneira as colocações weberianas.

Em sua obra traduzida para o francês sob o título *Le principe responsabilité*, o autor alemão considera inadequado avaliar as ações humanas à luz unicamente de suas conseqüências diretas e propõe uma nova ética centrada na preservação das possibilidades atuais da natureza e, portanto, ao respeito por aquilo que pode vir a ser. É razoável não se concordar com a visão panteísta de Jonas, mas é legítimo aceitar-se o fundamento metafísico de sua proposição ética.

Sob a égide da responsabilidade de cada cidadão e da co-responsabilidade dos segmentos sociais a que pertencem, poderemos encaminhar de maneira autônoma a questão ambiental em nosso país, minimizando, pois, como todos desejamos, as interferências externas indevidas.

A resolução de conflitos manifestos ou latentes, no campo ambiental, não prescinde da negociação e da disposição em dialogar, expressas de maneira inequívoca por vários participantes deste Fórum, representando diversas correntes de pensamento.

Esse procedimento é compatível com a idéia do Estado indutor, articulador, ágil e competente, fugindo à idéia ultrapassada do instrumento governamental pesado e centralizador, de ampla base territorial, material e operacionalmente inviável em nosso caso particular. No entanto, persiste, mesmo na solução das questões ambientais, a noção de um aparato repressor, assistemático e não-educativo. O Estado deve agir regulamentando com firmeza, incentivando com objetividade e informando de maneira isenta e persuasiva. Entretanto, somente a ação conjunta dos setores formais da sociedade e da economia poderá conduzir a um processo que consiga incluir, na etapa subseqüente, a vasta multidão que compõe o segmento informal e que se organiza, em alguns casos, de maneira antagônica aos seus próprios interesses e aos da coletividade.

Proponho, então, que se inclua no pacto social ou no entendimento nacional também um compromisso ambiental abrangendo a proteção dos ecossistemas, a estabilização dos assentamentos humanos e a aplicação de critérios ambientais à atividade econômica.

Em breve estarão entre nós os delegados para a Conferência de 1992, para discutir e deliberar sobre a mudança de clima, a camada de ozônio, as aves do céu e as florestas tropicais, a água de beber e os alimentos para as futuras gerações.

Não teremos nessa ocasião, como é óbvio, um Brasil pronto e acabado. Há tempo, entretanto, para ampliarmos nossa compreensão e entendimento pelo que representa o país como repositório de riquezas naturais e como experiência social e economicamente viável. Cabe-nos demonstrar plena consciência de nossas dificuldades e vislumbrar, de maneira digna e objetiva, o caminho a percorrer nessa transição, para que possamos desempenhar corretamente o nosso papel no concerto das nações.

# Referências bibliográficas


COMISSÃO Mundial sobre Meio Ambiente e Desenvolvimento "Nosso Futuro Comum". Fundação Getúlio Vargas, Rio de Janeiro, 1988. United Nations Economic Commission for Europe "Environment and Economics". Task Force Report, jan. 1990.

PEREIRA, A. *"Technology policy for environm. Sustainability and for employment and income generation.* ILO. 1990. Mimeo.

REPETTO, R. & PEZZEY, J. "The Economics of Sustainable Development" WRI. 1990. Mimeo.

SERÔA. M., R. "Natureza também tem seu preço" In *Rumos do desenvolvimento* (ABDE), ano 14, nº 83, maio-jun. 1990.

BROWN, L. et al. "State of the world". WWI, Norton & Co., 1987.

WORLD Meteorological Organization. "The global climate system". Climate System Monitoring, R84/86, 1987.

JONAS, H. "*Le principe responsabilité* — Une éthique pour la civilization technologique". Cerf, 1990.

RUCKELSHAUS, W. D. "Risk, science and democracy". In *Issues in science and technology.* NAS., vol. I, nº 3, 1985.

BROWN, D. A. — "Ethics, science and environmental regulation" In *Environmental Ethics*, vol. 9, Winter, 1987.

# 23. A questão regional e os planos regionais de desenvolvimento

*Paulo Dante Coelho**

A Constituição de 1988 deu ao Congresso uma inusitada e nova base de sustentação legal do planejamento regional, através de disposições relativas à regionalização do orçamento da União, à elaboração de planos regionais (a serem, inclusive, apropriados pelo Legislativo) e sua compatibilização com os planos plurianuais.

Ademais, planos de ordenamento territorial e para núcleos urbanos com mais de vinte mil habitantes estão dentro dessas disposições constitucionais tornadas impositivas.

Não obstante, e em contrapartida, é preciso que se registre a esse propósito que uma das características mais marcantes e negativas da década perdida dos anos 80 foi o abandono do sistema de planejamento, como processo para a tomada de decisões. Seja esse fato decorrente da ojeriza à planificação por parte de alguns titulares do então Ministério do Planejamento, apoiados na falsa idéia da impossibilidade de conduzir a economia nacional seguindo parâmetros de planos, seja pelo insidioso processo inflacionário que tornava qualquer projeção financeira, sobretudo nos últimos três anos, mera ficção. O orçamento da União, a exemplo, esgotou suas dotações anuais já no primeiro trimestre do corrente exercício.

* Assessor chefe da Assessoria de Planejamento e Coordenação da Secretaria de Desenvolvimento Regional da Presidência da República.

Além disso, a Nova República, ainda que pródiga na edição de planos, foi extremamente pobre na utilização do processo de planejamento. Nenhum dos três planos globais (o Plano Trienal 85/87, o Plano de Metas 86/89, o Plano de Ação Governamental — PAG 87/89) foi objeto de diagnóstico abrangente que a nova situação do país impunha como fase de transição democrática. Não se utilizou, nesse trabalho, dos procedimentos singelos e clássicos na elaboração de planos (seja a definição de políticas, escolhas de opções, diretrizes, identificação de prioridade), para não falar da ausência da participação da sociedade. O Plano de Metas e o PAG não levaram dois meses para sua elaboração. Os Planos Cruzado, o de Consistência Macroeconômica e o Plano Verão, por sua vez, tiveram como objetivo os ajustes macro.

Entretanto, é sobre a questão da inflação que gostaria de fazer algumas observações, como corolário do que foi analisado por este Fórum, e para mais uma vez realçar a necessidade de, se não estirpá-la, o que é quase impossível, pelo menos tentar mantê-la sob rígido controle. E isso sob pena de a economia nacional e a regional continuarem vulneráveis a seus maléficos desdobramentos, e comprometidos, inexoravelmente, os setores produtivos e todo o arcabouço econômico, social e político do país. Por essa razão, desenvolvemos no então Ministério do Interior, sob inspiração do ministro João Alves, alguns trabalhos* e *papers* que ultrapassaram a visualização pura e simples da questão regional. Procurou-se, nesses documentos, analisar a realidade nacional dentro de um quadro mais amplo, no qual se identificaram os desequilíbrios regionais e interpessoais da renda como um terceiro grande desafio para a sociedade brasileira, sendo a questão da inflação e a da dívida externa os dois maiores problemas nacionais a serem imediatamente enfrentados.

Como saída, no quadro global da economia nacional e regional propunha-se a retomada do processo de desenvolvimento, com papel estratégico e dinâmico das regiões, através de

* Ministério do Interior. ''Subsídios para um projeto estratégico de desenvolvimento regional''. Brasília, agosto de 1989.

um projeto nacional, além do ataque frontal à inflação e a concomitante negociação da dívida externa.

A linha básica dos planos regionais, tornados impositivos pela Constituição, considera a interiorização do desenvolvimento como uma das formas de aliviar a pressão urbana e as deseconomias evidentes que o processo de concentração econômico gerou ao longo do tempo e, sobretudo, nas últimas quatro décadas.

Outra diretriz estratégica importante envolve a concentração de investimentos em sub-regiões e subespaços dotados de potencialidades efetivas (quatorze áreas detectadas preliminarmente, no Nordeste, 22 na Amazônia e doze Centro-Oeste).

Está claro, por outro lado, que a economia brasileira tem que usar um dos trunfos estratégicos mais efetivos e que não tem estado presente nas políticas até agora executadas: *o seu extraordinário mercado interno que convenientemente acionado representará de 170 a 180 milhões de consumidores na virada do século.* Hoje, boa parte desse contigente não faz parte da economia de mercado.

É nessa perspectiva de ação efetiva do lado da oferta, superada a fase do combate à inflação, que privilegia mais o lado da demanda, que o desenvolvimento regional, com base no potencial das regiões, pode e deve ser acionado.

O Nordeste, por exemplo, tem condições excepcionais para se associar à produção de alimentos e grãos em cerca de oito milhões de hectares, nos cerrados do Maranhão, Bahia e Piauí, além da incorporação viável de quase três milhões de hectares de vales irrigáveis. O turismo é outra variável estratégica para o Nordeste, na geração de emprego e renda.

Segundo recente trabalho da Embrapa, os cerrados do Centro-Oeste, Amazônia e do próprio Nordeste poderão levar facilmente nossa produção de grãos a cem milhões de toneladas, com a tecnologia já disponível.

Na Amazônia, a Sudam, com a colaboração de mais de quatrocentos técnicos procedentes das mais variadas entidades, universidades e centros de pesquisa, vem elaborando um planejamento com base em parâmetros de política ambiental, espacial, institucional e, sobretudo, de ciência e tecnologia.

Está sendo delineada uma estratégia de ocupação seletiva de seu espaço, de maneira que, no despontar do novo século, superados os efeitos da "ecologia ligeira", hoje dominante, a Amazônia possa dar impulso ao seu desenvolvimento com o domínio científico e tecnológico assegurado no seu múltiplo e rico universo.

A Zona Franca de Manaus, o nosso maior pólo eletroeletrônico, com faturamento global de quase sete bilhões de dólares anuais, prepara-se para enfrentar o teste da nova política industrial e de comércio exterior. Para tanto, deverão ser reduzidos os índices de nacionalização para os produtos industriais, que tornariam inviabilizada sua produção, caso persistissem.

Enfim, gostaria de reafirmar, não como simples apelo a um otimismo ingênuo, que as macrorregiões podem cumprir um novo papel na retomada do desenvolvimento. A tarefa de ocupação da fronteira agrícola foi responsável pela elevação da produção de grãos, na adversidade inflacionária, a setenta milhões de toneladas, hoje reduzida a entre 55 e 58 milhões de toneladas.

# 24. Amazônia: planetarização e internacionalização

*Octávio Mello Alvarenga**

Corria, e ainda corre nos grandes centros universitários e de pesquisa, a moeda falsa de que o mundo necessitaria manter a virgindade da selva amazônica para garantir a sobrevivência do planeta. Seria, como afirma Samuel Benchimol, reservar à Amazônia o melancólico destino de convertê-la em fábrica de oxigênio, chuvas e trovoadas para o resto da humanidade.

Estamos de acordo com a resposta que vai sendo dada pelos brasileiros de boa vontade: apesar dos pesares, será com a força da vontade política e com as armas da ciência e da tecnologia que iremos ocupar e desenvolver a Amazônia, sem transformá-la num deserto.

A planetarização da Amazônia é uma moeda falsa, mas nem por isso com menor força circulante; já o processo internacionalizador possui conotação diversa e diferente perspectiva histórica. No dialético jogo de interesses trocou, por exemplo, o Grande Lago pela Transamazônica.

Um projeto amazônico valorativo, no qual sejam incluídos sistemas de produção auto-sustentados, deve ser:

- economicamente viável;
- ecologicamente adequado;
- politicamente equilibrado;
- socialmente justo.

* Presidente da Sociedade Nacional da Agricultura.

A viabilidade econômica se reflete nos esforços de particulares e do setor público, como a Sudam e a Suframa, embora os resultados sejam pouco ou mal divulgados. A economia agrícola produz o equivalente a 1 bilhão de dólares por ano; o setor pecuário tem uma produção anual da ordem de 500 milhões de dólares; o setor mineral atinge 2 bilhões de dólares por ano; a economia extrativa vegetal gera 1 bilhão de dólares por ano.

Todos os números da avaliação econômica — parcialmente exemplificados — podem ser contestados, sob a alegação de que essa massa crítica produtiva foi criada e gerada à custa dos valores ecológicos e ambientais e com forte concentração de renda.

A Sociedade Nacional de Agricultura, em abril de 1989, realizou uma série de reuniões, a partir de diagnósticos levantados pela sua Comissão Técnica de Conservação da Natureza e da Sociedade Brasileira de Proteção Ambiental — Sobrapa —, lançando um "Manifesto pela Amazônia", no qual, após uma série de considerandos, propunha várias e urgentes providências dos interessados.

Em síntese, considerava a fragilidade dos ecossistemas equatoriais e tropicais o regime de elevada pluviosidade na floresta, a contribuição da Bacia Amazônica com cerca de vinte de todos os rios que deságuam no mar, o fato de o desenvolvimento econômico ter sido realizado sem maiores preocupações ambientais, com conseqüências sócio-econômicas negativas. Denunciava os projetos siderúrgicos com o uso de carvão vegetal para a produção de ferro gusa na região do Grande Carajás, cujas florestas nativas foram arrasadas. Considerava os efeitos negativos de incentivos fiscais na destruição de florestas. Observava que a expansão acelerada da prática da garimpagem, com o uso intensivo de mercúrio e destruição de matas ribeirinhas, certamente acarretaria muito provavelmente outras conseqüências danosas. Entre elas, alterações climáticas expressivas, contribuição para o denominado "efeito-estufa"; extinção maciça de espécies animais e vegetais; perda acelerada de material genético insubstituível, justamente quando a biotecnologia começa a se tornar promissora; aceleração drástica dos processos erosivos; crescente poluição de cursos d'água e regressão sócio-econômica em decorrência do fracasso de empreendimentos agropecuários.

Propunham os estudiosos reunidos na Sociedade Nacional de Agricultura:*

- um esforço concentrado e permanente de pesquisa na Amazônia e o incremento de incentivos a essa atividade;
- a efetivação de zoneamento ecológico, em bases científicas, com a eliminação dos incentivos em desacordo com as normas por ele estabelecidas;
- a ampliação substancial e efetiva da rede de áreas naturais protegidas na Amazônia e a implementação das já decretadas;
- a criação de reservas extrativas;
- o incentivo às pesquisas voltadas para o uso sustentável e permanente da floresta;
- a demarcação das reservas indígenas;
- o cumprimento da exigência de Relatórios de Impacto Ambiental e de Licenças Ambientais para quaisquer obras de vulto;
- a compensação ecológica, em todas as grandes obras que possam redundar em agressão ao ambiente;
- o estímulo à utilização de técnicas de sensoreamento remoto, como recurso de controle do uso do espaço amazônico;
- a reavaliação dos programas de aproveitamento hidroelétrico e de mineração, levando em conta suas repercussões ambientais;
- a suspensão da abertura de estradas em desacordo com o zoneamento ecológico-econômico;
- exigências da utilização intensiva de técnicas de conservação dos solos, nas áreas de vocação agrícola;
- a manutenção da proibição da caça e a promoção de incentivos à instalação de criadouros;
- incentivos à piscicultura, como fonte adicional de proteínas;

* Fernanda Colagrossi, Paulo Nogueira Neto, Ibsen de Gusmão Câmara, Octavio Mello Alvarenga, João José Bigarella, Luiz Emygdio de Mello Filho e Wanderbilt Duarte de Barros. "Manifesto pela Amazônia" *Jornal do Brasil* e *O Globo*, de 7 de abril de 1989.

- a reformulação do Código Florestal no que diz respeito à exigência de preservação permanente de 50% das áreas destinadas a uso agropecuário, proibindo-se os parcelamentos sucessivos e atendendo, sempre que possível, ao agrupamento das citadas áreas de preservação;
- a suspensão provisória dos incentivos fiscais até que seja estabelecido o zoneamento ecológico-econômico;
- a implementação de atividades de educação ambiental e de efetiva fiscalização do cumprimento da legislação ambiental;
- o aperfeiçoamento do sistema judiciário, para rápida e efetiva aplicação da legislação agrária e ambiental, cujo ensino deve ser obrigatório nos cursos universitários.

No que tange ao meio ambiente, a Constituição de 1988, alterando profundamente o sistema de competências ambientais, determina que a parte global das matérias poderá ser legislada em três planos: federal, estadual e municipal. Isto é, a concepção de meio ambiente não é de competência absoluta da União, embora alguns setores (água, nuclear e transporte) permaneçam sob competência privativa federal.

Também foi dado um passo decisivo na responsabilidade penal, pela superação da exclusiva responsabilidade penal da pessoa física. Agora, a pessoa jurídica é sujeito ativo do ilícito penal.

Decreto recente regulamentou as leis de 1981 (n.os 6 902 e 6 538) que dispõem sobre a criação de estações ecológicas de proteção ambiental e política nacional do meio ambiente. A Constituição considera patrimônio nacional "a Floresta Amazônica, a Mata Atlântica, a Serra do Mar, o Pantanal Matogrossense e a Zona Costeira".

A Editora Nobel procura sempre publicar obras que atendam às necessidades e interesses dos leitores. Com o objetivo de satisfazer de forma cada vez melhor a suas espectativas, elaboramos este questionário. Solicitamos que você responda a ele e o envie para: Livraria Nobel S/A - Departamento de Comunicação (Rua Maria Antônia, 108 - São Paulo/SP - CEP 01222).
Agradecemos desde já por sua colaboração.
PS - Se você não quiser recortar o livro, transcreva o questionário em uma folha avulsa.

1. Título que adquiriu: ______________________
   Autor: ______________________
   Finalidade da compra: ______________________
2. Você já conhecia os livros publicados pela Nobel? ❑ Sim ❑ Não
3. Você já havia adquirido algum livro editado pela Nobel? ❑ Sim ❑ Não
4. Qual a sua opinião sobre os livros editados pela Nobel quanto à:

| | | | | |
|---|---|---|---|---|
| Qualidade editorial | ❑ Ótima | ❑ Boa | ❑ Regular | ❑ Má |
| Qualidade gráfica | ❑ Ótima | ❑ Boa | ❑ Regular | ❑ Má |
| Apresentação gráfica | ❑ Ótima | ❑ Boa | ❑ Regular | ❑ Má |

5. Quais são as áreas de maior interesse para você? (Favor numerá-las, lembrando que o nº 1 corresponde àquela que mais lhe interessa.)
   - ❑ Administração e Marketing
   - ❑ Agricultura
   - ❑ Arquitetura e Urbanismo
   - ❑ Artes e Estética
   - ❑ Biografias
   - ❑ Computação e Informática
   - ❑ Direito
   - ❑ Ecologia
   - ❑ Economia e Negócios
   - ❑ Engenharia
   - ❑ Esoterismo
   - ❑ Fruticultura
   - ❑ História
   - ❑ Jardinagem
   - ❑ Literatura (ficção)
   - ❑ Pássaros
   - ❑ Peixes ornamentais
   - ❑ Psicologia
   - ❑ Veterinária e Zootecnia
   - ❑ ______________________
   - ❑ ______________________
   - ❑ ______________________
   - ❑ ______________________
   - ❑ ______________________
6. Na compra de um livro, pondere a importância de cada uma das variáveis. (O nº 1 corresponde à mais importante.)
   - ❑ Preço
   - ❑ Capa em cores
   - ❑ Formato
   - ❑ Número de páginas
   - ❑ Número de ilustrações
   - ❑ Comentários da imprensa
   - ❑ Nacionalidade do autor
   - ❑ Assunto abordado
   - ❑ Editora
   - ❑ Tamanho da letra
   - ❑ Exposição na livraria
   - ❑ ______________________
7. De que maneira você se informa sobre os novos lançamentos da Nobel?
   - ❑ Jornal/Revista
   - ❑ Na própria livraria
   - ❑ TV/Rádio
   - ❑ Folheto/Mala direta
   - ❑ Catálogo
   - ❑ ______________________
8. Dados pessoais para cadastramento:
   Nome: ______________________
   Sexo: ❑ Masculino ❑ Feminino
   Endereço: ______________________
   Cidade: ______________________ UF ________ CEP ________
   Fone: ( ) ____________ r. ______ FAX: ____________ TELEX: ____________
   Data de nascimento: __ /____ / ____ Profissão: ______________________

Você já está cadastrado para receber catálogos e folhetos da Livraria Nobel com as novidades em sua(s) área(s) de interesse.
Caso você não queira que seu nome seja utilizado para recebimento de material promocional, escreva comunicando seu pedido de exclusão - Livraria Nobel - Central Nobel de Atendimento ao Consumidor. Rua Maria Antônia, 108 - São Paulo/SP - CEP 01222.

A Editora Nobel procura sempre publicar obras que atendam às necessidades [illegible]. Com o objetivo de satisfazer cada vez melhor a seus leitores, [illegible] que você preencha e envie [illegible] Nobel [illegible] Rua da Balsa, 559 - São Paulo/SP - CEP 02910-000.

[illegible]

Título do livro:

Autor:

[illegible]

1. [illegible] ☐ Sim ☐ Não

2. Você possui algum outro livro desta editora? ☐ Sim ☐ Não

3. [illegible]

☐ [illegible] ☐ [illegible] ☐ [illegible]

☐ [illegible] ☐ [illegible] ☐ [illegible]

☐ [illegible] ☐ [illegible] ☐ [illegible]

4. Quais são as áreas [illegible]?

☐ [illegible] ☐ [illegible]

☐ [illegible] ☐ [illegible]

☐ [illegible] ☐ [illegible]

☐ [illegible] ☐ Religião

☐ [illegible] ☐ [illegible]

☐ [illegible] ☐ [illegible]

☐ [illegible] ☐ [illegible]

☐ [illegible] ☐ ______

☐ [illegible] ☐ ______

☐ [illegible] ☐ ______

☐ [illegible] ☐ ______

☐ [illegible] ☐ ______

5. [illegible]

☐ [illegible] ☐ [illegible]

☐ [illegible] ☐ [illegible]

☐ [illegible] ☐ [illegible]

☐ [illegible] ☐ [illegible]

☐ [illegible] ☐ [illegible]

☐ [illegible] ☐ ______

6. [illegible]

☐ [illegible] ☐ [illegible]

☐ [illegible] ☐ [illegible]

☐ [illegible] ☐ ______

7. [illegible]

Nome:

Sexo: ☐ Masc. ☐ Fem.

Endereço:

Cidade: UF: CEP:

Fone: ( ) FAX: TELEX:

Data de nascimento: / / Profissão:

Você [illegible] em [illegible] Nobel com as novidades em sua(s) área(s) de interesse.

Caso você não queira que seu nome seja utilizado para recebimento de material promocional, [illegible] Central Nobel de Atendimento ao Consumidor Rua Maria Antônia, 108 - São Paulo/SP - CEP 012[illegible]

Este livro foi impresso na
LIS GRÁFICA E EDITORA LTDA.
Rua Visconde de Parnaíba, 2.753 - Belenzinho
CEP 03045 - São Paulo - SP - Fone: 292-5666
com filmes fornecidos pelo editor.